南/海/区/教/育/综/合/改/革/丛/书

ZUIJU YINGXIANGLI DE
SHIDA GAOXIAO KETANG JIAOXUE MOSHI

最具影响力的十大高效课堂教学模式

——南海经验（小学）

佛山市南海区教育发展研究中心 编
主　编：党朝亮
副主编：陈贻宇　董　磊　梁惠燕

广东高等教育出版社
Guangdong Higher Education Press
·广州·

图书在版编目（CIP）数据

最具影响力的十大高效课堂教学模式：南海经验．小学/佛山市南海区教育发展研究中心编．—广州：广东高等教育出版社，2017.12
ISBN 978－7－5361－5618－0

Ⅰ.①最… Ⅱ.①佛… Ⅲ.①课堂教学－教学研究－小学 Ⅳ.①G622.421

中国版本图书馆 CIP 数据核字（2016）第 108972 号

出版发行	广东高等教育出版社 社址：广州市天河区林和西横路 邮编：510500　　营销电话：（020）87553735　87551436 http://www.gdgjs.com.cn
印　　刷	广东省教育厅教育印刷厂
开　　本	787 毫米×1092 毫米　1/16
印　　张	17.75
字　　数	410 千字
版　　次	2017 年 12 月第 1 版
印　　次	2017 年 12 月第 1 次印刷
定　　价	45.00 元

《南海区教育综合改革丛书》编辑委员会

让更多的孩子享有更好的教育

——《南海区教育综合改革丛书》总序

南海是一片改革的热土，经济如此，教育亦如此。

当前，南海区的总体工作思路是“全面转型、提升品质，建设富民强区幸福南海”。我们坚持以产、城、人融合促转型升级，提升区域综合竞争力。我们大力推进人民满意的政府建设，核心在于人，在于惠民生、暖民心的举措让人民满意，释放改革的红利让幸福变得可触可感。幸福建设的基础在于满足人民群众的多元化需求，而人对自身发展的需求无疑居于核心位置。为此，我们将人才作为五大品质之首，确立了“人才立区”战略，通过创新教育体制机制，努力推动人的全面发展，大力夯实幸福南海基础。

南海区委、区政府坚持解放思想、实事求是、开拓创新、奋发进取，以“敢为人先的有为精神”发展教育事业。南海教育一直是广东省教育改革和发展的排头兵，作为首个“广东省教育综合改革示范区”创建试点单位，同时承担着国家教育体制改革试点项目“推进基础教育高水平均衡发展”任务，三年多以来，始终坚持“为学生的终身幸福奠基”的核心理念，以体制机制创新破解发展难题，促进基础教育从区域均衡、城乡均衡走向校际均衡、群际均衡，形成了多样化、个性化、特色化、智能化、国际化的教育发展新格局，提升了教育现代化水平和社会满意度。

从教育综合改革带来的教育观念更新发展来看，南海区树立了追求“校际均衡、群际均衡”的发展观，始终坚持“统筹兼顾、整体发展”的实践观以及全面形成“创更多路径、造更多优才”的人才观。南海区2009年已成为广东省首批推进教育现代化先进区，在达到区域均衡和城乡均衡的基础上，致力于推进校际均衡与群际均衡，实现基础教育内涵发展的高水平均衡。南海区以体制机制创新为突破口、以师资均衡和管理均衡为主要途径，以“规范、开放、多样、共生”的教育生态发展环境为支撑，构建多样化、个性化、特色化、智能化、国际化的教育发展新格局。“没有最好的学校，只有最适合的学校”，南海区不遗余力建设多样化、特色化学校，建立多元化的地方课程和校本课程体系，为学生提供可选择、适合的教育和个性化发展的平台，深入落实“为学生的终身幸福奠基”的核心理念。观念的更新发展极大地促进了教育面貌的改观，深刻影响到了未来教育的走向。

从教育综合改革实践来看，南海区出台的十大行动计划，展现出全面立体推进教学改革的绚丽画卷。南海区努力进行的六大机制创新，在政府高效协调的投入机制、多元开放的办学机制、多元立体的人才培养机制、教师队伍的活化机制、科学长效的教育评价机制和高水平均衡发展机制等多方面进行了有效的探索，实现了新的突破。南海区教育综合改革的推进策略清晰，两线并行协调推进。一是自上而下，优化导向；二是自下而上，夯实基础。以多样化、特色化发展普通高中为导向，引领初中、小学、幼儿园树立关注学生个性化、可持续发展的教育理念，深化初中和小学的内涵发展；以发展公益性、普惠性的学前教育为起点，构建基础教育一体化管理机制，促进小学、初中、高中有效衔接，构建充满活力的教育生态。

从教育综合改革的实际效益来看，南海区的各类教育协调发展，保持着持续高位运行的态势。南海区完善了全纳教育体系，提高了教育公平度；推进学前教育三年行动计划，提升了公益性和普惠性。南海区强化区域一体化的义务教育均衡发展机制，建立校际间互助合作、共同发展的教育教学均衡发展机制，义务教育高位优质均衡发展，全区学校校容校貌焕然一新，教育资源和育人环境进一步优化。大胆进行体制机制改革，疏通高中和中职发展瓶颈，破解高中发展难题，形成“多样化、可选择、质量优”的特色高中发展格局。深化职业教育的内涵发展，启动公办中职学校“122 工程”，全面争创“国重”“省重”，逐渐构建了“四轮驱动”“五行相生”的现代职教体系，形成了“七星拱业、联动发展”的职教新格局，南海区还以教育信息化、国际化为双引擎，大力提升区域教育现代化水平。教育信息化水平全国领先，大力推进广东省首批“以教育信息化促进教育均衡发展实验区”建设，打造基于云计算的智能教育服务体系，建设南海教育朝阳视频网，在全国率先形成中小学的智能课堂（电子书包）应用研究链。大力推进全国首个区域教育国际化实验区建设，完整构建了从幼儿园到大学的教育国际化链条，提升了人才培养的国际竞争力。

有为教育，敢为人先！我们欣喜地看到，近年来南海区不断推出教育改革创新举措，通过财政资金竞争分配，促进学校特色发展和职业教育专业升级，在广东省首推“绿色评价”制度推进评价机制改革，首推“普职融通”搭建人才成长立交桥，招生制度改革、名师工程内涵发展、教科研制度创新、人才培养模式创新……每一次都引发了社会各界的强烈关注，教育综合改革的内涵不断丰富，为学子的终身幸福奠定了坚实的基础，区域教育生态始终充满了活力！南海区教育综合改革的经验做法也受到了国家到地方的各级教育行政部门的高度肯定，《人民日报》、新华社、《中国教育报》、《人民教育》杂志等权威媒体也高度关注，改革经验通过多个层面被宣传推广。

中国共产党第十八次全国代表大会和十八届三中全会胜利召开，明确提出要深化教育领域综合改革，改革内容涉及人才培养、教育公平、招生考试、评价机制、教育督导等方面。结合到南海区的实际，就是要更加努力践行“为学生的终身幸福奠基”的核心教育理念，深化教育改革，进一步整合资源，优化结构，促进教育规模、质量、水平和效益协调发展，全面提升区域教育品质，形成更加“全面、均衡、优质、开放”的教育高位发展新格局，努力为人民群众提供更为多样、更加公平、更高质量的教育。

《南海区教育综合改革丛书》的编辑出版，既有理论的梳理也有实践的指导，为南海区教育综合改革的不断创新探索提供了有力的理论支撑，也为广大教师的教育教学实践和南海学子的幸福成长提供了许多有益的指导参考。

我们相信，改革焕发活力。新一轮改革，必将促进南海区经济社会再上新台阶，南海区教育也必将创造新的辉煌！

冼富兰

2017 年 11 月 30 日

序

佛山市南海区是国家教育综合改革试点区和广东省基础教育综合改革示范区，其基础教育教学改革尤其是课程改革和课堂教学改革一直走在全省前列。经过多年探索和积累，他们在2014年4月由广东高等教育出版社出版了《课程的开发与实施——南海经验》一书，系统梳理了近10年来南海区不同层面、不同类型课程开发与实施的目标定位、路径方法、主要成效和心得体会，总结提炼了地方课程、校本课程等的开发的若干理论研究成果与实践经验。

为了深化课堂教学改革，推动所有镇（街道）教研部门和中小学深入开展高效课堂教学模式的探索与研究，促进全体教师提升教学设计、实施、评价与反思能力，推进全区教育向轻负高质、均衡优质发展，南海区一直致力于开展不同学科、不同学段、不同课型的高效课堂教学创新研究。如新授课与复习课的高效课堂研究、练习课与讲评课的高效课堂研究、阅读课与写作课的高效课堂研究、知识专题复习课与题型专题复习课的高效课堂研究，等等。又如，他们分专题开展科学把握教学内容的研究、恰当运用教学方法的研究、合理选择教学策略的研究、有效进行教学评价的研究、简约设计教学环节的研究，等等。再比如，为了引导教师把更多的精力用在研究学生的学习上，他们组织教师分专项开展激发学生学习原动力的研究，增强学生浓厚学习兴趣的研究，培养学生良好学习习惯的研究，指导学生掌握自主学习、合作学习、探究学习的方式方法的研究，等等。深入而系统的课堂教学研究，特别是近几年重点在义务教育阶段中小学开展的高效课堂达标示范学校评价活动，充分调动了各镇（街道）教研部门、义务教育阶段学校和广大教师开展高效课堂探索与研究的积极性、主动性和创造性，涌现出一批符合新课程教学理念，形成一定教学程序和教学范式，对本学校、本学段、本学科教学质量大面积提升有明显作用，具有较强推广意义的高效课堂教学范式。

为促进各中小学及其教师总结和提炼高效课堂教学研究成果，南海区教研室于2014年在全区所有中小学开展高效课堂教学模式优秀成果征集、评选活动，遴选出一大批高效课堂优秀成果，在反复研讨和修订完善的基础上，推出比较典型的、有代表性的高效课堂教学模式最优秀成果，并结集成《最具影响力的十大高效课堂教学模式——南海经验》，继续由广东高等教育出版社出版，希望我能为该书作序，我是欣然答应的。该书分小学、中学各一本，每本各有10个典型的高效课堂教学模式优秀成果。这些优秀成果，有的反映教育的目的实现，如罗村实验小学的“幸福课堂”教学模式、南海中心小学的“和谐、智慧、高效”阳光课堂教学模式；有的体现先进的教育理念和教学方式，大胆进行教学环节重组，如和顺一中的“先练后教，层级递进”、盐步中学的“365－1”学习指导教学模式、平洲三中的“练评讲”教学法、黄岐初级中学的学案教学法的“导学·关注”课堂教学模式、九江镇初级中学的“学导评”个性化教学模式；有的立足本地、本校实际，反映教学基本元素，建立课堂教学的体系性观念，注重各元素互动融合，充分实现课堂教学功能，如石门实验中学的“疑展评”有为课堂教学模式，等等。尽管这些教学模式各有特色与侧重，但都包括明确的教学目的、基本的教学元素、创新的教学程序、先进的教学方式、现代的教学工具、应当取得的教学成效。而且，每一种教学模式都不是机械的、固化的，都因学科、学生、课型的不同而有所不同。每项优秀成果都包含着高效课堂教学模式的主体报告和符合高效课堂教学模式的课堂实录及专家点评。我认为，这些优秀成果汇编成册，是适合基础教育教学研究人员和所有中小学一线教师学习研究、借鉴应用的好书，也是南海区深入推进高效课堂教学研究与实践的重要基础。

当然，高效课堂的内涵和外延会随着时代的变化而发展，随着改革的深入而丰富，只有不断深入研究和探索，才能不断抓住机遇、化解挑战，不断提高教育教学质量和水平，促进全体学生全面而有个性地健康成长成才。希望南海区教育人能鼓足深化改革的勇气，走在深化改革的前沿，不断探寻和创新更多高效课堂教学模式、路径和方法，为南海区教育改革发展做出新的更大的贡献，也为全省中小学的高效课堂教学改革作示范、树榜样，发挥辐射促进作用。

广东省教育研究院院长

2015年12月18日

打造高效课堂， 提升教学质量

——南海区高效课堂教学模式探究综述

人才的培养关键是观念的转变与培养方式的变革，如何把新的人才培养观真正落实到位，改革课堂教学、提高教育教学质量是重要抓手。几年来，我们潜心研究课堂教学的高效问题，在课程实施、教师培养、高效课堂、教学评价、校本教研等方面做了大量有益的探索，各镇街、各学校以务实创新的精神，不断深化课堂教学改革，积极探索高效课堂途径，积累了一定的经验和成果，课堂教学也正在发生着深刻的变革。我们把全区近几年来开展高效课堂研究的情况编辑成书，形成《最具影响力的十大高效课堂教学模式——南海经验（小学）》，里面收录了部分学校和教师个人在高效课堂研究中的成果，有理论思考、实践案例、具体的课堂实录，也有行动后的反思。现在是我区课堂教学改革的关键时期，有必要对前面的工作做一些梳理与回顾。

一、研究加深了对高效课堂理性的认识

高效课堂，顾名思义是指教育教学效率或效果能够有相当高的目标达成的课堂，具体而言是指在有效课堂的基础上，完成教学任务和达成教学目标的效率较高、效果较好并且取得教育教学的较高影响力和社会效益的课堂。“高效课堂”属于“有效课堂”的范畴。“有效课堂”是我们课堂教学的第一境界，而更高层次的追求应该是“高效课堂”。“高效课堂”更符合时代和个体的价值取向。“高效课堂”是将复杂问题简单化，复杂过程简洁化，减少一些无谓的时间耗费，减少大量的重复的费时、低效练习；“高效课堂”的核心是培养学生的能力，让学生不仅学会，还要会学。基于这些认识，我们积极开展“打造高效课堂，提升教学质量”的研究。通过高效课堂的研究，教师的教学观念发生了明显的变化。

1. 建构了新的学生观。我们认为，学生才是学习的主体；学生的身心发展是有规律的；学生是具有丰富个性的、独立意义的人；学生是具有巨大发展潜能的发展中的人。新学生观就是要树立“以生为本”的教育理念。

2. 建构了新的教师观。我们认为，教师是学生学习的促进者、合作者、引导者和参与者，教师的职责不仅在于传授，更应在于激励和鼓舞。教师的教学过程是与学生共同发展的过程。

3. 建构了新的学习观。我们认为，学习应该成为学生快乐的情感体验与知识能力主动建构的过程。高效课堂强调学生学习方式的转变，倡导主动学习、合作学习、

探究学习，三者不可分割，互相联系、相互渗透。学习过程应成为学生发现问题、提出问题、分析问题、解决问题的过程。

4. 构建了新的教学观。我们认为，教学应关注人的发展，关注学生的情绪生活和情感体验，关注学生的道德生活和人格养成。现代的课堂教学，不是单纯的知识传递过程，而是组织学生主动学习，并达到学生内在需求与发展的过程。

5. 建构了新的评价观。我们认为，学生是发展中的人，高效课堂教学评价观是要建立学生全面发展的评价指标，采用灵活多样且具有开放性的多元评价方法，促进学生全面发展。评价不仅注重结果，更应注重学习的过程。

6. 建构了新的质量观。我们认为，教学质量是教学的生命线，高效教学的核心是讲求教学的效益和效率。高效教学质量观是着眼于学生素质全面提高、个性特长得到充分培养的可持续发展的教学质量观。

以上新的教育观念是在高效课堂系列研究中达成的基本共识，也成了全体教师的共同行为。

二、研究明确了高效课堂应具备的基本要求

在高效课堂的研究中，我们感觉到教师的课堂教学目标越来越全面，讲授越来越精练，教学设计越来越巧妙，课堂越来越活跃。到底什么样的课才是真正高效的课，我们探讨出高效课堂所具备的六大特点。

1. 主体要明确。还课堂自主权给学生，解放学生的手和脑，坚持凡是学生能说的就让他说，凡是学生能想的就让他想，凡是学生能做的就让他做，以上绝不包办代替，鼓励学生有价值的发现。

2. 目标要全面。教学目标是教学活动的灵魂，也是每堂课的方向，是判断教学是否有效的直接依据。教学的目标要完整地涵盖教学的三个维度，即“知识与能力、过程与方法、情感态度与价值观”，三者缺一不可。教学的价值不仅定位在学科价值上，而更应定位在对一个完整的人的发展上。

3. 内容要精练。教师是新课程的实施者，也是新课程的建构者。教师应从更高的层面和更广阔的视角把握教材，并根据学生的发展需要做出新的构思和处理，去粗取精。教师要增加和学科知识交融，现实生活密切联系，学生的兴趣、情感密切相关的知识，开拓学生的学习视野，增强学生的学习兴趣。

4. 设计要巧妙。教育的关键在于激发学生主动建构知识的欲望与主动探究未知事物的兴趣，在于培养自主学习、自由创造的意识和能力。教师在组织教学的过程中学会组织教学，要力求做到巧切入、巧分析、巧设计、巧安排，在“爱学”“会学”“学好”上动足脑筋，使课堂教学充满着活力。

5. 课堂要鲜活。课堂是精神的对话，真正有创造性的教学活动，应该是师生共同生命的投入，相互影响、相互启发、相互发现、相互撞击，师生的创造潜力都在教学过程中得到激活与发挥，达到共同的精神愉悦与自由。高效的课堂要做到“讲授—练习—反馈—矫正”连环相扣。高效的课堂不是完全的预设，而是更加注重课堂

的生成，这样的课堂是高效的课堂，更是智慧的课堂。

6. 效果要明显。学生有无进步或发展是教学有没有效益的唯一指标。学生全程投入，达成度高，受益面大，不同程度的学生都在原有基础上有进步，学生学得轻松、学得快乐，这样的课就是高效的课。

三、研究促进了高效课堂的评价改革

以往的课堂评价方式已经完全无法适应新课程改革下对新的课堂教学的要求，区教研室与学科骨干教师共同制定了《南海区各学科高效课堂教学评价方案》，评价方案的各项评价标准指引教师不断完善教学行为，方案的明显特征是评价的多元化得到真正体现。

1. 建构了高效课堂教学评价的多元指标。“高效的课堂教学”是兼顾知识传授、情感交流、能力培养和个性塑造的过程，重视教学过程的探索，重视课堂师生的交往与对话，重视“教”与“学”的和谐状态，培养学生大胆创新与实践探索的精神，从而优化教学过程，有效地促进学生的发展，全面提高学生的素养。因此在评价时力求从教学目标、教学内容、教学过程、教师素养、教学效果等多元指标方面进行。

2. 建构了高效课堂教学评价的多元维度。高效课堂教学评价既关注教师的“教”，又关注学生的“学”。我们试图从学生学习情况、教师教学情况、教师教学素养等多个维度来进行综合评价，在评价的形式上采取学生自评、生生互评、教师评学生、学校评教师等多元评价方式。

3. 建构了高效课堂教学评价的多元主体。建立多元评价主体的最终目的是提高教学质量，促进学生全面发展。实践中，我们试图建立教师、学生、同行、专家甚至包括家长共同参与的高效课堂教学的评价体系，帮助教师更全面、客观、科学地了解自己教学工作的得失，从而不断达到教学效益最优化。

四、研究建构了高效课堂的教研机制

（一）建立校本培训机制与校本研究制度

校本培训以学校为单位，面向教师，以教师的实际教学需求为中心，目的是提高教师的业务水平和教育教学能力。没有高素质的教师队伍，一切高质量的教育计划都是空谈。为了用新的教育思想促进全体教师实现教育专业化的角色的重新定位，我们通过开展全区校本培训的研讨会，真正实现以校为本、以教师的需求为本，教研的重心下移，从而形成了高效课堂的有效支撑。总结我区几年来校本培训的主要做法，典型的教研形式有：

1. “理论学习式”教研。教师对教育基本理论的掌握以及运用这些理论知识来指导教学实践的能力，是教师素质的综合体现。教师的理论素养越高，其教学水平一般也越高，也往往能取得较好的教学效果。几年来，我区教师认真学习新课程理论、多元智能理论、建构主义理论、课程整合理论等等，理论学习有明确的目的，理论学习和教学实践相结合，教师队伍的理论水平明显提高，为高效课堂的实施提供了理论支撑。

2. “同课异构式”教研。我区的做法是：一是对于同一教学内容，不同班级采用不同教法，尝试不同教学，展开研讨（重模式）。二是教研组先集体备课，然后由不同的教师上课，开展研讨（重风格）。通过教研组评课，让上课和听课的教师取长补短，共同提高。

3. “磨课式”教研。反复锤炼，反复推敲，在磨课的过程中促进教师的专业化成长。磨课有个人的思考也有教师群体的智慧，磨课中思想的碰撞更能闪出创新的火花，一个“磨”字道出了其中的反反复复的修改斟酌和耗费教师的大量汗水。不过，这磨课的“磨”字就如侠客十年磨一剑、修炼得道一样，道出了一节成功好课的艰辛和不易。

4. “经验分享式”教研。每一位参加外出培训、学习、观摩的教师，利用教研组活动将所学的内容、心得体会、掌握的信息等向教研组成员汇报交流，真正做到“一人培训，众人受益”。

5. “教学案例式”教研。教学案例是对课堂教学过程中的一个真实发生的实际情境的描述。好的教学案例问题情境必须具有典型性。案例式教研使教研活动更具有针对性和实效性，其作用是推动教师理论学习、促进教师教学反思、促进教师交流研讨、促进教师研究成果的形成。

6. “专题研究式”教研。围绕教学实践中的某一具体问题进行理论上的探究，或围绕某一教学理论进行教学实践上的探索。它是将教研与科研有机融合的教研活动形式，有助于教研组进行课题申报和立项研究。专题式教研以教学过程中遇到的复杂问题或内容为研究对象，制订分步骤研究计划，在计划时间内围绕同一专题多次反复研究，探寻教学对策，逐步解决。它是源于教学、服务于教学的研究。

7. “教学反思式”教研。教学反思是教师对已完成的教学实践活动有目的地进行审视，做出理性思考，并用以指导今后的教学，它是教师专业化发展的必由之路。某个教学单元（章节）结束后，以教研组或备课组为单位进行反思式教研，让教师结合教学中的得失进行反思，对自己的教学行为及学生的学习表现、学习效果进行理性的分析，使自己逐步由经验型教师转为反思型教师。反思式教研实现了教师由个体反思向群体反思、由肤浅反思向深度反思的转变。

8. “沙龙式”教研。主持人预备并抛出某个专业话题，围绕该话题全学科成员各抒己见、畅所欲言，它重在让各种观念和观点在现场碰撞、交融，激发更多具有原生态的灵性思维，也未必要强求达成共识。它重在人人“思维亮相”，鼓励个人表达无禁区、无前提、无后患。这样，既砥砺同行的思维能力，又能收到相互启发、合作共享之效。故此类似于国外教师培训中的所谓“头脑风暴法”。

9. “课堂诊断式”教研。教导主任或教研组组长通过听“推门课”的方式，在持续不断、日常化了的看课与听课中，为教研组内学科同行把脉、诊断。为了对同学科组教师做出真实评判，教导主任或教研组组长多听去掉粉饰的本色课，通过现场观察、过程记录、课后交流等环节，与学科教师零距离亲密接触、心心相拥，并凭借常规化了的学科特定氛围与同行取得深度共鸣。其间，还不断关注同行所提出的相关建议、改进措施等。

10. “读书分享会式”教研。学校制定学年或学期的读书规划，在个人深读、思考和笔记的基础上，实施周期性读书报告会。分享会上，教师轮流发言，汇报读书的独家感悟，并接受同学科成员的咨询、质疑，形成坦陈己见的读书氛围。教研组组长选好阅读书目，也主持分享会，引导同学科成员守望书香世界、品味读思乐趣。

11. “学科论坛式”教研。根据每人的潜力、兴趣和特长，形成中长期的研究计划，定人落实，到期在学科论坛上宣读研究心得，接受必要的答辩。论坛内容，既是具有一定理论品格的专题研究，也是以案例为载体的教学反思，从而切实拓展教师学术视野，养成研究习惯。

（二）实施“名师工程”

名师引路，发挥传帮带作用，是我区开展高效课堂研究的一个重要抓手。我区通过名师工作室建设、名师示范周、名师讲堂、名师教学开放日等活动，为名师确立自己的教学思想，形成教学风格，张扬教学个性搭建舞台，展示自我风采，也为其他教师如何实现课堂教学的高效做出示范。

（三）课题推进机制

积极鼓励教师开展教育科研，特别是小课题研究项目的推进，调动了广大教师投身于研究的行列，要求小课题研究做到“近”“小”“实”。“近”，就是贴近生活，贴近现实，贴近自己的教学行为，贴近自己的班级，贴近自己的学生；“小”，就是切口宜小，从教学中的小事、小现象、小问题入手，以小见大学习研究；“实”，就是实在，课题实实在在，研究实实在在，结论实实在在，对我们的教学有实实在在的帮助。几年来，小课题的研究解决了课堂教学中一些细小的环节中的做法，细节的成败也决定了课堂的效果，每年都有几百个小课题申报研究成果的评比，为高效课堂的打造起到实际影响作用。

五、研究涌现了一批反映高效课堂的教学方法或模式

在高效课堂的研究中，我区各学校在如何提高课堂教学效率方面进行了有益的探索，也向全国各地先进地区取经学习，但我们学习新的课堂教学模式，并不是黑板一挂，桌子一圈，让学生讨论就行了。如果这样学习，那肯定是搞形式，其结果不仅不能提高教学效率和教学质量，而且会阻碍、制约教学质量的提高。因此，我们必须潜心研究其模式蕴含的教育内涵，领悟其实质，掌握其操作的要点。只有抓住了这些教学模式的精髓和本质，我们才能够结合实际情况，活学活用。各学校借鉴先进名校的成功经验，取其之长，补己之短，在实践过程中不断完善，创新出适合自己学校的教学方式或模式。

我区各所学校在打造“高效课堂”这一关键环节上都有了不小的突破和收获，

许多学校不断建立提高教学质量的长效机制，促进了学校向内涵发展；许多学科教研组建设了新的教研文化，成了品牌学科组；许多教师的教学也有了自己的课堂文化，一些教师开始逐步形成自己的教学风格。我区许多教师参加市、省、全国优质课比赛获得一等奖或金奖，不少教师为全国大型教学活动上公开课、示范课，而且人数一年比一年多，这些都反映了高效课堂研究的成果。

六、研究促进对教学的反思

虽然我区课堂教学改革取得了一定进步，但就全区整体来看，高效课堂在研究中还存在着不少困惑，也还有一些值得我们深刻反思的地方。如：我区有的学校对高效课堂的研究还停留在浅层上探索。如何实现专家引领，建设一批高效课堂研究的理论与实践成果？如何建设学习小组和班级高效课堂文化？如何体现学科高效课堂教学特点？学校间高效课堂研究的水平还存在一些差异等等。这些疑惑或问题还有待于我们在以后的研究中一一分析和解决。影响课堂高效的因素很多，我们只有理性地分析和客观地面对我们的课堂教学存在的问题，才能不断改进我们的课堂教学。

打造高效课堂，实现质量提升，是一项长期艰巨的任务，是一项系统工程。在各级教研部门的领导下，我们在实践中探索，在探索中研究，在研究中提高，高效课堂实施的各项工作在稳步推进中寻找突破和发展。只要我们解放思想，深入研究，大胆改革，锐意创新而且永不停步，我想，南海课堂教学改革的春天又将很快到来，南海的教学质量又将得到新的提升，南海的教育综合改革将结出更加丰硕的果实。

南海区教育发展研究中心教研室　党朝亮

目　　录

"本真"理念下的"三步·五环"教学模式

佛山市南海区西樵镇第四小学 …… 1

"153 幸福课堂"教学模式

佛山市南海区里水镇里水小学 …… 26

"和谐、智慧、高效"阳光课堂教学模式

佛山市南海中心小学 …… 51

"幸福课堂"教学模式的构建与实施

佛山市南海区罗村实验小学 …… 74

小学语文阅读教学"读写双轨　六步提升"高效课堂教学模式

佛山市南海区大沥镇盐步中心小学 …… 102

"DREAM"——"梦想"课堂小学英语课堂五步教学模式

佛山市南海区桂城街道中心小学 …… 126

基于 LearnSite 信息技术学习平台的"先学后教"教学模式

佛山市南海区横江小学　佛山市南海区盐步中心小学 …… 161

自主式探究　提高实践能力

佛山市南海区大沥中心小学 …… 197

小学数学"非线性"小组合作学习课堂模式

佛山市南海师范附属小学 …… 219

基于电子书包小学低年段英语听说教学 PIE 模式的研究

佛山市南海区桂城街道桂江小学 …… 247

"本真"理念下的"三步·五环"教学模式

佛山市南海区西樵镇第四小学

主体报告

一、研究概况

（一）研究背景

追求教学效率是教学的本质特性，也是当前课程改革的重要目标，更是教育事业实现内涵发展的必然要求。然而，在当前学校教学实践中，仍然存在教师教得辛苦、学生学得也不轻松、质量又不高的问题，因此，提高课堂教学的有效性已经成为课程与教学改革的核心课题之一。

在我校组织的几次针对课堂教学情况的问卷调查中，其结果反映出我校课堂教学存在着如下几个问题：课堂不够生动，对学生没有吸引力；教师讲得太多，给学生学习的时间和空间太少；教师较多关注自己的教，而较少关注到学生的学；教师对学生的关注面太窄，后进生容易被忽视等等。存在这些问题的课堂，其教学效率很难保证。这种"教师中心，系统传授"的课堂教学模式，使课堂缺乏思辨与创新，学生的主体性难以体现，学习积极性被压抑，学生的全面发展成为空谈。

《基础教育课程改革纲要（试行）》中提出，要"改变课程实施过于强调接受学习、死记硬背、机械训练的现状，倡导学生主动参与、乐于探究、勤于动手，培养学生搜集和处理信息的能力、获取新知识的能力、分析和解决问题的能力以及交流与合作的能力"。《国家中长期教育改革和发展规划纲要（2010—2020年）》中也提出，要"把教育资源配置和学校工作重点集中到强化教学环节、提高教育质量上来"。课堂是教学的主阵地，是提高教育质量的关键所在。要提高教学质量，我们必须改变现有的这种缺乏生命活力的、僵化的课堂教学模式。

因此，为了进一步打造"自主、互助、学习型"课堂，解决课堂教学改革中存在的问题，我校立足实际，以课堂为核心，以学生发展为本，在原有"生本教学模式"的基础上进一步完善和提升，推行"本真"理念下"三步·五环"教学模式，以此模式统领全校各学科教学，从根本上改变传统的课堂教学行为，改变学生的学习行为，突出学生的主体性、合作性，使每个学生得到发展，让课堂焕发出生命活力。

（二）理论依据

1. 建构主义学习理论。该理论认为知识不是通过教师传播获得的，而是学习者在一定的情境中，借助他人（教师和学习伙伴）帮助，利用必要的学习资料，通过主动建构意义的方式获得的。其理论核心是以学生为中心，强调学生对知识的主动探索、主动发现和对所学知识的主动建构。

2. 人本主义学习理论。人本主义倡导的学习原则：①在学与教的关系上，应该置学生于教学的主体地位，以学生的学为中心组织教学；②在教学目标上，要以教会学生学习为主，而不是以传授知识为主。

3. 合作学习理论。该理论认为学习是学习者通过与周围环境交互而主动建构内部表征的过程，而不是信息简单地从外到内的单向输入；是学习者在一定的情境下，通过与他人的协作、讨论等活动进行主动建构和重构知识经验的过程，而不是被动地接受现成的知识和经验的过程。

（三）研究方法与目标

在两年的研究中，在建构主义理论、人本主义学习理论、合作学习理论的指导下，我们采取问卷调查法、行动研究法、观察法等方法，确定以下目标。

1. 通过本模式的研究，各学科探索出适合本学科特点和我校实际的高效课堂教学模式和课堂评价体系。

2. 通过本模式的研究，提高课堂教学效率和学校教学质量。

3. 通过本模式的研究，探索出有效的课堂教学组织形式，最大限度地发挥学生的主体作用，使学生变得乐学、善学、会学、博学，从而培养和提高学生的合作能力、实践能力和创新能力。

4. 通过本模式的研究，增强教师的教研意识，促使教师加强学习和交流，在人人达模的基础上，鼓励部分教师从入模走向出模，实现教师的专业成长。

5. 在模式研究过程中，举办多种形式的学习交流活动，促进学习型校园的创建和积极向上的校园人文氛围的形成。

（四）基本内涵与操作流程

“本真”：是指理念的引领。概括地说，就是以生为本，务实求真。

“三步”：是指“课前预习—课内探究—课后延伸”三个步骤。

“五环”：是指课堂教学中的“前提检测—自主学习—合作探究—汇报点拨—有效训练”五个环节。

“本真”体现了新课程的核心思想——突出学生的主体地位，即从学生的角度思考教学的问题，采取灵活多样的形式让他们掌握知识、形成能力，想方设法满足学生的需要。而“三步·五环”模式则创造了独立自主的学习环境、合作交流的情境、好奇探究的意境；突出了教师的主导作用和学生的主体地位，培养学生自主学习、合作学习和探究学习的能力；体现了以生为本，务实求真的理念。师生在彼此尊重、理解、坦诚、关爱、接纳、民主、平等的和谐氛围中，共同制订目标计划，共同探讨解决办法，促进师生共同成长。

1. “三步”的总体架构。

（1）课前预习。通过研究解决什么时间预习、预习什么内容、用什么方式掌握学生的预习情况、通过什么方法或手段使学生掌握学习目标等。

(2) 课内探究。要体现"三讲三不讲";要搞好课堂教学环节的设计;要明确哪些问题学生自主学习、哪些问题学生合作探究、如何进行问题点拨、课堂教学过程中的交流环节如何落到实处;要体现教学过程中的有效训练等。

(3) 课后延伸。要体现"三布置三不布置";要布置发散思维性、发展提高性和迁移应用性的作业;要适当控制作业的数量。

基本原则:预为先导、学为主体、全员参与、师生互动、精讲巧练、当堂检测。

2. 课堂"五环"操作流程要求。

(1) 前提检测。

通过复习旧知,了解学情,引出新知。学生反馈课前预习情况,对学生的问题及时归纳。在导入的同时,展示本节课学习目标,让学生自主感悟本节课所要解决的问题。

(2) 自主学习。

学生根据教师设计的问题、创设的情境或导学提纲,进行自主学习、个体思考。导学提纲紧密结合课程标准和教材,问题的设计体现梯度性、层次性和探究性,有利于学生掌握当堂的基础知识和基本内容。学生要对自主学习过程中的疑点、难点、重点问题做好记录,为下一步提交小组合作学习探究打下基础。

(3) 合作探究。

① 确立学习小组。小组的成员由不同层次的学生构成。在讨论、探究中,尽量使每个成员都有机会发言。

② 合作探究。每个学习小组成员合作互动,学生能有比较充分的时间讨论交流。在这个过程中,既有教师设计问题的研讨交流平台,又有学生课前预习中的疑难问题解决,保证课堂探究时间真正用于学生的有效学习。

(4) 汇报点拨。

① 成果交流。在学生小组自主探究的基础上,每个小组确定汇报方式,分派好汇报任务,对探究的成果做展示交流。

② 评价点拨。师生对小组发言情况进行评价。在评价过程中,要鼓励学生发表不同的见解,肯定不同见解的合理性。教师适时引导、点拨,解答学生的迷惑,及时捕捉、提炼新的教学资源。

③ 归纳总结。教师根据学生自主学习、小组合作探究中发现的问题,对重点、难点、易错点进行归纳总结,总结答题规律,点拨归纳知识点记忆法、答题方法与思路等。

(5) 有效训练。

有效训练不是简单做题,而是根据学生有效学习的要求进行同步的有针对性的训练,以达到精选、精练的目的。这一环节应由以下几方面组成:基础知识练习,关注本节课的知识点;变式训练,形成基本技能;联系生活实际,综合运用,分析解决问题。

学校在制定"三步·五环"的基础上,要求教师根据不同课型、不同学科进行内化,确定符合本学科的高效课堂教学模式,打造"自主、互助、学习型"的优质高效课堂。

（五）构建“三步·五环教学模式”的总体思路

本模式以新课程改革理念为指导，以“本真”理念为引领，以“有效教学研究”为行动指南，以教师培训为抓手，以课堂教学为主渠道，以学生可持续发展为核心，落实“三步”即“课前预习—课内探究—课后延伸”三个步骤，坚持“五环”，即：课内探究过程中的“前提检测—自主学习—合作探究—汇报点拨—有效训练”五个环节，体现“三性”即课堂的真实性、兴奋性和有效性，全面提升课堂教学质量。

1. 总体思路。

落实“三步·五环”教学模式，实施“骨干引领—典型示范—整体推进—形成品牌”的工作思路，充分发挥骨干教师的示范带动作用，全员参与，人人达标，形成具有我校特色的课堂教学品牌。

2. 操作步骤。

操作步骤：树标—学标—达标—出模。

（1）树标。通过组织“引领课”“示范课”“研讨课”等公开课活动推出各学科骨干教师、典型教师优秀课型，通过教师教学技能大练兵活动推进教学模式。此外，计划进行校内评选模式推进先进教师，为广大教师树标。

（2）学标。学习优秀教师先进经验，分析总结自己教学的个性特色，反复实践，积极投入课堂教学改革。

（3）达标。开展全员模式达标课活动，力求做到“大面积”和“大幅度”。所谓“大面积”，指的是全校所有教师的每节课都达标；所谓“大幅度”，指的是教师的课堂教学水平和效率都有显著提高，达到“自觉主动、低耗时、高效益、轻负担、高质量”的课堂教学目标。

（4）出模。在人人达标的基础上，部分骨干教师能根据学情和教学内容，发挥教学智慧，灵活运用“三步·五环”教学模式提高课堂的实效性，渐渐从“入模”走向“出模”，形成自己独特的教学风格。

二、研究效果及影响

在深入论证的基础上，学校为了保证模式有效而深入地推进，把它纳入了学校四年规划发展性评价的自选项目，并以此申报区“十二五”规划课题而成功立项，成立了“本真”理念下“三步·五环”教学模式的研究课题领导小组，负责课题的组织实施和管理，对课题进行总体的规划和设计，具体制定课题实施方案，使“三步·五环”教学模式研究从开始就步入了正常的轨道，并在两年来取得了一定的实效。

（一）把准方向，行之有效的教学模式促进了教学质量的提升

课堂教学是学校工作的生命线，我校始终以课堂教学的改革与创新为着力点，打造优质高效的课堂教学模式。模式的推行，恰巧遇上课标改版，因此我校组织教师参与新课程标准全员培训，还订阅《人民教育》对新课标的解读，做到人手一册，从自学、汇报交流、课堂实践、心得反馈等途径让课改精神深入民心。

为了推进教学模式，我们做好以下几方面工作：

1. 总结提升，让模式走向明确。

我们以“教学模式”为课题聚焦课堂。从开始的“生本教学模式”到“‘本真’理念下各学科有效教学模式”的研究，再到今天“‘本真’理念下‘三步·五环’教学模式”的研究，路子越走越清晰，摸索出了我校课堂教学的基本模式，推动了学校的发展。但在教学模式推进的过程中，也产生了许多新的问题和课题。于是，我们根据学科特点，从“前提检测—自主学习—合作探究—汇报点拨—有效训练”五大环节着手，制定了各学科的操作模式，让模式的推进更明朗，更具方向性和可操作性。2013 年 6 月，我们把各学科“三步·五环”课堂操作模式汇编成册，出版了《三步·五环教学模式汇编》。由此，各学科根据模式撰写“三步·五环导学案”，落实备课三级机制，并及时把自己在教学过程中搜集和使用到的教学资源按照学校的要求上传，达到优质教育资源的共享。

图 1

模式的推广，从根本上改变传统的课堂教学行为，改变学生的学习行为，突出学生的主体性、合作性，使每个学生得到发展，让课堂焕发出生命活力。

2. 示范先行，让模式走向凝练。

为了推进教学模式，我们每学年都围绕“本真理念下‘三步·五环’教学模式”开展大型赛课活动。我们采取不同学科、不同学段分层开展，让名师上示范课，骨干教师上展示课，一般老师上研究课、汇报课。上学年，梁彩霞副校长率先以《少年闰土》的课例引领全校模式的推进，继而何雪萍主任、温玉燕主任、张伟忠等 10 位骨干教师做了模式的展示课。活动加强了教师间的交流与学习，使每位教师对教学模式从理论层面的知道、明白到实际操作层面的理解、信服，目睹该教学模式能真正提高我们的教学质量，从心里接受它。这为教学模式在全校推广奠定了扎实的基础。

图 2

3. 全员参与，让模式走出实效。

上学年的赛课活动，共有 69 位老师奉献了 58 堂教研课、11 堂观摩课。参赛的所有选手，思想上足够重视，课前准备相当充分，对课标、教材的理解方面也研得深、吃得透，特别运用“三步·五环”的教学模式显得灵活扎实，比我们想象的更加优质高效。如：林志亮老师的《比的应用》、胡敏仪老师的《花钟》，自主学习环节导学提纲的设计紧扣教材，体现梯度性、层次性和探究性，有利于学生掌握当堂的基础知识和基本技能；梁裕结老师的《抽屉的原理》、沈薇老师的《10 以内的加减》的有效训练设计有针对性，达到精选、精练的目的；钟慧贞老师的《比的基本性质》、梁洁华老师的《猫》，学生汇报展示时教师的点拨点在关键处，课堂实效性大大加强……就这样，赛课活动让教师们都有参加展示的机

图 3

会，为他们搭建锻炼的平台，让练兵成为推进教学研究的催化剂。

4. 及时总结，让模式走向高效。

为了让教学模式走向纵深，教导处在全员赛课后召开了教学模式研讨会，针对践行模式过程中存在的问题进行热烈的讨论，并明确今后操作的要点，肯定了教学模式是提高课堂质量的有力保障，鼓励部分教师从入模走向出模。

继而我们在各校区举行教学模式挂牌课，每周由两至三位老师挂牌上课，让同科组的老师对这两三位老师践行教学模式的效果进行检验评价，以此作为学期申报“推进教学模式先进个人”的依据。通过两年来“建模—推模—践模—检模—让部分教师出模”，“三步·五环”教学模式逐步走向成熟、高效，同时，教师的教育教学技能也得到了进一步的提高，部分骨干教师把自己的教学风格与模式有机融合，越显魅力。

教师在教学过程积累了很多精彩教学案例，并写出一篇篇珍贵的课堂反思、随笔、论文；学生在课堂上思维之花充分绽放，出现了一个个精彩而创新的学习瞬间。学校把这些成果分别汇编成《教之路》和《学之韵》。此外学校还初步制定了“三步·五环”教学模式有关教师、学生的观察评价量表，确保提升教学效度。

图 4

经过两年的实践，我们惊喜地发现，“本真”理念下的“三步·五环”教学模式不仅可以充分调动学生的积极性和参与意识，培养学生的探究精神、合作能力，也有利于教师对教学的及时指导，能够促进师生的共同发展。实施“三步·五环”教学模式将近两年，经过我们对教学成绩的监测，发现各学科的成绩呈现稳步上升态势，详见图 5。

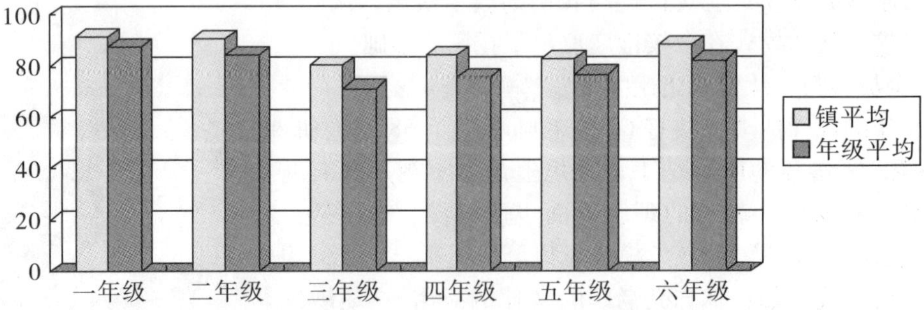

图 5　2012 年 7 月期末考试语数英综合指数与镇综合平均指数对比图

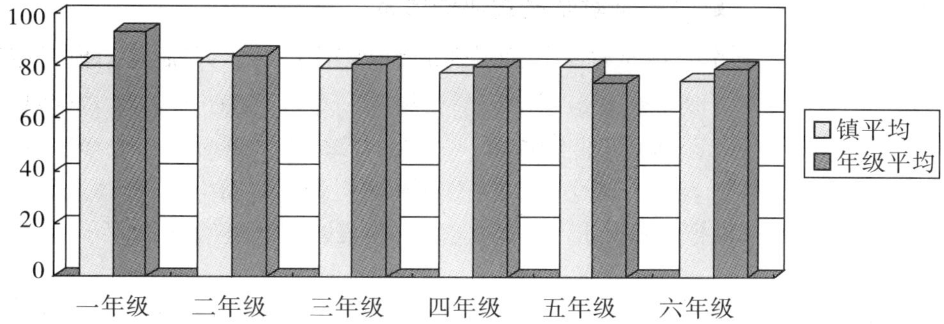

图 6　2014 年 1 月期末考试语数英综合指数与镇综合平均指数对比图

由图 6 可见，“本真”理念下“三步·五环”教学模式对我校教学成绩的提高起了不可或缺的促进作用。通过实践该模式，各年级期末考试的综合指数与镇平均指数都缩小了差距，大部分年级甚至超越了镇的平均水平。可以说，“本真”理念下的“三步·五环”教学模式既符合时代要求，符合教育本质，符合学生认知规律，又是一种具有科学性和人文性、体现学生观和课程观的教学模式。

（二）把握要领，行之有效的教学模式使学生乐学、善学、会学、博学

在全面推广“本真”理念下“三步·五环”教学模式的同时，我们先在各年级选了 2 个实验班开展研究。经过实验，我们发现效果还是令人振奋的，实验班学生的合作学习能力及学习习惯整体水平有了明显的提升。我们编写调查问卷，在 2012 年 9 月进行了前测，2014 年 4 月进行了后测，并把所得数据进行整理统计，图 7 是我们第一项“是否乐意与人合作”的调查统计分析。

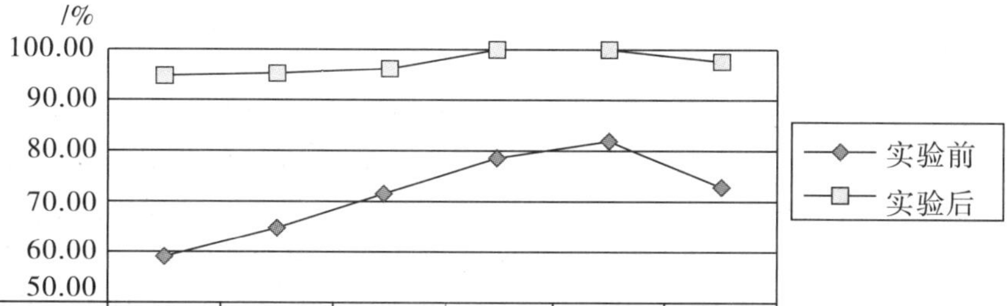

班级	401	402	501	502	601	602
实验前	58.8%	64.7%	71.8%	79%	82%	73%
实验后	95%	95.5%	96%	100%	100%	97.5%

图 7　学生合作意识的调查

从图 7 可以看出：同学们的合作意识明显提高了。其中四年级 2 个班的对比率超出了 30 个百分点。我们发现：“三步·五环”教学模式给予了学生更多自主探究、合作学习、获取知识的空间，学生在快乐探究中不知不觉成长。

（三）科学导航，建立课堂教学模式评价体系

众所周知，评价标准对课堂教学具有很强的导向作用，我们在制定与模式相适应的课堂教学评价标准时，重视课堂教学中学生的学习参与度、思维度、落实度的评价，强化课堂目标的达成度，增加效果评价的权重。于是，“本真”理念下“三步·五环”教学模式《教师观察评价量表》和《学生观察评价量表》就应运而生。

经过实践探索，我们把《教师量表》和《学生量表》加以整合，制定了《各科的课堂评价量表》。

这些评价量表，从大处着眼、小处着手，引导教师向高效课堂进军，使课堂效率高（即课堂达成度高，学生知识掌握扎实，当堂有效训练分数高）、效益大（即课堂发展度大，学生学习兴趣浓，行为习惯好，能力提升快，素质发展全）、效果佳（即课堂满意度高，课堂教学目标与教学内容达到和谐统一，过程与结果达到完美结合）。

因为有了评价标准作导向，教师课堂教学随意性大、课堂结构松散、教学目标落不到实处等现象明显减少，教师运用模式改变着自己的教学行为，教学效果也发生了明显的变化，教学的整体效益大大提高。2013 年视导课，百西校区 12 个班开出 24 节课，评价如下。

表 1

对比单位	课堂平均分	特优率
西樵镇	91.5	88.77%
第四小学	91.5	94.74%

（四）践行模式，促进了教师的专业发展

1. 促进了教师教育观念的转变。

“三步·五环”教学模式实施以来，我们看到了教师发生了很大的变化。主要表现在通过对《课程标准》的学习提升了教师的教育教学理念；通过教师技能练兵提高了教师的基本能力；通过课堂展示竞技提高了教师对教学模式的再认识。过去教师总是教学过程的控制者、教学活动的组织者、教学内容的制定者和学生学习成绩的评判者，而且是绝对的权威。但是经过实践，教师具有了教育民主与平等、以学生为本、终身学习、以学生为主体、重创新、重社会实践等与时俱进的教育理念。

2. 提高了教育研究能力。

要实施“三步·五环”教学模式，首先教师自身要理解模式，为此教师事先学习有关的理论知识，懂得每个环节要培养学生哪些能力，在此过程中，教师的理论研究能力得到了提高。为了课堂能更高效，教师吃透教材的重点难点，把准教学目标，把握教学的深度和广度，费尽心思进行每个环节的教学设计，这个过程提升了教师的应用研究能力。教师在组织教学的过程中，要对学生进行形成性评价，为检验学习效果要进行终结性评价，在评价中要遵循一定的评价原则，这就有效提高了教师的评价能力。学生在课堂中会出现这样或那样的问题，教师势必会通过实际的行动解决，分析问题的成因，探

讨问题的解决办法，在这个过程中提高了教师的行动研究能力。例如，我们数学科组在践行模式的过程中发现自主学习环节的导学提纲有些教师把握不准。于是我们以问题为课题，组织数学科组的骨干编写了一到六年级的“数学课堂学习手册”，制定了每个知识点的导学提纲，并且编印了随堂的一级训练、二级训练、三级训练。这样，教师的教学研究能力得到飞跃的发展，让数学课堂最大限度地走向高效。

图 8

就是这样，“三步·五环”教学模式的推行，使学生越来越喜欢我们的老师，家长越来越信任我们的老师，一张张耀眼的奖状就是最好的见证。

以下是我校近两年教师获奖统计。

表 2

时间	国家级	省级	市级	区级	镇级
2012 年 9 月至 2013 年 8 月	2	13	11	38	174
2013 年 9 月至今		12	18	44	168

近两年，全校教师共 69 人，共计获奖 480 人次，平均每人接近 7 项奖励。教师们能在各级各类的赛事中脱颖而出，除了扎实的基本功以外，更重要的是教育理念先进、教育教学能力比对手更胜一筹。

（五）模式推进，提升了学校的竞争力，树立了学校的教学品牌

该模式的实验探索，形成了我校课堂教学的鲜明特色，教师教得轻松，学生学得愉快，课堂效率高，学习氛围浓，教学质量不断跃上新台阶。2013 年我校进行“佛山市优质学校”的评估，评估组专家听课后给予了高度评价，其中评估组组长是这样评价的：“听了西樵第四小学 12 节课，充分体现了该校各学科在‘三步·五环’教学研究中取得的成效，12 节课都能根据本学科的特点，抓住自己学科的优势，巧妙设计‘五环节’，将课程改革的理念、以生为本的教育思想贯彻落实到教学活动中，激活学生的思维，启迪学生的智慧，激发学生的灵感，点燃学生的激情，培养学生的能力，收到了良好的效果。”我们邀请南海区教研室党朝亮主任到我校听课指导，党主任的那句“酒香不怕巷子深”坚定了我们研究的信心。我校的骨干教师到兄弟学校送课，在镇上上研究课，把我校的“三步·五环”教学模式对外推广，给听课者耳目一新的感觉，得到了同行的赞许。家长开放日，我们让部分家长走进课堂，通过父母与孩子一起上课，切身感受到教与学的魅力，增加了家长对教师的信任，促进了家校共建。

三、研究的困惑与对策

在深入推进“本真”理念下“三步·五环”教学模式的过程中，我们取得了一定的成效，获得了一些喜悦，但也暴露出一些问题，存在不少困惑。下面我们就发现的问题及解决策略与各位同仁进行交流，不足或错误之处敬请批评指正。

困惑1：如何才能保证“三步·五环”导学案的编写质量？

导学案的设计是否符合教材的编写思路、问题设置是否符合学情、是否具有很强的可操作性是实施高效课堂教学的重要前提。一旦导学案的编写不够科学合理，可以预见课堂教学必然就会出大问题。那么我们如何才能保证导学案的编写质量？

策略：发挥集体智慧，将集体备课真正落到实处。备课组长是集体备课的首要责任人，集体备课方式不同，质量就大有不同。我们在实践操作中对如何保证集体备课质量有一套自己的方案，下面提出来与大家交流。

（1）首先由备课组长在新学期开始制定好每周教学进度，根据教学进度及教学内容统筹安排每周导学案的主备人。主备人必须提前两周完成导学案的编写任务（电子稿），交备课组长详细审核。

（2）备课组长审核后将导学案每人打印一份，先由各位教师独立研究导学案的总体教学设计流程是否科学合理、问题设置是否符合学情、所选的相关习题是否适宜、自己有何补充意见等内容，要求全部记录在导学案的草稿中，并附上签名交给备课组长审核，上述资料作为集体备课的过程性资料最终交学校检查存档。

（3）最后在每次的集体备课时间内大家共同讨论、商议，直到达成共识后由备课组长定稿交文印室复印使用。任何教师都不得自行复印其他任何形式的学习资料，这一块主要由学校领导负责检查。

经过上述一整套流程编制的导学案基本上能够体现集体的智慧，内容相对来说也较为科学合理，符合本校学生的学情，因而对导学案质量提供了重要保障。

困惑2：教师如何才能调动学生预习的积极性，最大限度地保证预习效果？

策略：明确要求、详细检查、奖惩分明。教师要在上课的前一天或两天布置预习任务。上课前一定要集中收缴后认真批阅，查找问题。教师要制定奖惩条例，对于按要求完成预习任务且表现出色的学生要及时奖励；对于未按要求完成预习任务的学生要加强教育及时做出惩罚。只有让学生看到教师的鲜明态度和明确要求才能保证最佳的预习效果，一旦学生发现预习与否无关大碍，则课前预习模块就失去它的意义了。

执笔人：何雪萍

课堂实录一

百分数的意义与读写法

温玉燕

【教学内容】义务教育课程实验教科书《数学》（人教版）六年级上册第77～78页

的教学内容“做一做”及相应练习。

【教材分析】百分数是一种特殊的分数。百分数只表示一个数是另一个数的几分之几或百分之几的情况。所以整个单元知识与分数知识密不可分。教材特别强调让学生体会百分数的产生和百分数应用的过程以及对百分数意义的理解，让学生掌握一些有关百分数的知识，感受数学与生活的联系。

【学情分析】学生对分数的意义理解较深，有的学生把百分数和分数的意义等同起来，认为“分母是100的分数就是百分数”。因此要正确引导学生区分分数与百分数的相同点与不同点。

【教学设想】本节课的教学努力体现以下教学理念。

1. 以学生的自主学习为前提，营造自我发现、自我发展的学习环境。

2. 以自主尝试为载体，显现课堂的人文气息。

【教学目标】

1. 通过解决实际问题，体验百分数概念的形成过程，理解百分数的意义，掌握百分数的读写法。

2. 通过学生自主尝试、合作交流，经历百分数意义的探索过程，从而培养学生分析解决问题的能力和初步的创新能力。

3. 让学生体会百分数与生活的密切联系，渗透概率、统计思想，体会百分数的应用价值。

【教学重点】理解百分数的意义。

【教学难点】百分数的意义以及与分数的区别和联系。

【教学准备】课前搜集百分数在生活中的应用实例、研究报告表、PPT。

【教学过程】

一、旧知迁移，激疑引探

1. 看信息，回答下面问题。

(1) 把3元钱平均分给5个人，每人分得（　　）元。

(2) 科技小组有5人，其中男生有3人，男生占科技小组的（　　）。

(3) 这两个分数所表示的含义有什么不同？

师板书：　　表示具体的数量　　　　　　表示两数之间的关系

$\frac{3}{5}$　　　　　　　　$\frac{3}{5}$

师：同学们，上面两个分数各是五分之三，它们表示的含义有什么不同，请说说看？

生：我认为第一个分数是表示把1元看作单位“1”，每人分得$\frac{3}{5}$元，就是0.6元。

生：我认为第二个分数表示一个分率。

2. 小结归纳：第一个分数是表示具体的数量，第二个分数是表示两数之间的关系。分数既可以表示具体的数量，又可以表示分率。

3. 让学生展示课前搜集到的生活中的百分数。

预设：

生：我的一件上衣中棉的含量占70%，涤纶的含量占30%。

生：一盒牛奶中蛋白质的含量占6%，碳水化合物的含量占2%。

生：我校的男生占全校人数的65%，女生占全校人数的35%。

……

师：大家收集到的百分数还真不少，看来百分数在生活中的应用很广泛。今天我们就一起研究与分数有着密切关系的百分数。那同学们你们想了解百分数的什么知识？

生：我想知道都是哪些地方用百分数？为什么人们喜欢用百分数？

生：我想知道百分数的意义？百分数的好处？

生：我想知道百分数的读写法？

……

板书课题：百分数的意义与写法。

［设计意图］新课伊始，让学生分别说两个“$\frac{3}{5}$”表示的不同含义，促进新知的同化做铺垫，为后面教学分数与百分数的区别与联系找出联结点。课前的“找身边的百分数”活动，让学生经历信息采集、整理的过程，回到课堂中这些“百分数”又成为他们自己的学习材料，激发学生学习的兴趣。

二、自主学习，合作交流

1. 产生认知冲突，体验百分数产生的必要性。

电脑呈现：

选一选：学校准备举行投篮比赛，你认为六（1）班哪位选手投篮更准些？

表3

姓名	投中次数	投篮次数	投中次数占投篮次数的几分之几（投中的比率）
潘广标	16	25	
潘学汶	13	20	

师：观察这张表格，他们二人投中次数各占投篮次数的几分之几？

生：第一个同学投中次数占投篮次数的$\frac{16}{25}$，第二个同学投中次数占投篮次数的$\frac{13}{20}$。

师：能一眼看出谁的投篮水平最高，谁的投篮水平最低吗？

生：不能。

师：你打算怎么办？

生：通分，化成分母是100的分数。

表 4

姓名	投中次数	投篮次数	投中次数占投篮次数的几分之几（投中的比率）	化成分母是100 的分数
潘广标	16	25		
潘学汶	13	20		

师：把分数化成分母是 100 的分数有什么好处？

生：便于比较。

师：因为便于比较，日常生活中产生了百分数。我们可以把这些分母是 100 的分数都写成百分数。(显示百分数的形式)

板书：$\frac{16}{25}=\frac{64}{100}=64\%$　　$\frac{13}{20}=\frac{65}{100}=65\%$

师：这两句话中的百分数都表示什么呢？

[设计意图] 准确地把握学生认知上的困惑与矛盾。通过百分数与分数的比较，体验到百分数产生的必要性，同时初步揭示百分数的意义。

2. 自主探究，进一步体会百分数的意义。

自学教材第 77～78 页，重点内容用笔圈画出来。

出示自学提纲：选择教材第 77 页图示或搜集到的百分数的信息完成下面研究报告表。

表 5

摘录：
这个百分数读作（　　　　　　　　　　　）。
这个句子中，单位“1”的量是（　　　　　　）。
这个百分数是（　　　　　　　）和（　　　　　　　）比较的结果。
这个百分数表示的意义是（　　　　　　　　　　　　　　　　）。
看到这个句子，你想到了什么？

[设计意图] 学生在自学后能容易解释百分数的意义这一概念，但要深入理解意义却是不容易的，学生的学习也只是停留在浅层次的基础上。为每个学生提供研究报告表，引导学生分析百分数的含义，让学生认识到百分数是表示两个数之间的关系，是一种分率或比的关系，并不表示实际的数量，从而与分数从本质上区别开来，为后面区别异同打下基础，分解了难点。

三、小组讨论，合作探究

每个同学交流自己摘录的百分数的含义。

四、汇报点拨，梳理完善

1．分组展示，交流互补。

师：刚才同学们已经以小组为单位讨论了一些百分数的意义，请小组代表选择其中一个进行小型的信息发布会。

表6　《百分数的意义与读写法》研究报告表

摘录：这批产品的合格率是98%。
这个百分数读作（ 百分之九十 ）。
这个句子中，单位“1”的量是（ 一批产品 ）。
这个百分数是（ 合格产品数 ）和（ 产品总数 ）比较的结果。
这个百分数表示的意义是（ 合格产品数占这批产品总数的98% ）。
看到这个句子，你想到了什么？ 看到这个百分数我想到了这批产品的合格率比较高。 看到这个百分数我想还差2%，合格率就能达到100%。

学生质疑（学生自由汇报，教师相机点拨）：

生：这个98%分母100表示什么？98表示什么？……

［设计意图］课堂上采取一人一表、一人一例的方法，每个学生调查的数据不同，每个学生都必须思考自己调查的这个百分数的单位“1”是什么，是表示谁与谁的比。大量的实例有助于学生真正理解百分数的意义，体会它的作用和好处。整个教学环节有学生的独立思考，有合作交流，也有质疑问难的空间，不断地启迪学生智慧，体现新课标提倡的“关注每一个孩子的发展”理念。

2．概括归纳百分数的意义。

根据学生的分析，课件呈现教材第77页图示信息的含义。

表7

<table>
<tr><th>生活个案</th><th colspan="3">百分数的结构关系</th><th>百分率</th></tr>
<tr><td>我市小学生的近视率达18%</td><td>近视的小学生人数</td><td rowspan="4">是</td><td>我市小学生总人数的</td><td>18%</td></tr>
<tr><td>咱们学校有60%的学生参加兴趣小组</td><td>参加兴趣小组的人数</td><td>咱们学校总人数的</td><td>60%</td></tr>
<tr><td>这批产品的合格率是98%</td><td>这批产品中合格的产品数</td><td>这批产品总数的</td><td>98%</td></tr>
<tr><td>羊毛50%</td><td>羊毛的含量</td><td>这件衣服成分的</td><td>50%</td></tr>
</table>

师：这些百分数在意义上有什么相同点？用自己的话说说什么是百分数？

生：这些百分数都有两个数量。

生：百分数表示一个数是另一个数的百分之几。

总结意义（板书）：表示一个数是另一个数的百分之几的数叫作百分数，百分数又叫百分率或百分比。

3. 百分数的读写法。

（1）让学生举出一些不太会读的百分数。

生：22.5%怎样读？

师：谁会读？

生：百分之二十二点五。

（2）总结方法：百分数的读法与分数的读法差不多，前面的数跟小数的读法一样。

（3）完成教材第78页做一做2。

1%　8%　15%　60%　100%　250%　7.5%　0.05%　121.3%

师：这些数中哪个数最大？还有比它更大的百分数吗？这些数中哪个数最小？还有比它更小的百分数吗？

生：250%最大，0.05%最小。

（4）百分号的写法：写百分号时，两个圆圈要写得小一些，以免和数字混淆。

每人书空5遍百分号。

完成教材第78页做一做1：试着写出下面的百分数。

百分之一　　　写作：________

百分之二十八　写作：________

百分之零点五　写作：________

（5）总结写法：百分数通常不写成分数的形式，而在原来的分子后面加上百分号"%"来表示。板演练习同时进行，教师巡视的时候进行书写指导。

4. 百分数与分数的区别与联系。

师：说一说复习题"$\frac{3}{5}$元与$\frac{3}{5}$"中两个"$\frac{3}{5}$"的不同含义，找一找其中的哪个"$\frac{3}{5}$"可以用百分数表示？百分数与分数有什么不同？

（学生自发讨论百分数与分数的形式、意义、作用、书写方法都存在不同的地方）

小结：分数既可以表示具体的数量，又可以表示分率，百分数只能表示分率，不能表示具体的数量。

教师板书：

表8

概念	相同点	不同点
百分数	都可以表示一个数是另一个数的几分之几（即都可以表示两个数的倍数关系）	不表示具体数量，不可带单位
分数		也表示具体数量，可带单位

[设计意图] 百分数与分数的区别是本节课的难点，百分数与分数是两个比较抽象的概念，在这部分教学中，通过实例和表格直观地呈现比较百分数与分数间的异同，突

破难点提高学生分析比较的能力。

5. 小结归纳。

（1）辩论：有人说百分数就是分母是100的分数，你同意吗？为什么？（先自由说观点，再分组辩论）

生：我同意。

生：我不同意，百分数是表示一个数是另一个数的百分之几，是两数间的关系。

（2）质疑：现在你对百分数了解了多少？通过学习，你的头脑中还有哪些疑问？

生：怎样比较百分数的大小？

师：谁能解答？

生：比较百分号前面的数字就可以了。

师：对的。我也有一个问题：今年生产数是去年的120%双，这样说，对吗？

生：不对，百分数是一种关系，不能带上单位。

师：对的，在百分数的后面是不能写上单位的。

[设计意图] 通过自学、合作、交流等形式实现“新知”的建构，充分再现和展示学生在学习过程中的主体地位，教师的“中心地位”下移成为学生学习的合作者和问题解决的组织者、引导者。

五、达标检测，活学活用

（一）基础练习

我是小神探。

（1）百分数和分数的意义完全相同。　　（　　）

（2）今天全班同学都来上课了，就可以说出勤率达到100%。　　（　　）

（3）一批货物，运走了它的30%吨。　　（　　）

（二）深化巩固

1. 六（1）班有50人，获得数学学习标兵的有12人，获得数学学习标兵的是全班人数的（　　）%，未获得学习标兵的占全班人数的（　　）%。

2. 李师傅原计划加工100个零件，实际加工120个。完成了计划的（　　）%，超额完成了计划的（　　）%。

3. 读读、谈谈、想想。

一次性筷子是日本人发明的，日本的森林覆盖率高达65%，但他们一次性筷子全靠进口，我国森林覆盖率不到14%，却是出口一次性筷子的大国。你对此有什么想法和建议？

（三）拓展提升

用你喜欢的方法表示出下图这个正方形面积的75%。

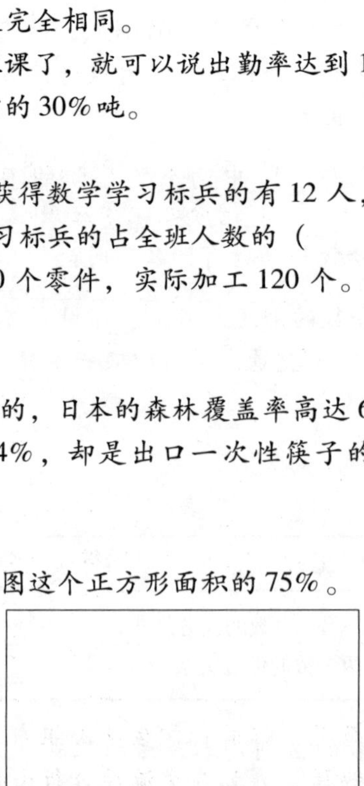

［设计意图］由浅入深地设计形式多样、趣味横生的习题，并且尽量从生活中寻找题源，选择有时代气息的练习内容，充分调动学生学习的积极性，帮助学生进一步理解百分数的意义，从而培养学生灵活运用新知解决生活中实际问题的能力。

（四）总结

同学们，今天我们学习了百分数的意义和写法，通过这节课的学习，你有哪些收获？能用一个百分数表示自己对自己的满意度吗？最后老师送你们一句名言，与大家共勉：天才是1%的灵感，99%的汗水。

［设计意图］这些课外延伸题，不仅又一次加深了学生对于百分数意义的理解与掌握，而且使学生看了这些内容后，潜移默化在他们的心灵深处受到了感染。特别像我们国家比较严重的环保问题，还有像"神舟"飞船的发射成功，作为中华儿女，每一位学生都会感到特别自豪。最后设计了与学生共勉的情境，送上一句名言，以产生课堂总结的韵味，增强学生学习的信心，深化生命的意义。

【板书设计】

百分数的意义与读写法

表示具体的数量　　　　　　表示两数之间的关系

$\frac{3}{5}$　　　　　　$\frac{3}{5}$

$$\frac{16}{25}=\frac{64}{100}=64\%$$

$$\frac{13}{20}=\frac{65}{100}=75\%$$

表示一个数是另一个数的百分之几的数叫作百分数。

【教学反思】

今天我讲的是《百分数的意义与读写法》。百分数是在学生学过整数、小数、特别是分数的概念和求一个数是另一个数的几分之几的应用题的基础上进行教学的。百分数实际上是表示一个数是另一个数的百分之几的数。这节课我是按照我校"三步·五环"的教学模式进行教学的，课后我冷静反思，主要体现为以下几点。

1. 通过课前的预习收集有关百分数的数据，以新闻发布会的形式引出百分数。从现实生活中选取了一些与学生生活联系紧密的百分数的事例，引出生活中的百分数。同时从具体事例中感悟百分数产生的必要性。老师引导学生通过表格观察两个同学的投中次数和投篮次数，并提问："能一眼看出谁的投篮水平最高，谁的投篮水平最低吗?"学生不能直接回答出答案。接着老师引导学生说出投中次数占投篮次数的几分之几后，学生还不能直接回答出老师的问题，老师再引导学生把得出的分数进行通分，化成分母是100的分数，从而引出百分数，引出百分数出现的必要性。

2. 把学习的主动权交还给学生。没有学生主体参与的教学，不是成功的教学。在执教《百分数的意义和读写法》这一课中，我都是让学生主体参与。首先让学生根据自学提纲看书，自主探究百分数的意义；接着让学生在小组内交流，分享自己的想法，接受其他同学的意见，修正自己的错误；并且在交流后进行小组的汇报，同学们都很积极投入，大胆地提出质疑。在整个学习过程中老师担当的角色是一位引导者。

3. 练习有层次、有拓展、有坡度、有兴趣。除了书上的练一练，我还设计了以下练习：练习一是判断题，学生在理解百分数的基础上，进一步拓宽知识面；练习二是填空题，通过练习让学生了解百分数和分数在意义上的联系和区别，同时出示一段有关世界环保的小资料，让学生在感受百分数意义的同时，体验到地球正在受到破坏，对学生进行节约资源的思想教育；练习三拓展学生的创造力，让他们尝试画出75%的大小，为下一节课做铺垫。

本节课的不足之处：学生在对例题中的分数进行通分时，耽误了一些时间，如果老师直接让学生把三个分数通分成分母是100的分数就会节省一些时间，就不会导致练习没有做完。今后在教学中，要注意学会灵活应变。

【学生学习心得】

数学课真有趣

梁咏茜

这节课，老师为我们上了《百分数的意义与读写法》这一课的内容。课前老师要求我们收集一些有关百分数的数据，我从我的衣服的标签上收集了一些信息：棉80%，涤纶15%，麻5%。从一些饮料中我又发现一些信息：碳水化合物25%，热量10%等。刚开始时，我还是不太清楚，后来根据老师给我们的预习提纲表格，看书后就有点明白，80%是指棉料占这件衣服成分的百分之八十。有了这个认知后，其他的百分数的意思我也清楚了。可还有一点点不太清楚的就是到底百分数表示什么意思？它有什么意义？

在课堂上我带着这样的问题听讲，但老师没有直接告诉我答案，而是先让我们在小组内交流。在组内我把这个问题提了出来，有一个同学杨力告诉我在书本上有答案：就是表示一个数是另一个数的百分之几，也可以叫作百分比或百分率。听了之后，我恍然大悟，“是呀！怎么我没有注意到呢？以后我要再细心些。”感谢我的同学帮助了我，我觉得这样的学习方式给了我不一样的学习知识的方法。在小组内合作学习，把自己不懂的在小组内交流，可能在组内能得到我下面那个要的结果，这种互相学习的方式，我觉得比较新颖好用。

课堂实录二

Unit 3　My Birthday（B）Read and write

梁艳勤

【教学内容】PEP版小学《英语》五年级下册 Unit 3　My Birthday（B）Read and

write .

【教材分析】本单元主要是围绕 When is your birthday? 展开的一系列话题。本课时是本单元的第六课时，也是本单元学习的最后一个课时。旨在复习巩固 A/B 部分的主要词汇和句型，通过阅读理解帮助学生综合运用本单元所学语言。以学生熟悉的 Zoom 和 Zip 为主要人物，谈论第三人称 Zoom's grandma 的生日，配以相应插图，贴近学生生活，充满童趣。文本中有较多新的语言点，无论从认读或理解上都有一定难度，但能大大丰富学生的语言知识。学完本节课，学生能简单描述家人、同学或朋友的生日。

【教学策略】采用师生谈话引入法引出本课新句子的学习。采用游戏激趣法运用新语言。采用小组合作学习法综合运用新语言。

【教学目标】

1. 能听、说、读、写四会句子：What's the date? It's June 9th. Is her birthday in June? Yes, it is.

2. 能听、说、读 Read and write 部分的对话。

3. 回答对话后的问题并书写答句。

4. 能够简单描述自己家人的生日。

【教学重点】掌握两组四会句子：What's the date? June 9th. Is her birthday in June? Yes.

【教学难点】理解并认读句子：I am sending Grandma an e-card. Then she won't be able to see the card . Everyone likes to get birthday cards .

能够简单描述自己家人的生日。

【教学过程】

一、前提检测（10 分钟）

1. Have a dictation.

2. Look and say quickly.（快看快说：出示月份、日期让学生快速认读）

3. Free talk.

（1）T：Hello. How are you?

S：Fine . Thank you .

T：What's the date today?

S：It's April 22nd.

T：When is your birthday?

S：It's …

（2）T：Who has a birthday in June?

S：Me .

T：What's the date?

S：It's …

T：Is her birthday in June ?

S：Yes，it is .

T：What's the date?

S：It's …

(3) T（问男生）：Is your birthday in June，too?

S：Yes，it is. /No，it isn't .

T：Is his birthday in June?

S：Yes，it is . /No，it isn't .

T：My birthday is in June，too.

S：What's the date ?

T：It's June 9th.

T（板书并带读）：Is her/his birthday in June? Yes，it is . / No，it isn't .

What's the date ? It's June 9th.

［设计意图］通过 Free talk，让学生复习本单元的重点句型，为本节课的学习奠定基础。

4. Guessing games.（猜一猜）

Game rules（游戏规则）：请一名学生上台来告诉老师自己的生日日期，然后让其余同学猜。如果三次都没有猜对，老师将揭晓答案，学生再用 What's the date ? 询问日期。如果三次之内就猜对了，则直接用 What's the date ? 询问日期。

A：Is her/his birthday in …?

T：Yes，it is. / No，it isn't .

A：What's the date ?

B：…

［设计意图］通过游戏，让学生练习 Is her /his birthday in…? What's the date ? 及日期的训练。

5. 通过师生对话，引出本节课新句子学习。

T：Who has a birthday in May?

S：Me .

T：What's the date?

S：It's …

T：Oh，your birthday is coming . I will send you an e-card .（出示 e-card 带读，two by two 读）

T：Do you have a computer?

S：No，I don't .

T（问其他学生）：Does she have a computer?

S：No，she doesn't .

T（引出新句子）：Then she won't be able to see the card .（出示句子带读，one by one 读）

T：But I will give you another gift . Look! It's a birthday card . Do you like this birthday card?

S：Yes.（出示 birthday card 带读，two by two 读）

T：（出示多幅 birthday cards）Wow，so many beautiful birthday cards！

T（随机问三个同学）：Do you like to get birthday cards？

S：Yes！

T：He likes to get birthday card. She likes to get birthday card too. So I think everyone likes to get birthday cards.（出示句子带读，one by one 读）

［设计意图］通过阅读前活动，将本节课的两个难点句子提前渗透，降低学生在阅读文本时的难度。

6．提出任务，引出新课。

T：Look！Zoom is sending grandma an e-card. Because grandma's birthday is coming. Do you want to come to grandma's birthday party？You must pass 4 task.

二、自主学习（7分钟）

CAI课件出示Task1：让学生听录音2遍，判断录音内容与句子是否一致，一致的写"T"，否则写"F"。

1．Task1. Listen to the tape and write down "T" or "F".

(　　) 1. Zoom is sending grandpa an e-card.

(　　) 2. Grandma's birthday is June 10th.

(　　) 3. Grandma won't be able to see the card.

(　　) 4. Zoom and Zip make a birthday cake for grandma.

(　　) 5. Everyone doesn't like to get birthday cards.

2．Open the books and check the answers.（让学生打开书检查答案）

3．check the answers.

T：Number 1，Yes or No?

S：No.

T：Where is wrong?

S："grandpa" change "grandma".

T：You are right. Good job！

T：Number 2，Yes or No?

S：No.

T：Where is wrong?

S："10th" change "9th".

T：You are right. So clever！

T：Number 3，Yes or No?

S：Yes.

T：You are right. Good job！

T：Number 4，Yes or No?

S：No.

T：Where is wrong？

S："cake" change "card".

T：You are right. Super！

T：Number 5，Yes or No?

S：No.

T：Where is wrong ?

S：“ doesn't like” change “ likes”.

T：You are right. Good job！

4. T ：Now let's read the sentences in group. And help each other .

5. Read the sentences one by one. And teach the new words：sending，e-card，won't be able to see the card，everyone .

[设计意图] 通过听录音，判断句子，训练学生听短文理解短文的能力。

三、合作探究（5分钟）

T：You pass the task 1. Can you read the text ? 出示 Task 2：Reading

1. Read after the tape for 1 time.

2. Read after teacher for 1 time，too .

3. Read in group and help each other .（老师巡视指导）

[设计意图] 通过小组朗读，以优带差，过好朗读关，培养学生合作学习。

四、汇报点拨（10分钟）

Check reading.

Read the text one by one .（学生逐个朗读对话）

Read the dialogue in role.（学生分角色读对话）

Answer the questions.（让学生到黑板上板书回答书上的两个问题）

（1）Is Grandma's birthday in June ?

（2）What's the date ?

T：Who can show your answer ? S：Let me try .

（请两名学生到黑板上板书答案，然后老师评讲）

T：Good job！You pass task 2，too . Can you pass task 3 ?

出示 Task 3：Answering.（回答问题）

Ask and answer.（根据对话内容回答下列问题）

（1）Whose birthday is in June ?

（2）Can Zoom use a computer ?

（3）Can grandma see the e-card ? Why ?

（4）What do Zoom and Zip do for grandma ?

（请学生到黑板上板书答案，然后评讲）

[设计意图] 通过回答这些问题，可以检测学生对课文是否真正理解，培养解决问题的能力。

五、有效训练（8分钟）

1. Make a survey and write a report.（让学生按要求做采访）

采访规则：三人一个小组，相互交换生日信息，并用：“Is her / his birthday in … ?”

相互询问第三人的生日月份，并用"What's the date ?"问出具体日期。

A ：Is her / his birthday in April ？（指着 B 问 C）

C：Yes. / No. Her/ His birthday is in ….

A ：What's the date ？

C ：April 21.

然后 B 指着 C 问 A 生日在几月份？以此类推。

2. Make a report.（把采访结果写一写）

________ is my friend. Her/His birthday is in ________. it's ________. we often play the piano / go shopping / play computer games …together on the weekend .

[设计意图] 通过这个采访活动，让学生操练本节课的重点句型，通过学生做汇报，并写下来，训练学生的口头表达能力和书面表达能力，另外通过学生做汇报，让学生描述自己朋友的生日。

六、课后延伸。

1. 情感教育。

T：We should remember our parents', teachers'and friends' birthdays. Because they love us and help us .（我们应该记住父母的、老师的和朋友的生日，因为他们爱我们并帮助我们）

2. Home work.

必做作业：（1）Listen and repeat for three times.（听录音并跟读 3 遍）

（2）Copy the skilled sentences for three times and remember them.（抄写四会句子 3 遍并记住它们）

选做作业：Make a birthday card for your family.（做一张家庭生日信息卡）

【板书设计】

Unit 3　My Birthday　　Part B. Read and write

Is her birthday in June? Yes, it is. / No, it isn't.

What's the date? It's　June 9th .

【教学反思】

本节课通过 Zoom 和 Zip 之间的对话询问别人的生日在几月？是在哪一天？因为本节课有太多新的语言点，如：What are you doing? I am sending grandma an e-card. Is her birthday in June? Yes, it is. / No, it isn't. Does she/he have a computer? Yes, she / he does. No, she/he doesn't. Then she/he won't be able to see the card? Everyone likes to get birthday cards. 无论从认读和理解上都有一定难度。在 Warm up 环节，我通过师生对话，引出本节的四会句型进行学习。如问一名刚好是 6 月份出生的女生：T：Who has a birthday in June? S：Me. T：What's the date? S：It's June 9th. 然后问其余学生：Is her birthday in June? S：Yes, it is. T：What's the date? S：It's June 9th. 再问另一名男生：Is your birthday in June , too? S：No, it isn't. 然后再问其余学生：Is his birthday in June, too ? S：No, it isn't. 从而引出主要句型板书认读：Is her/his birthday in June ? S：Yes, it is . / No, it isn't . 老师接着说：My birthday is in June , too. 引导学生问：What's the date?

T：It's June 9th. 从而引出另一个主要句型：What's the date？T：It's June 9th. 板书并带读。接着，我设计了一个 Guessing birthday 的游戏来帮助学生理解运用这两组句子。这个环节，得到听课老师的一致好评。接着，通过和班里一位即将过生日的女生的对话，引出本节课的单词和句子的学习：如：e-card/Then she won't be able to see the card. /birthday cards/ Everyone likes to get birthday cards. 我是很顺理成章地引出新句子的学习，但却忽略了如何引导学生运用新句子。也就是说，缺少了学以致用这一环。这就是我这节课最失败的地方，没有把目标理解好并落到实处。我应该在引出这些单词、句子的学习之后，再设计一些有意义的操练。如：多问班里几个同学：Do you have a computer？No，I don't．让一学生再问：Does he /she have a computer？其余同学回答：No，he/ she doesn't. Then he/she won't be able to see the card. 这样可以让学生更好地理解这组句子。

通过同位间的采访，运用该节课的四会句子。但是在教学中运用四会的句子比较少，以后设计时我要注意这一点。在采访的基础上，把它写成作文。根据学生的练习，看得出他们对第三人称的掌握还不够，我日后的教学还要适度渗透。

本节课中还存在很多不足，比如在和班里即将过生日的同学交流的时候，预设的不够，对文本的处理造成了一定的难度，这说明在今后备课的时候要多动脑筋，多想几种预设，让我们的思路更加清晰。

经过这节课，让我意识到：教学目标一定要明确，且一切的教学活动必须围绕目标开展，要落到实处。同时，每一个学习内容都必须创设一定的情境，让学生在模拟真实的情境中学习新知，运用新知，努力向高效课堂迈进。

【学生学习心得】

本节课我能做到专心听课，积极举手发言，不会的地方虚心请教老师和同学。这节课有好几个句子比较难读，但我在老师的引导下成功地把这些新句子朗读出来，还能背诵并试着运用。在做采访的时候，我未能很熟练地用第三人称 Is her/his birthday in…？询问同学的生日。但我相信在老师的灵活多样的教学下，我一定会把英语学好的。

【评析】本节课的教学内容与学生的生活实际比较贴近。教学手段丰富：实物（生日卡），CAI 课件，实物投影，录音机等。教师通过与学生自由谈话，很自然地引出本节课的新语言的学习，并通过游戏、小组合作学习等形式巩固、运用新语言，让学生能轻松、愉快地学习，教学效果良好。

专家点评

近日，本人有幸在西樵四小参加“本真”理念下“三步·五环”教学模式的教研活动，得知此教学模式在学校已经历了两年的探索过程，并且取得了令人欣喜的成果，着实不易。

在我国新课程改革的背景下，各类教学模式层出不穷，难能可贵的是西樵四小能立足本校的实际情况，根据现阶段的学情和教师队伍水平展开教学模式的研究。西樵四小的“本真”理念下“三步·五环”教学模式目标明确，求真务实，突出学生的自主探究和小组合作学习，既发挥学生的主体性又突出教师的主导性，实现了教师和学生在课堂教学研究过程中的共同成长。重要的是，西樵四小在传统的凯洛夫“五环节”教学模式的基础上，根据新课标理念加以改造提炼，让教师们能够快速适应，便于操作，也即继承传统教学模式的优秀合理部分，又根据课标理念，结合学校实际加以改造创新，为实现轻负高质的目标奠定了基础。

我个人理解，“本真”与“三步·五环”是相辅相成的，“本真”是根本前提，在“本真”的基础上，关注学生的课前预习、课内探究、课后延伸三个步骤，并且落实于前提检测、自主学习、合作探究、汇报点拨、有效训练五个环节。这其中的每个环节，对教师都有具体的操作要求，并且有相应的措施和策略，逐步形成一个教学模式。

在与西樵四小的校领导及一线教师的交流过程中，我了解到这种教学模式是深入人心的，并且他们也将一直坚持下去。翻看学校这两年的研究成果，不得不让人感叹“一线教师才是真正的课改先行者”，但是研究成果并不是固化的，也需要适时地改进、完善和创新。

我希望老师们在后续的研究过程中能再次回归本真，真正扎实地改进、完善和创新现有的教学模式，祝愿西樵四小的老师们在教育教学研究的道路上勇攀高峰、硕果累累！

广东省教育学会　王蓓蓓

“153 幸福课堂” 教学模式

佛山市南海区里水镇里水小学

主体报告

教育发展的速度可以提高，但是教育发展过程却来不得半点虚华和浮躁，教育发展要遵循内在的规律，在提高教育效益和教学质量上下功夫。近年来，里水小学立足“常规奠定品质，科研追求发展”的工作纲领，把构建高效课堂教学模式作为实现学校科学发展的重点工作，以探索与实施教学模式来推动课堂教学的大增值。

一、研究背景与课堂教学现状分析

（一）来自教师方面的因素

1. 教学中没有正确树立“以生为本”的教学观。教师对学生的学情了解不足，体现在备课和教学中往往忽视学生的学情，以成人的眼光看待和要求学生，缺少换位思考，造成学生难学、怕学情绪。

2. 课堂主体定位存在偏差。教师教得很累，学生学得很苦，然而学生却没有得到应有的发展，“学生自己能学会的”教师在讲、“学生已经会的”教师还在讲，课堂上学生缺少自由探究、独立思考的空间，学习兴趣不高，导致课堂教学效率低。

3. 教学中存在“重教轻学”的现象。如教学多以教师讲、学生听为主。教师侧重考虑如何教，少考虑学生如何学，不敢放手组织、指导学生开展自主学习、探究学习和合作学习。部分教师缺乏教学后的再思考，对教学中的得失没有及时总结，更谈不上为日后教学制定有效措施了。

4. 课堂教学有效性尚待提升。我们从多年的教学改革中不难发现，有的教师由于对新课程理念理解、领会的偏差，在教学中关注比较多的还是自己的教学设计，忽视了学生身心自然、和谐发展；有的课“花架子”多，热闹的课堂背后却是教学实效的缺失；有的课则弱化了基础知识和基本技能的训练。课堂上教师教得辛苦，学生学得痛苦，使得教学费时多、效率低的现象长期困扰着我们。所以，反思现状让我们认识到一个令人深思的问题——如何提高课堂教学的有效性，让课堂焕发生命的活力。

（二）来自学生方面的因素

1. 依赖性和畏难情绪双双困扰。学生主动学习意识较弱，依赖性较大，课堂上等老师、同学讲答案，在家里则依赖家长指导等思想严重，造成畏难情绪突出，怕动脑，积极性不高。相当一部分同学的学习习惯差，不会预习，不会自学，不会温故知新。

2. 学生主动探究尤显不足。由于课堂主体地位的缺失，学生学习常处于被动状态且负担过重，主体意识和参与能力不强，以致很多学生在学习上感到困难，富有创造力的优秀学生难以脱颖而出。一节课下来，学生该掌握的知识没掌握好，本该课堂上当堂训练完成的巩固练习被迫要留到课外完成，必然加重学生的课外作业的负担。

实践告诉我们，我们要在学校的办学理念"幸福教书，快乐学习"指引下，创设一种平等、和谐、愉悦的幸福课堂氛围，将人类的文化知识与学生的生活体验有机结合起来，让学生在这种不断生成、不断增值的环境中获得更多的智慧与人生经验。同时我校构建的幸福课堂既是深化素质教育内涵发展的必然结果，更是彰显教师教育品质、形成教学风格的重要标志。我们希望通过"153 幸福课堂"模式的实践，追求与实现教师教得幸福，学生学得快乐与幸福。

只有触及课堂的教育教学改革才是彻底的，才能真正改变教师行为和课堂教学效果，进而改变学生的学习生态。因此，构建具有学校自身特色的课堂教学模式，切实提高课堂效率已势在必行。我校课堂教学改革的切入点是构建"幸福课堂"模式，重点立足于优化课堂学习的基本内容和方式方法，以研究"学与教"为主线，创建学生自主学习"153 幸福课堂模式"，研究有效的"学与教"，让每一个学生都得到最大限度的发展，最大限度地避免课堂无效教学行为，提高课堂教学效率。

二、研究的理论依据

（一）新课程理念

教育部出台的义务教育学科课程标准（2011 年版）总目标里指出，学生是学习的发展主体。课程必须根据学生身心发展和学习的特点，关注学生的个体差异和不同的学习需求，爱护学生的好奇心、求知欲，充分激发学生的主动意识和进取精神，倡导自主、合作、探究的学习方式。教学内容的确定，教学方法的选择，评价方式的设计，都应有助于这种学习形式的形成。

（二）人本主义教学理论

人本主义教学理论强调人的因素和"以学生为中心"。教学的基本目的是促使学生在教师的帮助下激发自己高层次的学习动机，充分发展自己的潜能和积极向上的价值观与态度体系，从而使学习者能够自己教育自己，最终把他们培养成为人格健全的人。

（三）建构主义学习理论

建构主义学习理论的基本观点认为，知识不是通过教师传授得到，而是学习者在一定情境即社会文化背景下，借助他人（教师和学习伙伴）的帮助，利用必要的学习资料，通过建构意义的方式而获得。建构主义学习理论又为我们更新教育观念、改革教学方法、突破传统教学模式、提高教学效果提供了理论依据。建构主义理论者提出了不同的"学习观"：学习不是由教师向学生传递知识的过程，而是学生依据自己的经验建构知识的过程；学习者不是被动的信息吸收者，相反，他要主动地重新建构信息的意义，这种建构不可能由其他人代替。

（四）多元智力理论

多元智力理论关于智力具有文化性的观点，为教育教学提供了新的理论依据。这一理论在追求平等、尊重差异和倡导合作三个方面为教育教学提供了新的实际支持。它在四个方面为我们提供了新的设计思路，即创设体现不同文化特色的学校环境，将不同文化整合到课程之中，采用适合不同认知方式的教学方法丰富学生的学习经验，在真实的情境中评价学生的发展。

三、研究的总体目标

以学生发展为本贯彻新课程理念，全面推进素质教育，促进学生快乐学习。以学生发展为本，就是坚持全体学生的全面发展；注重学生知识与能力、过程与方法、情感态度与价值观等三方面目标的全面发展；注重学生个性发展；重视学生终身可持续发展。

构建新的课程体系。课程的时代特征：树立以学生发展为本的课程理念；确立以德育为核心、以培养学生的创新精神和实践能力为重点的课程目标；加强课程整合，密切课程内容与学生生活、社会科技发展的联系；倡导自主的、合作的、探究的学习方式和发展性学习评价。

通过课改促进教师专业发展，成就教师教学幸福感。里水小学逐步建立以学校为本的课程改革教研制度，倡导并鼓励教师依据课程标准和教材，对课堂教学进行积极探索和创新。现在，教师们对课程改革的要求、理念已经有所领悟，但在实际的课堂教学中，往往又会出现“穿新鞋，走老路”的现象。为了杜绝这种现象，学校将实行集体备课制，以科、级组来调控教师的备课、上课，通过集体研讨产生思想碰撞，从而克服存在问题，更好地促进教师的专业发展，成就教师教学幸福感。

探索并初步形成“153 幸福课堂”基本操作模式。里水小学通过各学科课堂模式的建构，探索出提高课堂教学有效性的最佳形式，促使教师用研究的行为去思考、实践、反思、总结课堂教学的各个环节，让教师、学生间的交往互动更加丰富，师生间的关系更加民主平等，课堂信息的交流更加开放、及时、有效，使课堂教学成为孩子们体验成功的快乐场，这对于充分调动学生的学习积极性，提高课堂教学的有效性，促进教师和学生的共同发展都将起着十分重要的作用。

探索提高课堂教学效益的教学策略，优化师生关系，优化教学方法，优化教学手段，优化学习心理，优化学习习惯，构建师生有效学习的课堂教学平台，形成提高课堂教学效益的评价体系。

四、研究的具体内容

通过对课堂有效教学策略的研究与运用，优化教师教学手段，提高教师工作效益；激发学生学习兴趣，增强学生学以致用的能力，达到全面提升学校教育教学质量的目的。

◆备课的有效性研究
◆问题设计的有效性研究
◆教学方式与方法运用的有效性研究
◆学生自主性学习方式探究
◆课堂对话的有效性研究
◆练习设计的有效性研究

五、“153 幸福课堂”内涵与操作程序

（一）设计理念

幸福课堂是一种教育追求，是一种目标，是一种学习状态，它渗透于教育教学的过程之中，在教与学的过程中洋溢着幸福与愉悦。“153”教学模式旨在突出学生的主体地位，提高学习效率。它以落实三维教学目标为教学活动的基本导向，以当堂达标为检验教学效果的基本手段，关注全体学生的学习能力，注重培养学生良好的学习习惯、自主学习能力，促学生个性发展、和谐发展。同时以教师角度为切入点，进一步规范我校课堂教学行为，改进教学方法，促进教学质量的提高，为学生的终身发展奠基。

（二）基本环节

“153”教学模式各要素的含义是：1 个核心——以研究“学与教”为核心，创建学生自主学习课堂模式，研究有效的“学与教”，让每一个学生都得到最大限度的发展，提高课堂教学效率。“5 环”——“导—探—讲—练—测”五个课堂教学环节。“3 得”——学生在课堂上学有所得，实现“习得知识、提升能力、形成习惯”的效果。

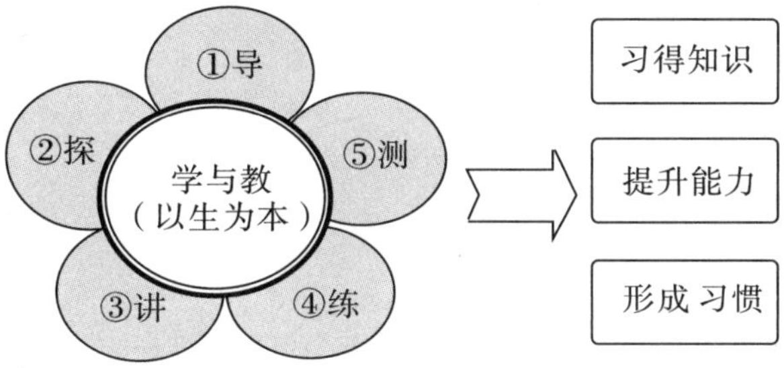

图 1　“153”教学模式示意图

（三）“5 环”模式各环节说明

1. 导——创设情境，导入新课。根据学生自主预习情况，导出学习问题，情境激趣，目标导航。

2. 探——自主学习，合作探究。学生自学、交流、小组合作探究，解决问题。

3. 讲——交流展示，归纳评点。学生围绕问题展示交流，思维碰撞，升华情感；教师点拨评价，归纳深究。

4. 练——达标训练，掌握知识，矫正总结。通过巩固训练掌握知识、达标检测发现新问题，矫正弥补，总结提升。

5. 测——当堂检测，迁移运用，效果评价。针对学习目标进行学习效果检测，实现知识的迁移运用，进行学习评价，并通过检测发现问题，及时拾遗补漏。

（四）模式优势

奠定学生为主的课堂地位，将知识问题化，以问题为线索，激发兴趣，驱动学与教，尤其关注学生的学；提高课堂教学效率，转变教师的教学方式和学生的学习方式。“五环节”环环相扣，具可操作性。

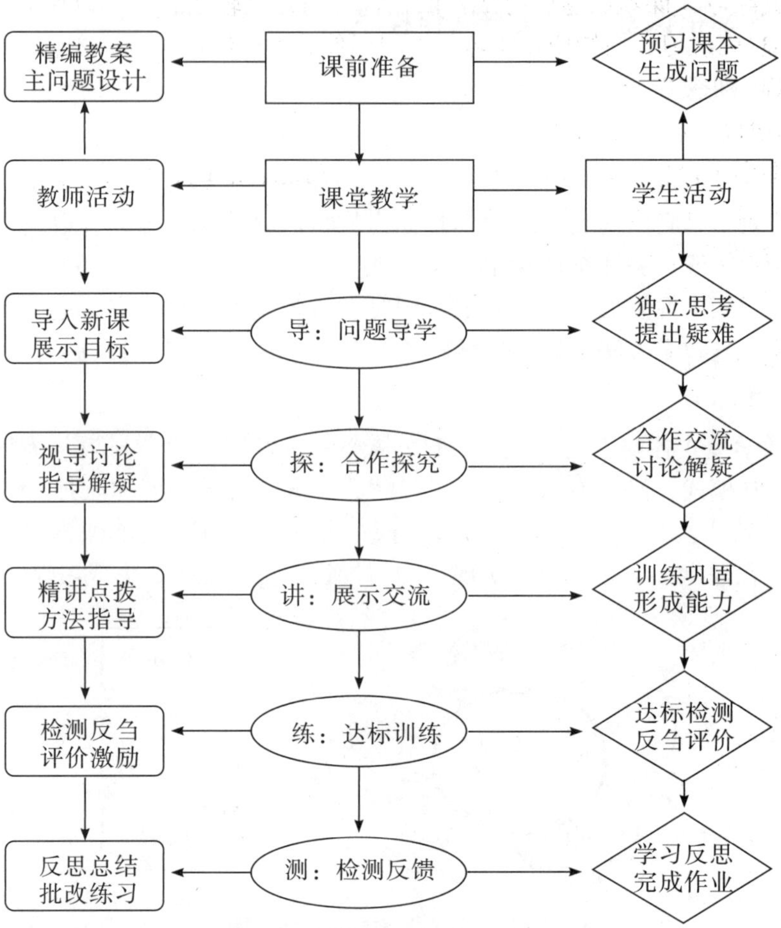

图 2　里水小学"153 幸福课堂"教学模式操作流程图

（五）里水小学有效课堂当堂训练的课堂教学操作范式

课堂上，教师要贯彻"精讲善练、主动发展"的原则，教学中能让学生做的教师一定不要包办代替，让学生自主、合作、探究学习，努力做到课上学生活动时间占一半以上，保证学生不少于 15 分钟的课堂练习。

1．旧知铺垫阶段。（2～5 分钟）

教师因应教学需要引领学生做好复习旧知或创设问题、情境或引入新课，明确目标等的学习准备工作。

2．主动参与，探索新知阶段。（15 分钟）

在这一阶段中，教师应根据新知识（例题）设计精准有效的教学问题，引导、帮助学生通过动手实践、自主探索和合作交流等学习方式来获取知识，真正理解和掌握基本的数学知识与技能、数学思想和方法。

3．运用新知，解决问题阶段。（不少于 15 分钟）（包括当堂检测的 5 分钟）

这一阶段是课堂练习阶段，保证每节课不少于 15 分钟的课堂练习时间。练习的设计包括新知形成练习（课本例题后的做一做，它与例题比较接近，可以作为新课后的基础练习）、新知巩固练习、新知应用练习、拓展延伸练习。练习的设计要注意针对性和层次性，从易到难。注意要求学生独立完成，即时反馈。

4．小结阶段。（2分钟左右）

教师帮助学生梳理知识脉络。小结要求做到简练、准确、高度概括，通过小结使学生对所学内容有一个完整、清晰的印象，从而达到巩固所学内容的目的。

5．当堂检测阶段。（5分钟）

每节课用5分钟时间对本节课的学习内容进行小测，检测学生掌握知识的情况。

附：各学科课型教学方式举例

表1　语文学科：“阅读课说写结合”教学方式

<table>
<tr><th colspan="2">教学环节</th><th>操作要点</th></tr>
<tr><td colspan="2">整体学文</td><td>引导学生通过对课文的初读、再读，透过文字整体理解文章所要表达的内容和情感，文章所描写的事物在头脑中形成鲜明的形象</td></tr>
<tr><td rowspan="2">找准训练点</td><td>课堂练说（低年级）</td><td>抓住“训练点”，训练学生能清晰大声地说一句或一段通顺、连贯的话，并注意说话的完整性和情感性</td></tr>
<tr><td>随文练笔（中高年级）</td><td>围绕随文练笔训练目的的要求，抓住“训练点”，让学生进行课堂练笔。以说带写，让学生口述后整理成练笔小片段</td></tr>
<tr><td colspan="2">交流互动</td><td>生生交流、师生交流，形式多样地鼓励学生，兼顾全体学生，激起他们对学习的兴趣，养成他们自信、乐观、积极的学习心态</td></tr>
<tr><td colspan="2">点评欣赏</td><td>学生在说的过程中学习、教师及时地交流、评价；而学生练笔结束后当堂交流、讲评、欣赏优点、修改不足，并逐步由教师评价和反馈引导学生相互评价、自我评价，养成自我检查、自我修改的好习惯</td></tr>
</table>

表2　数学学科：“解决问题的策略”教学方式

教学环节	学生的学	教师的教
创设情境	在情境中了解本课的学习任务，产生学习兴趣和实践探究的欲望	结合教材内容和学生特点创设情境，激发学生学习欲望
自主、合作探究	学生以自主、合作的形式经历知识的形成过程	巡视、了解学生的学习情况，及时给予引导
汇报交流	积极主动地交流思考的问题、思维的过程，激荡起学习交流的欲望	通过创设交流讨论等活动，引导学生归纳整理，形成知识网络
比较反思	在比较中反思，在反思中找出解决问题的最佳策略	引导学生养成质疑的习惯和探索的欲望
运用拓展	综合运用所学知识，既加强基础又拓展提高	教会学生解决问题的方法

表3　英语学科："单词教学"多样化教学方式

教学环节	导入和新授	操练巩固和复习
教学方式	图片导入法	联想记忆法
	简笔画新授法	看嘴形说单词
	感官调动引入法	归类整理
	歌曲带入法	扩词、扩句法
	身体语言与动作结合	卡片总结
	情境设置法	chant 巩固法
	直观呈现法	听说法
	释义法	高低音巩固法
	表演呈现法	互助检测

六、制定课堂教学行为评价表进行有效量化

课堂的有效性如何才能体现与评价呢？我们集中课题组老师讨论并制定出《里水小学课堂教学行为评价表》（试验稿），通过制定评价表，确定一些可以量化的评价标准，规范课堂教学行为，促进课堂教学行为的优化。此表以教师课堂教学中的显性教学行为（教学语言、调控措施、提问技巧等）和教学环节处理，以及学生参与度、教学效果等多方面进行等级评分，最后做出综合评价。《里水小学课堂教学行为评价表》（试验稿）在教师听课、评课过程中使用，检查课堂教学行为有效性研究的全面推进。该试验稿用了一年多后，我们进行了调研，发现问题后，为了使评价更灵活、效度更大，在 2012 年 4 月和 2013 年 9 月进行两次修改，制定出更实用、有效的评价量表。在制定有效课堂评价标准的过程中，我们从教学目标、教学内容、教师行为、学生行为、教学效果这 5 个维度进行基本构架，制定 8 项较为详细的标准及适当的权重。

《里水小学课堂教学行为评价表》的使用，继续发挥规范教师教学行为、优化课堂教学行为、提升学生学习质量的效用。在实际运用中，我们不仅仅是以此表给教师的课堂教学做定性的评价，还结合采取"研讨解析法"来实施教学评价，这样可以使被评价者与评价者通过对课堂活动的过程或行为进行研讨式的分析，从而获得更全面、更深入的综合评价。这种方法有两个显著的特点：第一，活动是通过被评价者与评价者平等的探讨与交流的方式来进行的，这与传统的评价者"指点"、而被评价者"接受"的评课方式有着本质的区别；第二，它往往是有多人共同参与评价活动的，是一个团队共同探讨感兴趣的主题式的评价活动。

附：里水小学课堂教学行为评价表

表4

上课班级：________　　　　　　课题：______________________
执教教师：________　　　　　　时间：________年____月____日

评价指标	评价标准	分值	评分
课堂调控行为	1. 课堂调控手段丰富，能调动学生的学习积极性 2. 教学秩序良好，课堂气氛活跃，师生关系融洽	10	
教学语言方面	1. 能使用标准的普通话进行授课 2. 教学语言表达准确、精练、规范、清晰、有感染力 3. 评价语言以表扬、鼓励为主，使学生保持良好的学习积极性 4. 过渡语自然、流畅	10	
问题呈现的方式方法	1. 设计的问题有价值，精练，明了，富有启发性 2. 运用多样的提问方式：设问、反问、追问等，通过提问激活学生思维，拓展思维空间	20	
板书设计	1. 使用规范字板书，板书合理、美观 2. 板书内容清晰，有条理，凸显主题	10	
学生学习活动	1. 重视学生学习方法指导，发挥学生主体地位，学生的学习兴趣浓厚 2. 学生主动参与课堂实践活动，且积极认真，专注度高 3. 认真完成课堂练习，难易适度，当堂训练高效 4. 学生课堂上养成和呈现良好的学习习惯	20	
教态	教师举止文明，仪表端庄，教态亲切自然、大方	10	
信息技术	1. 熟练操作电化教学设备，让现代教育技术为教学提供便利 2. 合理利用多媒体，使其为教学提供更多的资源	10	
教学效果	1. 在课堂上，学生表现出对学习的积极性与主动性，解决问题有一定的灵活性与创造性，教学效果好 2. 师生在教和学的过程中都有不同程度的发展和进步	10	
量化得分		100	

七、高效课堂教学模式的影响与推广情况

在学校教科研小组的倡导、带动下，各学科老师结合学科特点、课型对"153幸福课堂"教学模式再次活化。为进一步推动高效课堂、有效学习活动扎实开展，各学科老师在探索推广"153"教学模式中，以落实三条措施为抓手，实现了课堂教学的变样。具体做法如下。

（一）落实三跟进，促实施层级深化

校级行政领导和骨干教师组成指导小组，落实三跟进，以“153”教学模式的推广实践为线索，推动高效课堂、有效学习活动扎实开展。“三跟进”即：一是跟进课堂。骨干教师示范，抓引领；教师落实，抓督促。二是跟进备课组。从备课组常规活动和专题教研中发现问题，抓研究；积累经验，抓推广。三是跟进教师。结合学校“朝阳师训”项目中的“春蕾工程”，以名师工作室为据点结对帮扶，抓提高；经验集成，抓典型。

（二）明确课堂要求，落实高效课堂规程

1. 精心备课：既备教材，又备班级；既备教法，又备学法；既备学生，又备自己。

2. 高效授课：做到精讲多练，达到省时、高效、排疑。

3. 管理课堂：变单一的讲授为授课、倾听、互动、点拨、提升。

（三）树立学生是学习主体的意识，充分发挥学生主观能动性

改变传统“满堂灌式”的教学方式，让学生在“自主、体验、合作、探究”中内化知识、升华能力，努力实现让学生动起来、让课堂活起来、让效率高起来的课堂教学效果。在推广应用中，我们也清晰认识到只有把握好高效课堂教学模式的核心要素，才是其有力推广的关键。其实不管是哪种推广思路，最关键的是必须抓住高效课堂教学模式的核心要素。

1. 以学定教。这是促进学生自主学习的有效方式。

2. 合作交流。在教学任务重、教学时间有限的前提下，小组合作的学习形式保证每个学生都参与课堂活动，创设交流的平台，在课堂中展现自己。

3. 明确教学目标，当堂反馈学习结果。这是提升教学效率、提高教师课堂驾驭能力的重要保证。

以上三点是我们在任何课堂教学中都要尽量体现和保证的教学要素，也是我们取得教学成功的基础性环节。

在研究中我们还开展了两次学生调查问卷（前测、后测），结果显示教师的课堂教学行为得到优化，课堂教学成效和学生的学习质量逐渐凸显。

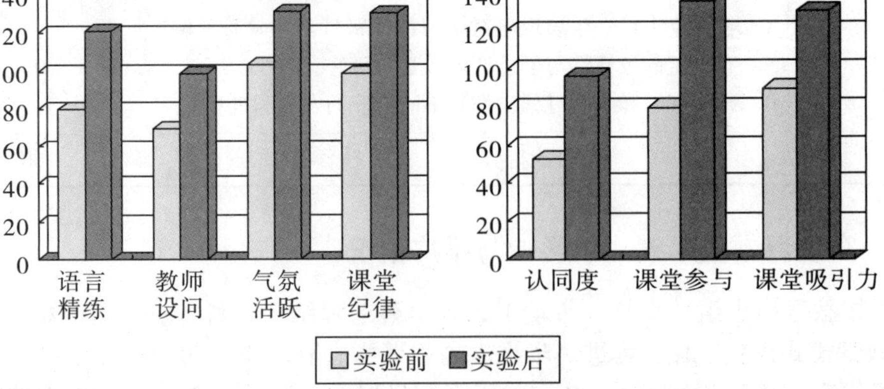

图3　学生对课堂教学行为评价统计图

从左图对比结果可以看出：开展了研究后，教师的教学语言精练度提升 31%，得到了学生的喜爱；学生对课堂上教师的设问感兴趣程度提升了 22%；课堂气氛更加活跃、和谐，提升 21%；课堂纪律优秀率提升了 24%。

从右图对比结果可以看出：开展了研究后，学生认为课堂的吸引力更大了，课堂上受表扬的次数多了，对课堂的认同度、课堂的参与度都有了很大的提升，学习积极性、主动性同步提升。

实践证明，“153 幸福课堂”教学模式是改变传统教学的积极实践，不仅提升了教学质量，更体现了以人为本的教育思想，真正落实了“以学生为主体，教师为主导”的教学理念。模式的实施大大激发了学生的学习热情，培养了学生良好的学习习惯，提高了学生学习的积极性、主动性，从“老师要我学”逐步转变为“老师，我要学”，提高了学生自主学习、合作学习、探究学习的能刀，增强了学生独立思考、合作共存、交流表达和创新实践的能力；学生更加喜欢课堂、喜欢学校班级生活，学习兴趣浓厚，强化了自主学习意识，学习成绩得到提高，综合素质得到明显提升，为终身学习的能力提高奠定了基础。

同时，“153 幸福课堂”教学模式的实践真正转变了教师的教学观念，改变了传统的教学方法，提高了教师的教育教学理论水平以及科研水平，促进了教师的专业化发展；教师角色从传统教学的讲解者、传授者转变为学生学习的引领者、指导者。

经过教师们的努力学习，积极参与课题研究，学校整体教学质量不断提高，校内各学科教学质量不断提升，语文、英语凸显优势，数学快速提升，在镇抽考中，我们语数英三个学科均呈现出领先优势，学科均衡发展。此外，学校在常规管理、习惯养成、师生竞赛和科研工作等方面取得了喜人的成绩，学校教师在论文、课例、教学设计等项目获奖成为常态。

八、研究与实施过程的困惑、反思及对策

（一）教学模式研究与实施过程中的困惑

我校一直在推行高效课堂的基本模式，经过几年的实施，我们的课堂教学确实也出现了崭新的面貌：课堂上打破了以教师为中心、以教材为中心的教学方式，教师正由单纯的知识传授者转变为教学活动的组织者、学生探索知识的引导者和合作者；教学内容的选取更加密切联系社会实际和学生生活实际，学生的学习普遍采用自主、合作、探究的方式，师生之间关系更和谐、民主、平等。但同时也给教师带来了严峻的挑战，每位教师都将在这场变革面前接受考验，经历理念更新、学习充电、实践反思的过程。在教学模式研究与实施过程中，我们同样遇到不少困惑与问题。

1. 高效课堂建设重视了形式而忽视了内容，流于形式化。课堂中教师对独学、群学、展示、反馈等环节没把握好。课堂容量、深度不够，大量的时间被一些无效的环节所占用。教师对学生的课堂活动缺乏有效的引导和控制，环节、节奏、时间、内容常常与设想不一致，导致当堂教学任务完成不了，只好在下课的铃声中匆匆结束一节课。无目的的“展示”占用了大量的时间，时间不够用，任务完不成，导致“高效”变“低

效”，“有效”变“无效”。

2. “小组合作”形式大于内容。学习小组的建设是打造高效课堂的灵魂。小组合作的学习方式能充分体现教学民主，能给予学生更多自由活动的时间和相互交流的机会。但很多时候“合作”都只是流于形式，盲目跟从，学生没有得到真正发展，没有触动他的心灵，教师的教学也没有取得理想的效果。在小组活动中优生发言的机会多，代表小组展示的机会多，扮演着一种帮助的角色；学困生成了听众，得不到独立思考的机会而直接从优生中获得信息，致使学困生在小组合作学习中获益比在班级教学中还少；小组活动中出现了一些放任自流的现象，教师不易发现学生开小差，并且只关注小组学习的结果，不关注学习过程和个人的学习情况等。这些问题，不得不引起我们的思考。在教学中，如何在“小组合作”中使学困生也真正参与到学习中，真正收到教学中所得不到的收获呢？如何让讨论更深入，更有价值，而不流于“合作探究”的形式呢？

3. 课堂热闹，讨论交流实效性不理想。在小组互学展示阶段，学生围在一起，你一言我一语，表面看起来讨论十分热闹，可深入其中，就会发现有的讨论根本与老师要求无关，有的并未参与讨论，自己干自己的，还有趁乱说闲话的，效果不理想，老师不太好掌握。怎样调动每个学生，使其全面参与，并保持学生上课积极性的持久呢？

4. 学生主体地位未得到真正的落实，基本能力的培养不到位。课改的关键是知识问题化，用有趣的问题吸引学生、引导学生学习。这样的出发点毋庸置疑是好的，不过，课堂上的问题不仅要有老师设计的，还应该有学生提出的。反之，学生的主体地位就不可能落到实处，能力就得不到培养。反观我们的课堂，学生只是依据教师设计的教案或问题进行自学、合作探究，很少有学生提出问题。课堂美其名曰是还给了学生，深究其中，实际还是以教师为主。

5. 学习能力差异大，两极分化日趋严重。优秀学生具备自己学习、合作探究的能力，在这种课堂模式下，他们会越来越优秀；可欠缺学习能力的学生、惰性强的学生、不会自主学习的学生就会越来越差，一旦形成两极分化，会给教学带来较大困难。

当然，尽管困惑较多，但我们坚信高效课堂改革的前景是光明的。

（二）教学模式研究与实施过程中的反思

1. 反思传统。传统教学有许多成功的经验，需要继承和发扬，需要融入现代因素，在“规矩”与“生机”、“文本”与“智慧”、“师本”与“生本”中做出选择和权衡，引领学生站稳今天的脚跟，为明天的发展积累勃发的力量。

2. 反思学生。“学生学习的成长点在哪里？有没有相关的学习经验？”“学生对我的课感兴趣吗？”“今天我上的课，学生为什么缺乏主动？”……教师要善于在课前、课中、课后进行基于学习主体的发问，这是落实以生为本理念的有效体现。

3. 反思自我。“我的教学设计成功和失败在哪里？”“课堂中生成的教学资源有效利用了吗？”“这一环节怎样改进更能激发学生的思维和创新？”“学习过程中是我牵着学生的鼻子走还是引领学生动手实践和自主探究？”……同一节课，有时要在不同的时间和场次展示交流，每演绎一次就多一次反思，多一次洗礼，因为“没有最好，只有更好”，相同的内容，可以常教常新，不断进步。

4. 反思同伴和名师、名家。成功除了一步一步自我实践，还可以不断寻找同行上课的优点、闪光灯，也可以聚焦不成功的案例并做出深入的思考。"他们的课目标定位准确吗?""这样设计是基于什么样的考虑?""深层的背景是什么?""这个环节为什么失败?""如果让我来设计我该怎么做?"……

在高效课堂教学改革中，只有不断地在反思中前行，又在前行中反思，我们才能逐步形成个性化课堂教学艺术的独特风格。

（三）解决高效课堂困惑的策略

1. 加强校本研修和专题培训。为提高教师的能力和素质，要加强校本研修和专题培训的力度。每个学期学校都进行常规的校本培训，如：写评课稿、说课、如何命题、科组内的磨课、经验分享会、聘请专家进行专题讲座等。通过这一系列的校本教研培训，教师对如何推动高效课堂的研究能力提高较快。

2. 聚焦教学研讨和现场观摩。坚持问题诊断与持续改进，适时聘请课改成功学校的教师和专家对学校课堂改革实验进行课堂诊断，通过现场观摩、课例诊断、主动研讨，进一步解决课堂教学改革中遇到的典型问题，有效提升高效课堂备课质量，推进课堂教学模式的有序建构。

3. 引领科研骨干先行。积极鼓励榜样先行，骨干引领，并通过他们的学科教研指导，基本形成全校高效课堂实施的基本经验和途径。

4. 集聚智慧，资源共享。以备课组为单位，采用集体备课和个人备课两种活动模式。集体教案是建立教学模式的一个关键环节，在模式建立过程中要依据班情、学情和学科特点，科学合理地进行分工，编制和使用教案，研究指导教案的编制与使用。

5. 加强小组建设和合作学习培训与指导。小组建设和小组合作学习决定着高效课堂的成败。在模式建立过程中要依据实际，重点加强小组建设，科学合理地进行分组，组内成员合理分工，对小组成员学习及其他职责要求，要进行培训与指导。

6. 要增加经验梳理和定期总结活动。高效课堂教学模式，需要我们边实践探索边改进和完善，在实践探索过程中要根据班情、学情和学科特点，及时大胆加以改进和完善。学校设立专门机构，具体负责课堂教学改革的指导、培训、总结、提炼、推广等相应工作。

总之，高效课堂教学模式的构建是我校课程改革深化的重要标志。我校正在探索实施的"153 幸福课堂"教学模式是一种目标，一种教学境界，一种教学追求。我们清晰地认识到教学模式是理论与实践之间的一座桥梁，高效课堂要靠教学模式来实现，教学模式要靠高效课堂来丰满。实现高效课堂没有教学模式则空，教学模式没有高效课堂的平台则盲。

执笔人：邓伟莲　杜碧嫦　何世容

课堂实录一

窗前的气球（第一课时）

黄雪梅

【教材分析】本课内容是义务教育课程标准实验教科书《语文》（人教版）二年级上册第22课《窗前的气球》。课文讲述科利亚患了传染病住进医院，几个同学通过飘放一个画有一张可爱笑脸的红气球到窗前慰问的事，使科利亚的心离开了“真没意思”的病床生活，回到小伙伴身边。通过本课的学习，感受同学之间互相关心的可贵精神。

【学情分析】识字、写字和对重点词句的理解仍然是二年级阅读教学的重点，而对于二年级的学生来说，虽然经过一年的学习已经具有初步识字、朗读的能力，但本课的长句子较多，学生在朗读上会存在一定的困难。学生对文本的理解也需教师加以引导。

【教学目标】

1. 知识与技能。

(1) 认识7个生字，会写“病床”两个字。会用“可爱的”写句子。

(2) 正确、流利、有感情地朗读课文，体会同学之间的真挚情谊。

2. 过程与方法。

尊重学生的主体地位，以朗读为主，让学生在朗读中理解课文，在朗读中体会情感，在朗读中受到教育。

3. 情感、态度与价值观。

通过本课的学习，感受同学之间互相关心的可贵精神。

【重点与难点】

1. 认识本课生字。

2. 能用“可爱的”说一句话。

3. 培养学生关心他人的好品质。

【教学过程】

一、创设情境，激情引趣

1. 谈话导入。

师：同学们看，老师给你们带来了什么礼物？（出示气球）

生：气球。

师：看到这些五颜六色的气球，你们的心情怎么样？

生：开心、高兴、兴奋……

师：是呀！这多彩的气球不仅能给我们带来欢乐，它还能给我们小朋友治病呢！这是怎么回事呢？让我们一起学习第22课就知道了。请同学们认真看老师写课题。

2. 板书课题，齐读课题。

师：写字的时候我们要注意书写的运笔。“气”字最后一笔是横斜钩，不是横折弯钩。“球”字别忘了最后的一点。（师边说边板书课题：22　窗前的气球）

师：来，齐读课题。（全班齐读）

［设计意图］运用五彩的实物气球引入，激发了学生的学习兴趣。

二、初探课文，学习生字新词

师：课题读得这么好，老师相信你们读课文一定会更棒！

师：请同学们翻开书，自己读读课文。注意：读准生字；读通句子。（学生自由读书，教师巡视了解读书情况）

师：你们看，生字宝宝带着词语宝宝飞到气球上了，你能不能叫出它们的名字，自己快速读一遍。（学生自由读）

师：谁来当小老师展示一下自己的学习成果。（学生当小老师带读）

师：这里有个词是比较难读的，跟我读——拴着。

师：请大家一起读读生字。（学生齐读生字）

师：词语宝宝飞到这五个句子中去了，我们赶快读读这些句子。（出示五个句子，学生自由读句子）

师：我也好像看到米沙在拉动拴着气球的绳子，现场叽叽喳喳好热闹啊！再把这句话读读，让大家感受一下热闹的气氛吧！（指导读句子）

［设计意图］在认读生字时通过从字到词到句，让学生从易到难循序渐进。通过让气球飞起来，调动了学生的学习积极性。

三、学文悟情，指导朗读

1. 师生合作读文。边读边想：课文里写了谁？他为什么觉得真没意思？

师：把句子放进课文里，你还能正确流利地读出来吗？

生：能！

师：真有信心，在读之前，谁能告诉大家，课文一共有几个自然段？

生：课文一共有五个自然段。

师：那我们一起合作读读课文吧！请同学们边读边想：课文里写了谁？他为什么觉得真没意思？（分组合作读课文）

师：谁来说说，课文写了谁？他为什么觉得真没意思？

生：课文讲了科利亚，他得了传染病住进了医院。

2. 指导朗读第 1、2 自然段。

师：现在就让我们静静地走进医院，去看看科利亚得的是什么病？请大家齐读第 1 自然段，边读边想：课文里的“谁”指的都是哪些人？（课件出示）（学生齐读第 1 自然段）

师：你们知道什么是传染病吗？（课件传染病变红）

生：传染病是会传染给别人的疾病。

师：对，得了传染病是不能接触别人的，常发生在我们小朋友身上的传染病有手足口病、红眼病。

师：得了传染病，医院规定——

生：谁也不能来看他，他也不能到病房外面去。

师：谁也不能来看他，爸爸妈妈能不能来看他？

生：不能。

师：还有谁不能来看他呢？

生：同学、老师……

师：是呀，所有的人都不能去看望科利亚，他也不能到病房外面去。

PPT出示：躺在病床上的科里亚，不能……不能……更不能……

师：他还不能回学校——上课。

师：还不能和同学们一起——

生：学习、做游戏。

师：科利亚更不能——（引导学生回答1～3个即可）

师：对呀，这么多开心的事，科利亚都不能做，他当然觉得真没意思。我们读读这句话，体会体会科利亚的“真没意思”。（学生生读句子）

师：每天，科利亚孤零零地一个人躺在病房里，他只能——

生：静静地躺在病床上，呆呆地望着窗户。

师：小朋友，跟我读：静静地。

生：静静地。

师：呆呆地。

生：呆呆地。

师：躺在病床上的科里亚就是这么孤零零的，大家一起读这一句。

生：科利亚静静地躺在病床上，呆呆地望着窗户。

师：“病床”是本课的生字，一起读一读。

生：病床。

师：你们能读准后鼻音，非常好。我们看看“病”的偏旁是——

生：病字头。

师：对，它是一个新偏旁，跟我读一读：病字头。

生：病字头。

师：怎样写好这个病字头呢？你们看看，一点在田字格的什么地方？对了，一点在中间，一横短短的，一撇长长的，一点头朝下，一提向上方。来，小朋友跟我举起小手来。（学生跟老师书空）

师：里面是甲乙丙丁的丙（边讲边书写）。这就是病床的病。

师：我们再来看看“床”字，它的偏旁是广字头，有没有发现广字头和病字头有什么不同？

生：少了两点。

师：你们观察得真仔细，是的，广字头比病字头少了两点，写的时候就要注意了，一点在中间，一横短短的，一撇长长的。里面是个木头的木字。

师：请你们在桌面把病床两个字写一次。（学生在桌面上写字）

师：我们再把这个词语读一次：病床。

生：病床。

3．指导朗读第 3 自然段。

师：科利亚每天都是这样静静地躺在病床上，呆呆地望着窗户，从三楼能望到什么呢？你告诉我——

生：除了对面的楼房和一角天空以外，什么也看不到。

师：从三楼能望到什么呢？一起告诉我——

生（齐读）：除了对面的楼房和一角天空以外，什么也看不到。

师（PPT 课件出示）：病床上的科利亚，看不到________（生）、看不到________（生）、还看不到________（生）……科利亚觉得________（真没意思）。

师：除了人，再想想，躺在病床上的科利亚，还有看不到什么呢？

生：他家的小狗、公园的花……

师：病床上的科利亚，看不到爸爸妈妈，看不到同学，还看不到公园的花，科利亚觉得——

生：真没意思。

师：他看不到这么多东西，他还觉得真——

生：伤心、难过。

师：就连蓝蓝的天空都只能看到那么的一角，科利亚当然会觉得真没意思（板书：真没意思），让我们再来体会体会科利亚当时的心情吧！（PPT 出示 1、2 段，师引读："科利亚病了，住进了医院。"生接读）

师：科利亚就是这样每天孤零零地呆在病床上，谁也见不着，哪儿也不能去。正当科利亚觉得真没意思时，他往窗外一看，咦，他看到什么呢？（PPT 出示气球）

师：他看到——

生：一个红气球摇摇摆摆地飘了上来，在科利亚房间的窗户前停住了。气球停了一会儿，开始一上一下地动起来。

师：气球上画着一张——

生：可爱的小脸。

师：多么可爱的气球啊！同学们，再把大屏幕这个句子读一读。

生：气球上画着一张可爱的小脸。

师：会用"可爱的"说一句话吗？（学生说话练习）

4．朗读、感悟第 4、5 自然段。

师：科利亚看到这张可爱的小脸，他想到什么呢？请同学们自由读读第 4 自然段，用"——"画出来。（学生自由读文并动手画一画）

师：哪位同学来说说？

生：他想到了准是米沙想的招儿。（PPT 出示句子）

师：轻轻读读这句话，想想我们可以把"准是"换成哪些词语。

生：一定、肯定。

师：你们知道"招儿"是什么意思吗？

生：办法、想法。

师：科利亚那么多同学，为什么他觉得一定是米沙呢？

生：因为他们是好朋友。

师：想到同学们都在想着他，所以科利亚的心情一下子——

生：好了许多。

师：这个气球不但颜色漂亮，样子可爱，它还带来了同学们对科利亚的问候，所以科利亚觉得这个气球特别——

生：可爱。

师：看到这个气球，科利亚除了想到米沙，他还想到谁呢？

生：……

师：同学们围在米沙的四周叽叽喳喳地说什么？

生：……

师：同学们会对米沙说什么呢？气球太低了，同学们又会对米沙说什么？

师：科利亚想着想着，心情一下子——

生：好了许多。

师：对呀，你们看，刚才科利亚还愁眉苦脸的，现在他的表情有了什么变化？

生：高兴地笑了。

师：一起读——科利亚望着窗外那张逗人的小脸高兴地笑了。（板书：笑了）

师：窗前的气球，代表了——（学生接读第5段）

师：科利亚多高兴呀，一起读读4、5自然段，感受一下科利亚高兴的心情吧。（学生齐读4、5段）

［设计意图］通过让学生抓住重点词、句进行品味、体会，使学生感同身受，与文中人物浑然一体。

四、读写结合，拓展升华

师：正在这时候，一阵微风吹来，气球慢慢地转了过去，科利亚惊奇地发现气球的另一面写着一句话，科利亚看了这句话，笑得更灿烂了！

师：你猜到气球上写了什么吗？（让学生说几个，然后再写，体现梯度）

师：如果你是科利亚的同学，你也一定有好多话想说，请拿出你的气球卡片，写上一句问候科利亚的话吧，让小小的气球带去我们的关心与祝福吧。（学生在气球上写问候的话，播放《爱的奉献》老师巡视）

［设计意图］通过让学生送祝福的环节，对学生进行情感道德教育，让学生体会爱心，教育学生关爱他人，让其体会到“关心他人，快乐自己”的道理。

五、总结全文，推荐阅读

师：同学们，一个小小的红气球带去了同学们的问候和祝福（板书：问候），传递着同学之间纯真的友谊，让我们一起记住这个动人的小故事，记住这传递友情的气球吧。看，老师给大家推荐几本书（PPT展示），书中也有很多团结友爱的故事。

作业：1. 正确、流利、有感情地把课文读给爸爸妈妈听。

2. 开动脑筋想一想，除了运用气球这种方法看望科利亚，还有什么办法？

【板书设计】

22　窗前的气球

真没意思——高兴地笑了

问候

【教学反思】

《窗前的气球》以科利亚的情感变化为线索，讲述了科利亚生病住院，米沙和同学用气球给科利亚带去问候的故事。故事情节简单，但字里行间流露着同学间真挚的友情。

本课教学中，我抓住了科利亚的"没意思、孤独、伤心，最后高兴地笑了"这一情感变化线索，着重让学生体会科利亚的心情变化。把语言文字训练与学生心灵感悟有机结合。

例如为了让学生理解课文中科利亚的孤独和烦恼，我设计了几个问题：什么是传染病？课文里的"谁"指的都是哪些人？躺在病床上的科利亚，不能回学校……不能和同学们一起……更不能……让同学们初步感觉到科利亚的伤心、孤单。抓住"静静地""呆呆地"几个词语，通过引读、指名读、小组读、集体读，读出了"谁也不准……他也不能……"给科利亚带来的伤心、孤单、寂寞的心情。当孩子们沉浸在科利亚孤单难熬、度日如年的心境中时，课件忽然出示一个"摇摇摆摆、一上一下飘动"的气球，孩子们立刻笑逐颜开，为红气球而惊喜，为科利亚而欣慰，为小伙伴的招儿而感动。这时，我就抓住了"科利亚笑了"一段，让学生换位思考，提出：假如科利亚就是我们的同学，你想不想也在科利亚的窗前升起你的小气球呢？拿出气球卡片，写上一句问候科利亚的话。这时学生的话可多了，你说我说，课堂气氛十分热烈，学生仿佛真的在与科利亚面对面地说话了。

教学中我还注重了读写结合。通过自由读、分组读、全班读一些重点句，让学生充分地通过阅读来体会文章的思想感情。通过读词"可爱的"，让学生说一句话。通过让学生猜猜同学们在气球后面写了一句什么话进行说话练习，并让学生在气球卡片上写问候的话。

经过这次的教学，我也看到了很多不好的地方：如评价语太单调。我曾在一本书上看到过这样一句话："教师的语言如钥匙，能打开学生心灵的窗户；如火炬，能照亮学生的未来；如种子，能深埋在学生的心里。"可见，教师语言水平的高低、表达能力的强弱，直接关系到教育教学工作的成败优劣。许多特级教师之所以能让学生积极主动地参与到教学中来，是因为他们精彩的课堂评价语深深地打动了每一个孩子的心灵，产生了心与心的交流，这样的课堂才有活力！但是在我的课堂上，特别是在对学生的回答做出评价时，我的评价语总是"好""很好""不错""真棒"这些单调的话语，不能对学生的回答做出有针对性的评价，不能让其他学生受到启发或者吸取优点。另外我因为紧张和对于课件的运用不熟练，几处过渡语不够自然流畅，读讲结合没有把握好，没能让学生充分地朗读，这也是我今后教学工作中应该注意和改进的地方。

课堂实录二

立体图形的整理和复习

何婉贞

【教材内容】义务教育课程标准实验教科书《数学》（人教版）六年级下册《立体图形的整理和复习》。

【教材分析】《立体图形的整理和复习》是六年级数学下册第六单元《整理和复习》中的内容。本节课复习内容是在学生掌握了一些线和面的知识及简单立体图形特征、表面积和体积的意义基础上进行的。本课主要复习立体图形的认识、名称、特征、表面积和体积的知识，帮助学生回忆并整理对相关立体图形的认识，引导学生形成知识体系和运用知识解决实际问题。

【学情分析】对于立体图形的有关知识，学生在复习前已经有了不少基础，知道了各种立体图形的特征，知道如何计算立体图形的表面积和体积，并能进行正确的计算。但学生对于立体图形的本质特点，图形间的联系还没有形成清晰的知识网络。因此教学时应把重点放在帮助学生形成空间观念，渗透转化、类推等数学思想，引导学生通过形成知识网络和运用知识解决实际问题。

【教学方法】教学中充分发挥学生的主体作用，大胆放手让学生自己去想、自己去说、自己去做，使其切身地体会到几何图形之间的联系与区别。因此，我在教学中设计如下的教学方法：课前预习法、独立思考法、合作交流法，让学生在自主、合作、操作活动中获取知识，培养探究精神和应用能力。

【教学目标】

1. 知识与技能：进一步理解和掌握所学立体图形的特征，掌握这些立体图形之间的内在联系及表面积、体积的计算方法，能运用立体图形的相关知识解决实际问题。

2. 过程与方法：学习根据数学知识间的内在联系进行知识整理的方法，发展学生的思维能力。

3. 情感与态度：激发应用数学的意识，让学生在解决实际问题的过程中体会数学知识的价值。

【教学重点】揭示立体图形各公式间的内在联系，渗透转化、类推等数学思想，形成知识结构。

【教学难点】运用立体图形的相关知识解决实际问题。

【教学准备】PPT 课件，长方体、正方体、圆柱、圆锥模型，预习纸。

【教学过程】

一、师生谈话，引入复习

师：同学们，请大家一齐回顾我们小学阶段学过哪些立体图形？

生：长方体、正方体、圆柱体、圆柱体。

师：今天这节课我们就一起来整理复习长方体、正方体、圆柱体、圆锥体的有关知识。(板书课题：立体图形的整理和复习)

师：你认为立体图形这一部分应该整理复习哪些知识点呢？

生：我认为立体图形这一部分应该整理复习它们的特征、棱长总和、表面积、体积。(板书：特征、棱长总和、表面积、体积)

[设计意图] 通过交流，让学生提出本节课的学习目标，使课堂教学有的放矢，突出了学生的主体地位，激发学生的学习兴趣。

二、回顾整理，构建体系

1. 分享预习成果。

师：昨天老师给大家布置了一个作业，要求大家复习和整理各立体图形的知识，并完成两个表格的。现在请大家拿出预习纸，把你整理的结果在四人小组分享，并完善你的答案。

[设计意图] 在这一过程中，学生可以相互启发，相互补充，使知识的结构不断完善，同时也培养了学生整理与复习的好习惯。

2. 学生汇报，老师归纳。

(1) 出示图表（略）。

师：请同学来说说你喜欢的图形的特征。

生：长方体的特征是，长方体有6个面，每个面一般是长方形，特殊情况下有两个相对的面是正方形，相对的两个面面积相等；有12条棱，相对的4条棱互相平行且相等；有8个顶点。

师：说得真好！

生：正方体的特征是，有6个面，每个面都是正方形，每个面面积都相等；有12条棱，每条棱长度都相等；有8个顶点。

师：说得不错，还有哪位同学愿意说？

生：圆柱体的特征是，有两个底面，是相等的两个圆；有一个侧面，是个曲面；沿高展开一般是个长方形，当底面周长和高相等时是正方形；有无数条高，每条高长度都相等。

生：圆柱体侧面沿高展开是个长方形时，长方形的长等于底面周长，宽等于高；如果展开是个正方形时，边长等于底面周长等于高。

师：补充得不错！哪位同学来说说圆锥体？

生：圆锥体的特征是，有一个底面，是个圆形；有一个侧面，是个曲面，展开是个扇形；有一个顶点，有一条高。

师：刚才这几位同学都说得很好！

(课件出示立体图形的特征)

师：对照立体图形的特征，你还有什么想说吗？或有什么问题要提吗？

生：正方体是特殊的长方体。

生：当圆柱和圆锥等底等高时，圆柱的体积是圆锥体积的3倍，圆锥的体积是圆柱体积的$\frac{1}{3}$。

师：刚才这两位同学对图形的特征理解得很透彻，还有同学要发言吗？

［设计意图］通过学生的汇报、交流、评价与反思，进一步培养学生合作学习的意识，培养学生的创新能力和分析问题的能力。

（2）出示下表（见表5）。

表5

立体图形	棱长总和公式	表面积计算公式	体积计算公式
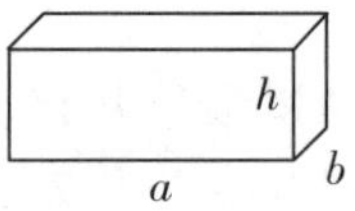			
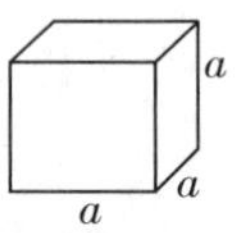			
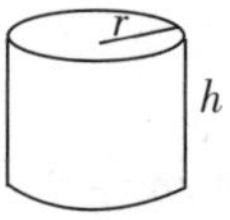			
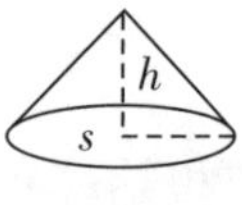			

①归纳立体图形公式。

师：请看图表（表5），哪位同学说说你的答案？

（分别请同学说出立体图形的各公式，学生边回答，老师边板书）

②质疑、理解。

师：对于上面的计算公式，你有问题要提吗？

生：长方体的棱长总和公式中（$a+b+h$）是求什么？

师：哪位同学来回答这个问题？

生：（$a+b+h$）是求一条长一条宽一条高共有多长。

师：这位同学的回答真棒！

师：对于上面的计算公式，你觉得在计算过程中有什么需要提醒同学注意的呢？

［设计意图］通过整理，进一步掌握立体图形的表面积和体积计算方法，揭示立体图形各公式间的内在联系，渗透转化、类推等数学思想，形成知识网络。

3．理解表面积、体积、容积的意义。

师：刚才都是同学们提问题，现在我也来提问题：立体图形的表面积指什么？体积

指什么？容积又指什么？（请同学回答）

生：表面积是指一个立体图形所有的面的面积总和。

生：体积是指一个立体图形所占空间的大小。

生：容积是指一个立体图形所容纳物体的体积。

师：体积与容积是一样的吗？

生：体积和容积是不一样的，但是我们求体积和求容积的计算方法是一样的。不过体积要在物体的外面量数据，而容积则要从里面量数据。

师：不错，看来大家对知识掌握得真牢固。

4. 回顾立体图形体积公式的推导过程。

师：你还记得立体图形的体积公式是怎样推导的吗？

师：请大家选择自己喜欢的图形，在四人小组内说说它的体积公式的推导过程。（老师用课件演示每种立体图形的体积计算公式的推导过程）

［设计意图］立体图形体积公式的推导是复习重点，我通过小组交流、演示、设疑诱导，让学生在独立思考、想象交流中进一步渗透转化的数学的思想，加深对知识的理解，感受数学思想方法的奥妙。

三、应用拓展，提高能力

师：刚才同学们对立体图形的表面积和体积的有关知识进行了系统的整理，你能运用这些知识帮助老师解决一些问题吗？

生：能！

师：请同学们先独立完成下面的练习，然后同位说出你做题的思路。

1. 填空。

（1）用一条铁丝焊一个长5厘米、宽4厘米、高2厘米的长方体框架，至少需要铁丝（　　）厘米。

（2）用一根长60厘米的铁丝焊接成一个正方体框架，这个正方体的棱长最多是（　　）厘米，表面积是（　　）平方厘米，体积是（　　）立方厘米。

（3）一个圆柱和一个圆锥的底面积和高分别相等，圆锥的体积是圆柱体积的（　　），圆柱的体积是圆锥体积的（　　）。

（4）等底等高的圆柱和圆锥的体积和是36立方米，那么圆柱的体积是（　　）立方米。

2. 判断。

（1）一个长方体有四个面完全一样，那么另外两个面一定是正方形。（　　）

（2）圆柱体积与圆锥体积的比为3∶1。（　　）

（3）把两个一样的正方体拼成一个长方体后，体积和表面积都不变。（　　）

（4）一个圆柱和一个圆锥的体积和底面积都相等，圆锥的高是9厘米，圆柱的高是3厘米。（　　）

3. 一个正方体，棱长是6厘米，把它削成一个最大的圆柱，这个圆柱的体积是多少立方厘米？

［设计意图］学生通过练习，加深对立体图形的认识，提高运用公式解决实际问题

的能力。

四、课堂总结

师：通过这节课的复习整理，你对这部分知识有哪些新的认识和收获？

生：通过这节课的复习整理，我加深认识了各种立体图形的体积的推导过程。

生：在复习整理中我把忘记的知识重新学了一遍。

生：老师，我知道长方体和正方体、圆柱体和圆锥体之间的关系。

［设计意图］用提问的方式引导学生回顾总结所复习的知识，让学生进一步巩固复习内容，培养学生自觉养成课后反思习惯以及发现和提出问题的能力。

五、课堂检测

1. 一个圆柱形水池，直径是 20 米，深 2 米。

（1）求这个水池占地面积是多少？

（2）挖成这个水池，共需挖土多少立方米？

（3）在池内的侧面和池底抹一层水泥，水泥面的面积是多少？

2. 一个圆锥形的沙堆，底面积是 31.4 平方米，高 3 米。用这堆沙在 10 米宽的公路上铺 0.02 米厚的路面，可以铺多少米长？

［设计意图］通过课堂检测，不但能让学生加深巩固所复习的内容，同时还有助于教师跟踪学生对所学的知识的掌握情况。

六、拓展练习

将一个圆柱体沿着底面直径切成两个半圆柱，表面积增加了 40 平方厘米，圆柱的底面直径为 4 厘米，这个圆柱的体积是多少立方厘米？

［设计意图］拓展练习是培养学有余力学生的开拓性思维、为学生搭建运用知识的更高平台。

【板书设计】

立体图形的整理和复习

	棱长总和	表面积	体积（容积）
长方体：	$C_{长}=(a+b+h)\times4$	$S_{长}=(ab+ah+bh)\times2$	$V_{长}=abh$ } $V=Sh$
正方体：	$C_{正}=12a$	$S_{正}=6a^2$	$V_{正}=a^3$ }
圆柱体：		$S_{柱}=2\pi rh+\pi r^2\times2$	$V_{柱}=\pi r^2h$
圆锥体：			$V_{锥}=\frac{1}{3}\pi r^2h$

【教学反思】

本节课是新课标人教版六年级数学下册第六单元《整理和复习》中的内容。这节课我在充分考虑学生认知水平的基础上，充分利用各种教学资源，打破传统的复习教学模式的束缚，运用“谈话导入，引出问题—归纳整理，构建体系—应用拓展，提高能力”的教学思路，让学生在梳理知识过程中加深认识，在解决问题中提高能力，展示一个充满观察、猜测、推理与交流的富有个性化的教学过程。通过教学实践，我认为本节课有以下几点成功之处。

1. 还学生以主体地位，发展学生的空间观念。

在教学中，我先让学生做好预习，然后在课堂上大胆放手让学生自己去想、自己去做、自己去说，使其切身体会到几何图形之间的联系与区别，形成正确的知识网络。纵观整个教学过程，都是在老师点拨、引导下让学生自己设疑、解答，然后形成知识、发展思维。

2. 引导学生沟通梳理，构建知识体系。

复习课不是单纯的"复"与"练"的过程，它同时也是构建知识网络、提升学生思维空间能力的过程。因此，复习课必须要让学生获得整理知识、建构知识网络的能力，形成建构意识。这种能力和意识是必须经历自主整理、主动建构的过程获得的。所以，本节课，我课前先让他们自己独立整理立体图形的知识，然后在课堂上小组内分享，目的是让他们找出自己遗漏的知识点，并完善自己的答案，接着就请同学到讲台说自己喜欢的图形的特征、说公式、说推导过程，再请同学提出自己的疑问、解答，完善知识体系。

3. 应用拓展，提高能力。

在这节课里我精心设计了有针对性的课堂练习，练习设计注重联系生活实际，激发学生的学习愿望，解决诸多生活问题，充分体现了数学为生活服务及"人人学有用的、有价值的数学"的教学理念。这样不但可以让学生在练习中巩固知识形成能力，同时还提高对所学知识的实际应用能力。

4. 重视数学思想方法的渗透。

在学习数学的过程中，真正对学生以后的学习、生活和工作长期起作用，使其终身受用的不是数学知识，而是数学的思想方法。在课堂上，在学生复习立体图形各公式间的内在联系、立体图形体积公式的推导时，我通过小组交流、演示、设疑诱导让学生在独立思考、想象交流中进一步渗透转化、类推等数学的思想，加深对知识的理解，形成知识网络，并让学生感受数学思想方法的奥妙。

当然，上完这节课后还存在着不足的地方：在课堂上忽视学生的动手操作能力，因为动手操作能力让大多数学生都能通过感知，从中获取知识。另外，在课堂组织和调控的能力上，还有待进一步提高。因此，在今后的教学中，我还应努力积淀自己的教学机智和提高随机应变的能力。

一节课从设计到实施总会有收获、有感悟。成功让你喜悦，不足让人反思。不管怎么样，这节课的成功与不足都是我以后的课堂教学借鉴。

专家点评

里水小学在学校的办学理念"幸福教书，快乐学习"指引下，通过创设一种平等、和谐、愉悦的幸福课堂氛围，打造幸福课堂，将人类的文化知识与儿童的生活体验有机结合起来，尊重儿童特有的灵性，让学生在幸福课堂教学中习得知识、提升能力、形成习惯、快乐学习、幸福成长。

在幸福课堂的目标指引下，里水小学的课堂教学围绕1个核心——“学与教”，研究学生自主学习课堂模式，研究有效的“学与教”的关系，最终将课堂教学提炼为5个课堂教学环节——“导—探—讲—练—测”，实现学生在课堂上学有“3得”，实现“习得知识，提升能力，形成习惯”的效果。教师在课堂上的“导”重点是启发学生的发现探究，课堂教学的展开“基于发现、基于问题、基于探究、基于合作”，课堂教学以学生的学习目标为导向，练习的设计和学习效果的检测重点在于实现知识的迁移运用以及新问题的生成和升华。幸福课堂的教学过程中，5个环节各有侧重，相互贯通。课堂教学保持5个环节的一致性，对课堂教学设计进行有机整合，使之符合学生的个体差异，关注每个学生的学习起点，从每个学生的学习起点出发，与他们的知识基础、学习习惯、学习能力对接，环环相扣、一课一得、一步一个脚印地扎实推进课堂教学大增值。“153幸福课堂”教学中的任何行为都设定为以学生发展为目的，以减负增效为要求，以遵循规律为原则。师生、生生间的交往互动更加丰富，师生间的关系更加民主平等，课堂信息的交流更加开放、及时、有效，课堂教学成为孩子们体验成功的快乐场。

当然，任何课堂教学模式的探索与建构都只能起到为教学提供一个支架的作用，必须根据学生的特点、学段的特点、学科的特点灵活处理。里水小学在课堂教学改革探索的过程中也遇到了很多的困难与问题，其在本文反思部分表露无遗。这需要勇气，更需要进一步行动解决问题的智慧和魄力。小学的课堂教学改革应该时刻牢记更多地为学生的需要服务，让他们有更多的选择，更多的表现机会，体验到更多的成功。希望在里水小学的幸福课堂上，教师淡化“速度”与“效率”，注重保持儿童的“好奇”与“兴趣”，养成学生“好学”“善学”“乐学”的习惯。希望在里水小学的幸福课堂上，学生在自由选择中学习，更好地发现自己的灵性，激发自己的潜能，奠定一生幸福的基石——健康的心态、健全的人格和充分的自信。

让我们的课堂还给每个儿童一个幸福的童年！

广东省教育研究院　黄志红

“和谐、智慧、高效”阳光课堂教学模式

佛山市南海中心小学

主体报告

一、阳光课堂教学模式的背景与理论依据

（一）研究背景

1. 研究目的。

阳光课堂教学模式的研究是为了贯彻落实《国家中长期教育改革和发展规划纲要（2010—2020年）》和义务教育阶段新课程标准的精神。《国家中长期教育改革和发展规划纲要（2010—2020年）》把“优先发展，育人为本，改革创新，促进公平，提高质量”作为工作方针，把提高质量作为教育改革发展的核心任务，树立科学的教育质量观；把促进人的全面发展、适应社会需要作为衡量教育质量的根本标准，树立以提高质量为核心的教育发展观，注重教育内涵发展，鼓励学校办出特色、办出水平。

2. 理论依据。

“阳光教育”是在“积极心理学”的理论基础上提出的。国际知名心理学大师、美国宾州大学心理系教授马丁·塞利格曼博士的“积极心理学”主张研究人类积极的品质，充分挖掘人固有的潜在的具有建设性的力量，使人类走向幸福。研究证实：当孩子们的周围环境和师友提供了最优的支持、同情和选择时，他们最有可能拥有良好的心理健康和人际关系；反之，这些孩子容易出现不健康的情感和行为方式。

3. 基础教育现状的思考。

教育承载着传承和创造人类文明的使命，它的产生源于人类生命发展的需要。然而，当历史进入知识经济时代，在教育的全局性、先导性、基础性的战略地位越来越突出的今天，在许多地区，教育这一使命被边缘化的迹象日益明显。教育过多地负载了满足社会公众对子女升学需求的使命。学生的精神世界往往被禁锢在循环往复、重复机械的负重学习状态下，无法体验生命的幸福与快乐，好奇、求异的天性也被淹没在书山、题海之中难以显现。教师苦教，学生苦学，家长苦供。央视科教频道的记者也曾在全国范围内做过调查，结果显示：全国的中小学中有80%的孩子不希望开学，有30%的孩子恐惧开学……

4. 地区教育现状。

近年来，南海教育在全省乃至全国有较高美誉和影响力。2010年7月，南海成为首

个“广东省教育综合改革示范区”创建试点，同年11月，又成为“推进基础教育高水平均衡发展”国家教育体制改革试点单位……南海着手全面推进教育综合改革十大行动计划，并以一种全新的理念进行机制创新，建立区域基础教育高水平均衡发展机制，以推动南海教育实现跨越式发展。南海教育在改革发展的道路上，走素质教育创新之路，不断提升教育品质，筑牢智力和人才体系，让教育承载南海的未来。

5. 学校现状分析。

南海中心小学创办于2010年9月，是一所全日制公办小学。学校按省一级学校标准建设和配备。南海中心小学师资实力雄厚，具有一支素质高、业务能力强、富于创新的年轻教师队伍。各学科相继拥有一批镇、区、市的骨干教师、学科带头人，为学校开展高效教学模式研究提供巨大的智力支持。学校根据阳光教育的发展目标自主创新，倡导阳光教育，构建阳光课程，培养阳光少年、阳光教师，建设阳光校园，打造阳光教育品牌。而课堂教学是实施阳光教育的重要的部分，是实施阳光教育的主渠道。经过多方推敲、论证，我校确立开展“阳光课堂”教学模式研究，实现课堂教学高效、和谐、阳光、生命。

（二）阳光课堂的概念界定

在现代汉语中，“阳光”是一个极为通俗明确的词语，本义是指自然和生活中最普通的一样事物——“太阳发出的光”。阳光代表思想、知识、爱心、健康、快乐，是公平、合理、正义、无私的象征。

“阳光教育”，简单地说就是“以阳光之心育阳光之人”的教育，也就是借助阳光实施的教育，使人变得像阳光一样灿烂的教育。“阳光课堂”是实现阳光教育的基础。“阳光课堂”应该是和谐的课堂，师生关系和谐，学生主动参与，师生共同享受成功乐趣；是智慧的课堂，在教师适当地引导和组织下，学生的潜能得到最大的释放，课堂处处绽放智慧的光彩；是高效的课堂，教学方式多元、学习方式多元、评价方式多元……力求使课堂变得轻负高效。

二、阳光课堂教学模式的研究目标

“阳光课堂”的教学模式既要有利于学生的全面优质可持续发展，使学生学会合作、学会探究，提高学习能力；又要有利于教师专业化可持续发展水平的提高，使教师和学校的发展更好地适应社会的需要，体现学校的办学特色和教学的规范性。

因此，阳光课堂教学模式的研究目标如下。

1. 教师发展目标。通过高效课堂教学模式的研究，力求教师在“减负提质”的总目标的引领下，借助有形的制度和做法，明确阳光教师的成长方向，提高学科的专业素养，用自身的阳光气质影响和教育身边的学生，让学生们沐浴着阳光成长，从而成为“阳光课堂”的主要构建者。

2. 学生发展目标。通过教师有意识的引领，培养孩子学会与人合作、和谐交流，自主、积极、主动地进行学习，并通过阳光课堂的培养，掌握一门技能，身心和谐发展，最终形成阳光的人格。

3．学校整体发展目标。自主创新，倡导阳光教育，通过构建阳光课程、打造阳光课堂，培养阳光少年、阳光教师，建设阳光校园，打造阳光教育品牌。

三、阳光课堂教学的模式和操作程序

有特色的学校才有活力，有特色的课堂才有生命。学校紧握"阳光教育"这把金钥匙，追求阳光课堂理念——让课堂充满阳光，让师生沐浴在阳光中成长。本着这一理念，我校引领全体教师努力创设"和谐、智慧、高效"的具有南海中心小学特色的阳光课堂。我校的阳光课堂具有以下特点。

和谐——教与学相互协调，课堂气氛民主，师生关系融洽，学生思维自由，创设愉悦学习的和谐氛围。

智慧——把握学生的心智特点，遵循教育规律，科学施教，灵活驾驭，勇于反思，不断精进，用智慧驾驭课堂，用创新提升品位。

高效——在规定的课堂教学单位时间内利用精当的设计，通过自主合作、多元建构，快速地、最大效果地、保质保量地完成教学目标。

在阳光课堂的研究中，我们聚焦于"轻负高效"，力求通过营造和谐的课堂学习气氛、运用智慧灵动的教学方法，促使学生能成为要学、乐学、会学的"阳光少年"。

阳光课堂的具体规划及架构图如下。

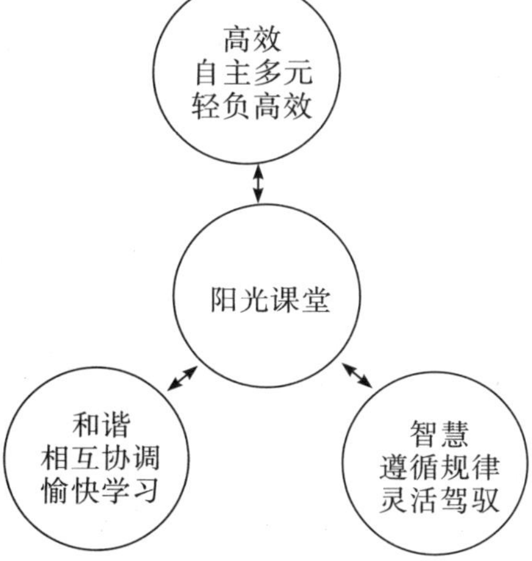

图 1　阳光课堂规划架构图

通过思考和实践，我们学校还凝练了阳光课堂教学模式。

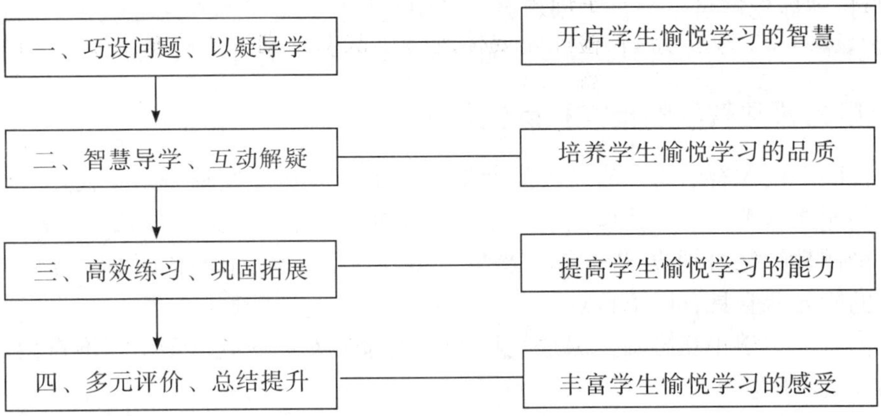

图 2　阳光课堂教学模式图

我们力求通过以上的教学模式，让学生在阳光课堂中热爱知识、学会学习、提高能力，感受成功的快乐。

下面对“阳光课堂”的教学模式的操作进行说明。

（一）巧设问题，以疑导学

思维能力的培养，总是从问题开始。因此在课堂教学的开始，结合学习内容，创设合理、有效问题情境，对调动学生的学习兴趣、激发学生创新思维有明显的意义。

问题情境可以以教材中的内容创设，可以以生活中的问题创设，也可以以课堂中生成的问题创设等。通过有效的问题引领，学生能产生自主学习的动力，进入想象的世界中去，使想象丰富活跃起来，完成思考的全过程，实现知识的内化，从而实现学习方式由单纯接受式向发现探究式转变，变“要我学”为“我要学”。

（二）智慧导学，互动解疑

本环节要求通过小组合作交流，展示学习问题的思维过程和解题方法，教师要善于组织互动交流，促使学生积极思维，让学生通过交流展示共享学习成果。可先小组交流展示，然后进行全班交流展示，最大限度地扩大交流展示的面。

学生行为：上课时学生板书、展示、交流发言、质疑、互动（形式不拘，服从教学实际需要）。①交流展示的同学声音要洪亮，口齿要清晰，尽可能精练表达。注意突出展示清楚对问题的思路、解决方法。②其他同学要主动质疑和补充，促进课堂互动生成。

教师行为：观察学生交流展示中讨论和板书的问题答案，倾听学生的发言，进一步把握学情，考虑调整互动探究的问题、精讲点拨的要点等。在对学生交流展示进行评价时，目的是鼓励学生主动参与，积极参与，要营造民主的氛围，提倡学生创新，着力点定位在学生不断地进步和发展上。

这一环节贵在体现“生动、智慧”，教师以生动的问题激发学习兴趣，以灵活的课堂组织引发生生互动，对课堂生成资源进行智慧的引导和点拨，使课堂变得灵动、鲜活。

（三）高效练习，巩固拓展

在这一环节中，教师要对当堂课学习的内容进行回归性检测，以检测题、提问等多种形式进行反馈，检查学生当堂掌握情况。

题目的设计。课堂练习题和检测题要体现分层次的原则，按照基础题、提高题、拓展题的类型进行设置，要求题目简而精。

练习、测评的检查和反馈形式灵活多样，教师可以组织小组长检查、小组之间同学互查或是由老师抽查部分学生等，但最终要把握学情，了解每一名学生的学习情况，尤其关注后进生的状况。

（四）多元评价，总结提升

每节课，留给学生两三分钟时间，总结自己在本节课的收获。在小结知识点的基础上，还应注意引导学生总结自己的学习方法和知识的获取过程，回顾与同伴合作的有效性等问题。

四、阳光课堂教学模式下教与学的评价

阳光课堂评价标准的制定，应立足于学生的发展，核心是学生自主的程度、合作的效度、探究的深度和目标的达成度，所以本校高效课堂评价标准遵循了以下原则。

（一）高效性

"高效课堂"中的"效"，一是指教师指导学生学习的高效率，二是指学生课堂学习的高效益。只有在教师指导下的高效率的学生学习取得了高效益的回报，这样的课堂才是真正意义上的高效课堂。构建高效课堂的目的在于让学生获取更多的知识，锻造各方面的能力，养成良好的习惯，培养丰富的情感，满足终身发展的需要。

（二）和谐性

高效课堂应突出学生的自主性，教学中"以学生为中心"，使学生真正成为课堂的主人，在交流中实现"生生互动，师生互动"，使学生处于主动状态。教师在课堂上关注的是每一位学生，关注的是学生的一切。教师只是课堂的组织者、引导者和学生学习的合作者，让学生在主动参与学习的过程中提高知识水平，培养能力，凸显"和谐"的课堂气氛。

（三）参与性（师生课堂智慧的体现）

学生"全员参与"是"高效课堂"的关键所在，要做到学生"人人参与"，教师的教学智慧尤为重要。在课堂上，教师要遵循学生的年龄特点、认知规律，运用多种教学手段调动学生的课堂参与度。要让教学效果好起来，最重要的是要让学生动起来，就是让每一位学生都投入到学习中去，积极地去思考，展现所学内容，让学生没有疲倦感，在40分钟的课堂中都在为问题而讨论、为问题而争论、为错误而纠正，这样的课堂就是活力四射、绽放智慧火花的课堂。

高效课堂是一种理想的教学境界的追求，表现为教师教得轻松、学生学得愉快。我校在探究高效课堂模式的过程中，经反复实践与探究，形成了符合校本特点的高效课堂的评价标准。

表 1　南海中心小学“阳光课堂”评价表

评价标准	评价内容	评价要点
教学设计	教学目标设计	1. 目标明确，符合新课程的三维目标，且符合学生的实际 2. 教学目标能涵盖所有学生的达成 3. 教学目标是可操作的，其实现具有可检测性 4. 注重学生情感与态度培养，培养良好的学习兴趣
	教学内容设计	1. 教学结构安排合理，重难点突出，符合认知水平 2. 有课程资源意识，合理利用资源，适当延展教学内容的广度和深度
	教学模式设计	以突出学生主体地位、促进学生主动参与和全面发展为宗旨，针对学科特点，综合设计教学的结构、程序、方法和手段
教学实施	教学过程的组织	1. 创设教学情境，设计具有启发性、逻辑性、发展性的问题，给学生充分的自主活动的时间和空间，提供探索、尝试和思考的机会 2. 面向全体学生，因材施教，注意学生的差异性 3. 教学环节的组织有条理、有层次，衔接紧密，过渡自然，时间分配合理 4. 提问能有效促进师生间互动、增强课堂教学实效性，所提问题有梯度，符合学生认知规律，引导学生循序渐进学习；照顾到各个层面的学生，尽量使每个学生都有回答问题的机会
	教学策略的运用	1. 教学策略和方法具有启发性，能激发学生的学习兴趣，调动学生的学习积极性和主动性 2. 注重培养学生良好的学习习惯，有计划地给予学生学习方法的指导和迁移 3. 恰当地选择和组合各种直观教学手段，充分发挥现代教育技术在解决教学重点、难点及创设教学情境等方面的作用 4. 教学中能体现有效的互动与生成
	教学机智的显现	1. 具有较强的驾驭课堂教学的能力，能灵活、恰当地根据学生反应与参与状况，及时调节教学节奏和步调，进行正确的教学反馈 2. 重视课堂评价的激励和导向功能，能激发兴趣，激活思维
学生学习活动	学习状态	1. 学习积极性高，思维活跃，有强烈的求知欲望，敢于质疑，善于表达，勤于实践，能够创新 2. 全员参与、全程参与、有效参与，参与教学活动时间一般不少于二分之一；做到心动、手动、神动 3. 学生乐学、会学、能学会
	学习方式	1. 有充足的自主学习时间和空间 2. 主动运用自主、合作、探究的学习方式，形成一定的学习能力 3. 具有独特的学习风格和学习策略，在思维上闪现出灵活性和开放性，能表达出不拘泥于常规的思路和方法 4. 善于独立思考，勇于质疑问难；能综合运用所学知识和方法，创造性地解决问题

续上表

评价标准	评价内容	评价要点
学生学习活动	习惯养成	1. 具有自主学习、主动学习的习惯 2. 具有良好的倾听、思考、质疑、交流、合作等学习品质
师生互动	情感沟通	课堂气氛活跃、民主、和谐，教师教态亲切自然；学生主动参与活动，学得轻松愉快
	问题交流	学生思维活跃，敢于发表自己的意见；教师能尊重学生的观点，鼓励学生求新求异，师生交流融洽
教学成效	知能目标的达成度	学生能理解和应用当堂所学的知识，学生基本能力的提高达到预期目标，课堂效率高，全课的思维量、信息量、训练量充足
	综合发展的促进度	不同层次的学生在知识、能力、情感意志、道德品质等方面都有所提高和发展

五、阳光课堂教学模式的影响与推广情况

阳光课堂教学模式，是从学生终身发展的需要出发，依据新课标的要求和学生的认知规律，让学生学会主动发现问题、独立思考问题、合作探究问题、归纳创新问题、勇于评价问题，同时养成了学生敢于质疑、善于表达、认真倾听和不断反思的良好的学习习惯，培养了他们的组织、表达、思维等方面的能力，让每一位学生都能在民主和谐的氛围中学习、思考、探索、创新、快乐，全面体现了学生在学习过程中的主体地位，实现了教与学方式的彻底改变，走出了一条切实可行的、推进课堂教学的改革之路。推广高效课堂模式大体分为四个阶段。

1. 第一阶段：学习宣传阶段。

通过各种方式的学习，教师们转变教育教学观念，改变教学方法，认识到进行高效课堂教学模式的重要性，理解掌握基本的教学模式以及精神实质。

（1）首先邓爱勤校长给全体教师做了一场报告会，广东省语文名师刘湘主任设计了一节高效教学模式二年级上册《识字八》课案、公开上了一节高效教学模式研讨课。

（2）将搜集到的有关高效教学模式的相关资料发布在校园网上，供教师在课余时间及教研组活动时统一组织学习；将从全国青优赛带回来的高效教学模式课堂教学实录光碟及教师备课资料按学科分发到各教研组，供各教研组在教研组活动时统一组织本组教师学习及教师在课余时间学习。

（3）在各个教研组内对高效教学模式实质内涵进行研讨交流，同时组成第一梯队实验教师进行扩展研讨，还利用期末后的时间对教师进行了再集中培训。

（4）全体教师在自己所带班级的所任学科里尝试运用，让学生初步适应这种模式，为下一步推广学习打下基础。

（5）成立领导组织机构，选拔出第一梯队的实验教师，制定"高效课堂教学模式学

习推广实施方案”，为推广高效教学模式打下良好的基础。

2. 第二阶段：示范带动阶段。

本阶段目标为：以第一梯队实验教师为中心，从备课、上课、作业等方面尝试运用高效教学模式，并加强听评课的力度，充分发挥第一梯队实验教师的核心带动作用，其他教师逐步模仿。

（1）第一梯队实验教师在组内进行高效教学模式的课堂教学设计，以实验教师为主，形成统一教案，同年级、同学科统一进度，统一以我校集体备课方案为依据，实行集体备课，重视做好议课、复课、定课工作。

（2）第一梯队实验教师在自己任教学科的班级进行高效教学模式的实验，以点带面，示范带动，其他教师逐步模仿。

（3）我校各级骨干教师跟踪听第一梯队实验教师上的高效教学模式的实验课，零距离感受，面对面交流，手把手指导，力争尽快收到成效。

（4）学校安排第一梯队实验教师开展公开课，并组织科组老师进行课堂教学观摩研讨活动。同时参加教育局组织的高效教学模式优质课竞赛活动，不断深入贯彻实施高效教学模式，以提高课堂教学的效率。

（5）初步形成不同学科、不同课型运用高效教学模式的基本环节。在第二阶段结束时第一梯队实验教师写出心得体会，让其他教师学习借鉴，在此基础上组成高效教学模式推广运用的第二梯队实验教师，形成责任帮带的关系，为下一阶段的整体推进做好准备。

3. 第三阶段：整体推进阶段。

本阶段在总结“示范带动阶段”经验的基础上，在全校各年级、各学科中全面推广高效教学模式，使高效教学模式的学习运用进入整体推进阶段，从而更好地培养学生的主动学习与思考的能力，提出问题、解决问题的能力以及创新能力，全面提高课堂教学效率和教学质量。

（1）以教研组为中心，带领教师研究教材的核心内涵，厚积薄发，群策群力，凝结集体智慧的结晶，制定出高质量的教学设计。

（2）各年级、各学科教师自行开展高效教学模式课堂教学，主动邀请同学科教师进行听课、评课，达到自我加压的目的。

（3）学校领导继续开展推门听课活动，掌握高效教学模式应用情况，研究问题、创新推进。

（4）通过组织公开课、示范课、竞赛课、经验交流会、校本培训等多种方式提高教师运用高效教学模式的能力，及时发现典型、树立典型，引导教师不断创新课堂教学模式，使课堂教学优质高效。

（5）抓好检查落实工作，对工作中出现的问题及时予以纠正，要切实保证每节课都用高效教学模式进行教学，每堂课都是高效教学模式教案。

（6）加强对教师全程跟踪听评课指导活动，要求每位教师能规范说课、上课、评课以及反思活动，学年结束时，每位教师都要写出质量较高的实验推广总结或论文。

（7）通过“走出去、请进来”的办法进一步加大培训实验教师的力度，为高效教学模式的深入运用推广打好基础。

4. 第四阶段：反思总结阶段。

这时学校已经积累了推广“阳光课堂”教学模式的教学经验，各科教学模式基本定型，师生基本适应这种新的教学模式，教师基本形成自己的教学风格，学生的各种能力及合作意识进一步增强，教学质量明显提高，所以学校和教师都要反思教学、总结经验，以便更好地运用高效教学模式。

（1）及时总结推广高效教学模式的成功经验，将优秀教师的成功经验与方法总结提炼，形成具有我校特色的学科教学模式，开展专题讲座、研讨会等形式的交流活动和资源共享活动，供全体教师学习借鉴。

（2）在实验取得阶段性成果的基础上，学校及时总结实验中存在的问题，进一步制定措施，深入开展研究，进一步把学习推广活动引向深入。

（3）学校召开阶段性成果表彰会，对实验中表现好的个人或集体给予表彰奖励，为掀起进一步深化学习的新高潮做好准备，为实现学校的跨越发展做出贡献。

六、教学模式研究与实施过程中的困惑、反思及对策

“课堂”是由教师的“教”和学生的“学”组成。在“高效课堂”中，“效”很重要。这个“效”，一是指教师指导学生学习的高效率，二是指学生课堂学习的高效益，三是指高效课堂改革带动教育改革所生发的高效能。只有在教师指导下的高效率的学生学习取得了高效益的回报，这样的课堂才是真正意义上的高效课堂。

教师处在课改最前线，是课程理念与实践的对接者。自我校实施新课程高效课堂教学以来，教师的教育教学观念有了很大转变，专业素质普遍得到提升，教研气氛空前浓厚。在教学实践过程中，课堂教学出现了前所未有的活跃氛围，学生的学习兴趣、创造能力和实践能力都有了较大的提高，每位教师深深地感受到课程改革带来的巨大变化。但是，我们的教学，还是有得有失，虽然我们在努力践行新课程理念，不断地在实践中反思、交流，但在具体的教学中我们还是发现了一些问题，我们在对课改充满信心、以极大热情投入的同时，也有一些困惑。

困惑一：在一个有50多名学生的大班中，学生的能力不同，在探究性学习过程中，真正能“动”起来的并不是全班，而一些习惯不好的学生只能当“收音机”，他们不愿“动”或者根本没能力“动”，坐久了有可能开小差，甚至影响课堂纪律。如何解决这少数“动”而多数“不动”的问题？

反思：在高效课堂的实施中，如教师在备课时不充分，没有做到“巧设情境，以趣导学”，导致屏蔽了“学生愉悦学习的智慧”，从而发展到课堂气氛沉闷，学生注意力就容易下降，甚至产生影响课堂纪律的行为。

对策：（1）巧设导语。每堂课都讲究课的导入艺术。生动有趣的导语，能启发学生的思维，调动学生的积极性，能让师生情感沟通，为上好课创造和谐愉悦的课堂气氛。俗话说得好：“良好的开端是成功的一半。”新授课阶段，学生注意力高度集中，心境极佳，教师应抓住这个契机，设计新颖有趣的导语。

（2）激发兴趣。教学实践证明：学生兴趣是支持、推动学生认识活动的巨大动力。

我们要根据学生好动、好奇、好胜等特点，努力将课堂教学设计得生动有趣，激发学生的学习兴趣。课堂上教师提出的问题不要过于细碎，不然学生就容易找到答案。缺乏探究性，容易使学生失去学习兴趣。教师要在问题设计上下功夫，鼓励学生积极参与讨论，激发学生的思维。

（3）在课堂上，要让评价成为激活课堂的有效手段。学生是学习的主体，课堂评价要努力发挥其激励学生积极主动地学习、掌握知识的功能。因此，我们应该在强烈的评价意识和明确的评价目的基础上，突出激励性评价。比如：“你的想法很有特色，但与这个问题的思路稍有出入，换一个角度想想，或许会有新的发现。”“你答题时总是面带微笑，好像没有什么能难倒你，如果再思考思考，会得出一个更完美的答案，你会笑得更开心。”这样的“评语”既激励了学生，使他有进一步思考的信心，又鼓励了群体，最终促进了课堂师生互动和交流。比如，学生回答问题时声音太小我们可以这样评价：“说得很精彩，如果声音能响亮一点就更好了。”学生回答时没有表情，也可以这样说：“读得真好听，你有一副主持人的好嗓子，不过要是加上表情就更能传情达意了，不信，你试一试！”这些评价突出了问题的焦点，语气婉转，却能一语指出存在的问题，使学生对如何改进有明确的认识。

因此，在教学中教师要努力创造一种愉快、宽松、积极的学习氛围，诱发学生的学习情感，以帮助学生形成最佳学习心态。

困惑二：在大班中用高效课堂教学模式授课时，很难让每个学生都有展示交流的机会，没有展示的学生就没有得分的机会，学生会有失落感，对接下来授课过程的兴趣会有所减弱。这该怎么办呢？

反思：在高效课堂的实施中，学生展示的机会不充分、学生之间的互动不足是教学问题的设计没有做到面向全体学生，没有让学生互动解疑，保持学生的学习情绪的高涨。

对策：教师要在备课和上课中狠下功夫，对课堂教学的每一环节，都要充分体现“互动”的特色。故教师不仅要认真钻研教材，了解学生，从学生的实际出发，认真进行教学设计，同时要分析和估计学生在回答中可能出现的问题等。这不仅仅要求教师具有较广的知识面和较强的教学能力，而且要具有较强的应变能力，以便及时解决学生提出的各种各样的问题和及时调控教学内容。要让学生有充分的展示机会，小组合作是很好的方法。小组合作学习是把教学建立在满足学生心理需要的基础上，使教学活动自然地带有浓厚的情感色彩。小组合作学习前，教师要指明思考方向，避免盲目性，使学生明确学习目标，启动交往互动；小组合作学习时，学生分小组讨论，小组成员之间可以相互交流、相互尊重，每个人都有大量的机会发表自己的观点与看法，充满温情、友爱、互助，优、差生在帮助与被帮助的过程中，都得到了提高和发展，每个学生都参与其中，学习积极性自然很高；小组合作学习结束后，教师需要求学习小组派代表展示结果，组织评讲，及时反馈。在教学过程中，每个学生都有明确的学习任务，有动手操作、相互交流的机会，最大限度地扩大参与面，提高学生学习的积极性，充分发挥师生之间、生生之间的相互交流、协作功能，也充分发挥教师的主导作用和学生的主体作用，提高课堂教学效果。

困惑三：高效课堂教学模式提倡教师少说，学生多说，放手让学生去讲去评价。学生对知识的分析毕竟会缺少深度，缺少厚重。教师放手应到怎样一个度?

反思：在高效课堂的实施中，学生在评价时出现漫无边际的情况，大概就是对教师所授知识的理解不到位，这种情况不排除教师备课不充分的可能。

对策：我们的教学不是无目的地放手，当学生对知识不理解或操作不规范时，我们要加以引导。新课程中虽然更多地强调学生的自主学习，但自主学习并不意味着全让学生自己学。毕竟学生对知识的理解能力有限，知识面还不够广，过多地让学生自己学或评价，势必会造成学生之间吵吵闹闹的讨论、漫无边际的交流或模糊不清的汇报，甚至会得出错误的结论。当课堂气氛过于平静或不文明时，当学生的价值取向有偏差时，教师的引导就尤为重要。

七、取得的成绩

我们立足课堂教学实践，把课改的精神扎扎实实地落实到具体的课堂教学中，而我们的阳光课堂的研究也取得了累累的硕果。

2010 年 12 月，数学科组的胡新丽老师获佛山市小学数学优质课比赛一等奖。

2011 年 11 月，语文科的黎健珊老师参加青年教师优质课比赛，获得南海区第一名，并代表南海区参加佛山市优质课比赛获佛山市一等奖。

2012 年 3 月，数学科组的刘映荷老师以佛山市小学数学说课比赛第一名的成绩参加广东省小学数学说课比赛，荣获广东省第一名。

2012 年 4 月，邓绮颖老师获南海区录像课比赛一等奖，并获广东省二等奖。

2012 年 11 月，何美心老师的录像课获广东省二等奖。

2012 年 12 月，赵淑姬、刘映荷两位老师分别获南海区小学数学优质课竞赛一等奖和佛山市小学数学优质课竞赛一等奖。

2013 年 12 月，王筠妍老师获佛山市小学数学说课比赛第一名，并代表佛山参加广东省小学数学说课比赛，获省一等奖。

2014 年 1 月，黄小丽老师参加思品优质课比赛获南海区一等奖。

2014 年 4 月，郭洁璇老师的语文录像课获南海区一等奖。

2014 年 4 月，黄智华老师获南海区小学心理健康课比赛一等奖。

2014 年 5 月，江富满老师参加桂城街道小学美术课优质课比赛，获桂城街道一等奖。

执笔人：胡新丽

课堂实录一

口语交际《我们身边的垃圾》

邓绮颖

【教学内容】《我们身边的垃圾》出自义务教育课程标准试验教科书《语文》（人教版）一年级下册语文园地三。本次口语交际有两部分内容提示，一是让学生就身边的垃圾问题进行交流表达，二是把如何处理垃圾的想法通过小制作或图画表现出来。

【教学设想】《义务教育语文课程标准（2011 年版）》指出：口语交际能力是现代公民的必备能力，应培养学生倾听、表达和应对的能力，使学生具有文明和谐地进行人际交流的素养。所以在本节课中，教师以“唤醒学生表达欲望，发展口语交际能力”为教学主线，创设多种情境，为学生搭建平台，提供表现的机会，在平等、关爱、鼓励中，有效地培养学生的口语交际能力、正确的交际态度和良好的语言习惯。

【教学策略】在课堂中，教师先以“身边的垃圾从哪里来”这一话题引导学生观察生活，并且把观察中的发现说清楚、说完整；再以“怎样处理生活垃圾”为话题，通过小组讨论、展示交流说出自己的想法，从而培养学生的创新意识和认真倾听、提问题、说建议的交际能力，让学生从中学会交际。

【教学目标】

1. 就“身边的垃圾”这个话题进行交流，能说清垃圾是从哪里来的，提高学生的口语表达能力和倾听能力，培养学生尊重他人发言的习惯。

2. 对如何处理垃圾有自己的想法，并能清楚表述，培养学生的想象力、创造力和变废为宝的意识，懂得保护环境的重要性。

【教学重点】让学生成为课堂的主人，无拘无束地表达。

【教学难点】能把自己处理垃圾的想法说清楚。

【教学准备】课件、学生手工制作、图画。

【教学过程】

一、图片激趣，引入话题

师：孩子们，瞧，这是谁呀？（课件出示鸭先生）

师：今天鸭先生来到我们小区，他发现了小区里有很多的垃圾。你们看，这是——（课件出示各种塑料袋的图片，师点击一下，课件再出示相应的图片）

师：今天，我们就和鸭先生一起来聊聊“我们身边的垃圾”这个话题。（老师张贴课题）

师（指着课题讲）：我们一起来读读吧。

［设计意图］把本单元课文中的主人公鸭先生引入实际生活环境，由课件出示垃圾图片引发垃圾从哪里来的交际话题，激发学生兴趣，利于口语表达。

二、认识垃圾，查找来源

师：哎呀，声音真响亮！在交流的时候，我们要注意什么呢？请你来说。

生：说的那个人要大声说。

师：哦，这是说的要求，很棒！我们要——（根据学生的回答板书：说清楚）

师：还有吗？好，请你来。

……

（教师根据学生回答板书）。

师：看来你们平时口语交际要求都牢牢给记住了，那谁能按照这些要求说说这些垃圾是怎么来的呢？请你来说。

生：吃完橙子的那些橙子皮就是垃圾。

师：声音真响亮，谢谢。

生：我们用完的一次性塑料袋就是垃圾。

生：我们喝完饮料的那些易拉罐就是垃圾。

生：我们画错的纸就是垃圾。

生：我们吃完花生，剩下的花生壳就是垃圾。

[设计意图] 有目的地引导学生回顾交际的要求，为接下来的口语交流做铺垫。

三、创设情境，处理垃圾

师：就这样，我们身边的垃圾越来越多了。垃圾们都发出了不同的叫声。听听，垃圾们都在说些什么悄悄话呢？（课件播放垃圾的对话）

师：是啊，地球上的垃圾越来越多，谁能想想办法处理这些垃圾呢？在小组内说说你的想法，看看谁的办法最好？哎，老师要提醒一个小地方，我们在交流的时候，还是要把话给——（指向黑板板书）

生：说清楚。

师：真棒！好，赶快在小组内说说你的想法吧。（学生小组交流）

师：那谁能把你的想法说说呢？请你来说。

生：我们吃完的那些橘子皮晒干可以变成陈皮。

生：我用喝完的易拉罐做成工艺品来装饰我们的课室。

师：你的想法真独特，不错，说得很清楚。请你来说。

生：吃完柚子后，可以把柚子皮做一道菜。

师：你看，这同学的点子多棒！我真喜欢。原来柚子是这么有用的。请问，你是怎么知道的呢？

生：以前奶奶在家做过这道菜。

师：原来生活也是一种学习，不错。还有谁来说说？

生：中秋节过后，月饼盒可以回收。送到工厂，做成新的月饼盒，明年再用。

师：你还会循环再用，真棒！原来平时细心地观察周边的生活就会有所收获。还有谁想说说？请你来说。

生：有些地方，人们把垃圾压成块，填埋到海里，形成陆地。

师：哇，你知道的更厉害。请问你是怎么知道的呢？

生：是妈妈告诉我的。

师：看来我们小同学的爸爸妈妈掌握的课外知识很丰富，你们也很爱学习，了不起！

师：你们真聪明，为地球先生想到了这么多处理垃圾的方法。为了奖励你们，鸭先生决定带我们到垃圾处理厂见识见识，想不想去啊？准备啦，我们出发喽！（播放课件）

［设计意图］童话式的对话，符合一年级孩子的心理特征，更容易唤起学生的共鸣。而小学生对垃圾的处理认知有限，通过“到垃圾处理厂”的参观介绍，可以帮助学生拓宽知识面，激发交际欲望。

师：是啊，用上了这些方法，保护好环境，地球先生自然有救了。哎，鸭先生还带来了一个最新的消息，在今年的世界环境日，学校要评选一批优秀的环保小卫士，和鸭先生一起宣传保护地球，谁愿意参加？

师：要当环保小卫士，可不简单哦。我知道小朋友在学完保护环境这一单元后，想了许多办法来处理垃圾，有的把自己的想法做成了小制作，有的还画了画，那谁能把你的想法说清楚呢？

生：这是我用折叠台灯的箱子做的纸巾盒。它的外面包了一层A3白纸，这个箱子是用来装纸巾的。

师：听了他的介绍，我们知道了它是用什么东西来做的（师随机点击课件，出示“用什么做的”），而且听到了它的名称，还听到了它有什么用（点击课件出示“叫什么”“有什么用”）。大家看，像这个同学那样，介绍自己作品时，说一说它的名称、材料、用途，让我们听得很明白。待会我们也像她这样，按照三个要求，介绍一下你的小作品，行吗？

师：待会拿着你的小作品，找到你的好朋友说说，听听你的好朋友对你的作品有什么提问？或给你什么更好的建议？然后我们再来评选环保小卫士。（老师播放音乐，音乐伴奏，生生互动）

生：这是我做的风铃。它是用一次性的杯子、碗和吸管做的，它可以挂在窗边做装饰。

生评：她说得很棒。因为她把三个要求都说了。

师：对呀，我们介绍作品的时候，也像她这样按照三个要求，说清楚，大声说。站的时候，我们要站直，这就是有礼貌的小朋友。谢谢你！还有谁来试试？请你来说。

生：这是我做的电视机，它是用上学期的迪士尼英语盒和纸巾盒做的，可以放在我家里装饰我家。

生评：她按照这三个要求说完整了，我知道它是一部电视机，这是它的名称。

师：对呀，这样的交流，我们会听得更清楚。在介绍作品的时候，我们不仅要说清楚，还可以向同学——

生：提问题。

（老师随机板书）

师：像刚才那个同学那样，说——

生：说建议。

师：对，让我们把这个作品啊，介绍得更完美。还有哪个小朋友再来说说呢？请你来说。

生：我这个是用喝完牛奶的盒子做成的一个种花的小篮子。现在里面种着黄豆芽，这个盒子不仅可以种花，还可以养很小很小的鱼。

生评：我觉得你那个作品很漂亮。

师：还有哪个同学有些小建议或是问题想要咨询一下呢？请你来说。

生：你好，要是小豆芽长大了，是不是要剪掉那个提着的带子呢？

生：不是，它长大了，再套在一个盆子里就可以长长了。

师：你看，这两个同学一问一答，提出问题，她不仅解答问题，还很有礼貌地感谢对方，我们要向她学习。老师看到你们的作品，各有各的创意，确实让我们大开眼界。那现在请组长把你们小组最喜欢的那个作品拿到讲台上来，让我们全体同学一起来欣赏欣赏。

（小组长把作品拿上去展示）

师：是啊，我们的作品是这么的美，大家交流得也很愉快。瞧，地球先生都笑了！

（课件出示动画）

地球先生笑着说："谢谢孩子们，你们能积极开动脑筋想办法保护环境，真是优秀的环保小卫士！"

［设计意图］通过创设"地球先生评选环保小卫士"这一交际情境，有效展开师生、生生的互动交流、评价，让学生明确把话说清楚的要求，学会欣赏、交往，使思维能力得到锻炼，口语表达能力也得到发展。

四、拓展延伸，总结深化

师：是啊，地球先生最喜欢和爱护环境的小朋友交朋友了。为了祝贺你们，地球先生还带来了一首环保拍手儿歌，让我们一边拍手读，一边祝愿地球先生明天会更好！（师生共同读《拍手歌》）

师：今天我们一起聊了我们身边的垃圾，小朋友们不仅能做到认真听、说清楚，还能大胆地提问题、说建议，真了不起！我们今天回家可以把自己处理垃圾的想法告诉家人，让他们也和我们一起保护好环境，一起努力，让我们的家园变得更美好！

［设计意图］鼓励学生在学校、社会和家庭的生活实践中落实交际要求，切实发展口语交际能力。

【板书设计】

我们身边的垃圾

说清楚　　认真听

提问题　　说建议

【教学反思】

苏霍姆林斯基曾说过："儿童是用形象颜色声音来思维的。"情境教学恰是充足应用形象，创设典范场景，激发学生的学习兴致。上好交际课的关键就是要有一种交际情境和气氛，才会有话可说。

《我们身边的垃圾》阐述的是有关环保的问题，离孩子生活较远，表达起来难度较大。学生容易出现词不达意或无话可说的现象，这很正常。老师能将自己在教学中遇到的困惑及时反馈，及时反思，敢于调整教学思路，取得了意想不到的教育效果。

在这节口语交际课中，我组织引诱学生发展了形式多样的活动，尽力为他们创设各种交际情境，提供口语交际的舞台。反思本堂课的成功之处有以下几点。

1. 图片实物展示，激发交际欲望。

本堂课的导入，我采用本单元爱惜环境的鸭先生的图片来吸引学生，并通过鸭先生展示一些实物垃圾。我引导学生看，说说你认识的垃圾，并说说这些垃圾是怎么来的。这些垃圾与学生的生活衔接严密，很快吸引了学生的注意力，孩子们惊喜不已，争先恐后地诉说心中的感受，一下子就融入了课堂中，全身心投入到活动中。

2. 课前考察，踊跃筹备。

我在上这堂课前，先是安排学生回家去调查一下，你家里的垃圾怎么处理的？我还告知学生，对于这几个问题如果你自己没注意过的话，可以向家里的人询问。调查中，孩子们从多方面得到了直观深入的感触。

3. 亲身实践，感想深刻。

垃圾分类是最有效的处理垃圾的方式，为了加深学生的印象，我让学生在家长的帮助下，利用废旧物制造物件，在课堂上展示利用废旧物制作的物品，引起了学生极大的兴趣，收到了很好的教学效果。

4. 绘画拓展，以画促说。

除了废物利用外，我还增设一个拓展运动环节，让学生把如何更好地处理垃圾、如何使我们的生活更加干净等画在纸上，然后提供一个展现台让学生进行展示，无形中又为学生提供了一个交流的平台，效果很好。

当然，在这堂课上也存在不少的问题。个别学生只能说一些小范畴的垃圾，如家里的一些零食垃圾、学校的果皮纸屑等，而不能把它扩展到各种各样的垃圾。学生懂得的垃圾规模只限于在生活中的一些垃圾，而不可能扩大到工业、农业等社会各部分的垃圾。当然这主要跟学生的生活经历有关。假如在上课时采取多媒体先让学生观察社会上各种各样的垃圾，学生的理解可能会更广、更深。

课堂实录二

上　下

胡新丽

【教学内容】《上下》出自义务教育课程标准实验教科书《数学》（人教版）一年级下册。

【教材分析】本单元属于图形与几何知识板块，要求学生会用上、下、左、右、前、后描述物体的相对位置，是小学阶段“位置”这一知识的起始课，为以后三年级学习“东南西北”和四年级学习“位置与方向”打好基础。

教材提供了一幅长江大桥的图画，让学生通过观察，运用自己的语言去描述轮船、火车、汽车三者的位置关系，从而认识"上、下"的方位。教学本节课时，教师应注意让学生通过看图和语言描述去发现：当位置关系不变时，对于三个物体，由于参照物的不同，上下位置关系也会不同，从而让学生初步感知"参照物"的变化引起位置描述的变化，使学生感受上下方位的相对性。

【学情分析】小学一年级的孩子性格上活泼好动、思维活跃、喜欢表现自己，但他们注意力集中时间不长，因此在教学中，教师应注意运用故事、动手操作和游戏等环节促进学生积极主动地投入到数学学习中去。

【教学目标】

1. 在具体的活动中，让学生体验上下的位置关系，初步培养学生的空间观念。

2. 确定物体上下的位置和顺序，并能用自己的语言表达。

3. 初步培养学生按一定的顺序进行观察的能力。

4. 初步培养学生的想象能力和解决问题的策略意识，使学生在活动中获得积极的情感体验。

【教学重点】能确定物体上下的位置和顺序，并能用自己的语言表达。

【教学难点】让学生体验上下位置的相对性。

【教学工具】课件、实物投影仪，笔盒、平面图形卡片。

【教学过程】

教学过程	教学过程说明
一、巧设问题，以疑导学 从生活经验出发，初步体会上下的含义，培养想象能力。 师：请大家看老师做动作，猜猜这是什么小动物。 生：小兔子。 （课件出示缺少五官的小兔子） 师：这只小兔子可真调皮，它把自己的五官都藏起来了，让我们一起来把它的五官找出来，好吗？ 小兔子长长的耳朵长在哪里？（头的上面） 这是小兔子的……（鼻子） 鼻子的上面是……（嘴巴） 现在还差了什么？（眼睛），眼睛长在哪里呢？（鼻子的下面） 刚才，我们在帮小兔子找五官的时候都用了上面或下面的位置，这节课我们就来学习和上下有关的知识。（板题） 二、智慧导学，互动解疑 1. 创设，理解上下，初步培养空间观念。 （1）创设"动物分家"情境。 （把大树模型贴在黑板上，并出示小鸟和小兔子的图片） 师：同学们，你们猜猜小兔子和小鸟会把自己的家安在哪里呢？ （2）初步体会上下位置的关系。 （根据学生的回答把动物图片贴好）	用学生喜爱的小兔子的形象和学生熟悉的五官的分布来引出"上下"的位置，配合老师亲和的导语，激起了学生的学习兴趣，这为下面活动的顺利完成创设了一个良好的情境。 为学生创设学习的情境，激发学生的学习热情。

续上表

教学过程	教学过程说明
师：请大家仔细观察小兔子和小鸟，你能用“上下”来说说它们的位置吗？  生：小鸟在小兔子的上面，小兔子在小鸟的下面。 师（总结）：当我们要说出物体的上下位置时，要说清谁在谁的上面，谁在谁的下面。	让学生通过为两种动物安排住房的活动，体会上下的位置关系，并学会用自己的语言表达上下的位置关系。
（3）初步体会上下位置关系的相对性。 师：同学们响亮的声音把小松鼠也吸引来了，它想把家安在小兔子和小鸟的中间。谁能帮它安好家？（根据学生的回答贴好小松鼠的图片） 师：请你试着用“上下”来说说小松鼠现在的位置。 生：小松鼠在小鸟的下面。 生：小松鼠在小兔子的上面。 师：刚才我听说小松鼠一会儿在上面，一会儿在下面，这是为什么？  生：因为小松鼠在小鸟和小兔的中间。 生：小松鼠和小兔比时，它在小兔的上面，和小鸟比时，在小鸟的下面。 师：看来上下位置并不是一定的，只要用来比较的东西不同时，上下的位置也就会发生变化。	用三只小动物的位置使学生体会到“上下”的位置不是绝对的，而是相对的。
（4）进一步体会上下位置关系的相对性。 师：小鸟和小松鼠听到同学们都说得这么好，它们高兴地在树上跳来跳去，你发现了什么？（交换小鸟和小松鼠的图片位置） 你能完整地用“上下”来说说小鸟现在的位置吗？ 生：小鸟在小松鼠的下面，小鸟在小兔子的上面。	通过交换动物的位置，使学生能加深对上下位置的相对性的认识。
（5）培养学生按顺序观察的能力和想象能力。 师：现在请大家仔细地观察一下这幅图，记住每只小动物的位置。请大家闭上眼睛想象一下，你现在就是小鸟，请你睁开眼睛往下看，你的下面有什么？ 生：小鸟的下面有小兔、小草、小花…… 师：请你往上看一看，你的上面有什么呢？ 生：小鸟的上面有小松鼠、蓝天、白云…… 2. 创设活动，加深理解，促进情感体验。 （1）摆一摆，建立初步的空间观念。 师：请拿起你们的笔盒。请你跟我这样做（把笔盒放在手上），请你说说笔盒的位置。	让学生发挥想象力，使学生能全情投入到教师所创设的情境中，使学生的学习积极性大大提高。

续上表

教学过程	教学过程说明
生：笔盒在手的上面。 师：请你跟我这样做（把笔盒放在桌子上），请你说说现在笔盒的位置。 生：笔盒在桌子的上面。 师：请你跟我这样做（把手放在笔盒的上面），请你再说说现在笔盒的位置。　生：笔盒在桌子的上面，笔盒在手的下面。 （2）找一找。在生活中体会上下的位置关系。 师：请你在自己的身上找一找有哪些"上下"的位置关系？ 生：眼睛在鼻子的上面。 生：脚在手的下面。 生：头在身子的上面。 ……  师：请你用明亮的眼睛看一看我们的教室，教室里又有哪些"上下"的位置关系呢？ 生：桌子在地板的上面。 生：讲台在天花板的下面。 …… （3）说一说，用自己的语言来表达上下的位置关系。 师：小兔子来到城里，它见到了这样的一座桥（课件出示教材第1页的插图），它发现在这座桥上有许多和上下有关的知识，于是它想考考大家，你们有信心吗？ （课件出示教材第1页的问题）  在  的（　　　）面，  在  的（　　　）面。  在  的（　　　）面。  在  的（　　　）面。 师：除了小兔的这些问题外，你还发现了哪些上下的知识呢？请再说一说。 生：火车在轮船的上面。 生：轮船在汽车的下面。 …… 师：老师也发现了一个和上下有关的知识，你能回答吗？火车的下面有什么？ 生：火车的下面有桥墩。	通过游戏，使学生亲身体验到身边的上下位置关系，也使抽象的知识在具体的操作中变得实在，从而加深了学生对知识的掌握，提高应用能力。 联系实际，把知识与自己的生活紧密联系起来，实现数学知识与生活的结合。 结合教材的例题，让学生进一步认识到"上下"的位置在生活中随处可见。同时加深学生对上下位置的认识，并会用自己的语言准确地表达出来。 比教材的例题多了让学生想象的题目，从而培养了学生的想象能力。

续上表

教学过程	教学过程说明
生：火车的下面有鱼。 …… （4）做一段和“上下”位置有关的课间操。 三、高效练习，巩固拓展 1. 布置房间。 师：小兔从城里买来了这些东西布置新家，它想请大家帮它把东西放到合适的地方去，你能帮帮它吗？（课件演示教材第 7 页练习题，并根据学生的回答把东西放到合适的位置） 师：请你在房间里找出自己最喜欢的东西，并用“上下”说说它的位置。 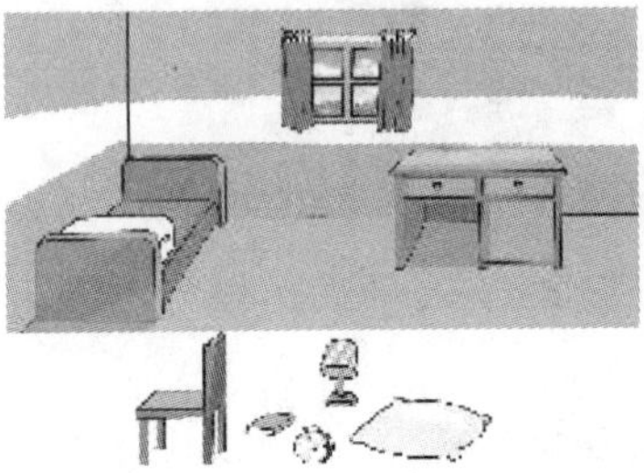 2. 按指令摆书柜。 师：小兔还买了一个书柜（课件出示一个五层书柜，其中第三层已摆好一个玩具熊猫），它想请大家把和摆到书柜上去，不过这次它有些要求，请大家按照小兔子的要求把物品摆到正确的位置上。 指令：请把书本放在玩具熊猫的上面；请把花瓶放到书本的上面；请把玩具飞机放到圣诞老人玩具的下面。 3. 小组合作拼组图形，并摆成一幅美丽的图画。（培养学生的合作能力、发散性思维和创新精神） （在黑板上出示三角形、正方形、长方形、圆形） 师：请一位同学把长方形放到三角形的下面。大家看，这像什么？ 生：小树。 师：再请一位同学把圆形放到三角形的上面。这又像什么？ 生：小女孩。 师：请大家小组合作，利用上下的位置关系把桌面上的图形拼组成有趣的图案，并用这些图画来装饰小兔子的新家。 活动要求： （1）要以小组为单位，齐心协力地完成一幅画。	从学生熟悉的布置房间入手，使学生体验用数学知识解决实际问题的快乐。 前面的练习注重让学生“看实物说位置”，培养学生的表达能力，而“按指令摆物品”这一环节是让学生“听位置摆物品”，注重学生的动手能力培养，进一步加深了学生对上下知识的应用能力。 最后的这一个活动注重让学生通过小组合作来进行创作，培养了学生的合作精神。同时这一环节为学生提供了大量他们所熟悉的平面图形，让学生通过自己的想象把这些图形组合成各种有趣、美观的图案，培养并发展了学生的想象能力、创新能力和动手操作的能力。

续上表

教学过程	教学过程说明
（2）每个同学都要充分发挥自己的想象力，利用上下的位置关系用简单的图形来拼出图案，并在拼的时候说说各种图形的上下位置关系。 （3）可以用你们这节课所获得的红花来装饰自己的图画，使它变得更美丽。 （4）音乐停下时，你的活动就要停止。 四、多元评价，总结提升 师：今天的数学课你学得快乐吗？这节课里你学会了什么？在日常生活中呀，位置关系并不止上下这一种，同学们下课后请留心观察一下，还有哪些其他的位置关系，找到了就告诉自己的好朋友或爸爸、妈妈，好吗？	

【教学反思】

《上下》一课是人教版义务教育数学实验教材一年级下册第一单元的教学内容，本课的内容虽然不多，但很重要，对丰富学生对现实空间的认识、建立初步的空间观察起着重要作用。

本课的教学设计有以下几个特点。

1. 创设童话情境，发挥情境教学的优势。

如果把一堂课比作一首优美的乐曲的话，那情境的创设就好比是悠扬的和弦。本节课中教师创设了一个以小兔子搬家为主题的童话故事贯穿于整堂课中，不论是分房子、布置房间还是摆设书柜，同学们都个个兴趣盎然，大家都在轻松愉悦的氛围中积极主动地参与到学习过程当中。在整个教学过程中，教师只是一个情境的创设者、知识的引导者、活动的组织者，而参与、体验、主动获得知识的是学生自己，在课堂上真正体现了“学生是学习的主体”这一教学思想。

2. 观察操作，构建新知。

学生是学习的主人，教师要重视发挥学生的主体作用，让学生通过自主、合作、探究，亲身经历数学知识的生成、发展和变化。本节课的教学中，教师注重了和学生一起合作，通过给三个动物分家的操作，认识上下位置的相对性，引导学生学会学习的方法，并让学生通过观察图片、动手布置房间和摆设书架，和小组的同学进行交流，构建新知。这样，让学生在做中学，做中想，将“做”中感受到的体验“数学化”，使教师“教”的内容变成了学生学的活动，“教数学”也变成了学生“创造性”地“学数学”，把“静止呆板”的数学变成“活动的”、学生自己构建的数学，体现知识形态的过程性。

3. 紧密联系生活，让学生在实践运用中体验数学价值。

数学来源于生活，又作用于生活。课堂教学应该着力体现“小课堂，大社会”的理念。为此，在整个教学过程中，教师所设计的所有环节都从实际生活出发，动物分房—整理房间—摆设书架，这些活动都与学生的日常生活有着紧密的联系，令学生在生活情境中发现数学问题，从让学生简单地运用所学的数学知识解决问题，到培养学生综合运用知识以及做出决策的能力，让学生体验到数学与日常生活是密切联系的，从而体会到数学的内在价值。

4. 拓展延伸，促进内化。

新的教学方法是从塑造人的角度考虑。因此，课堂教学不能只局限于本课知识的教学，而应创设机会，促进知识的内化，拓展学生的思维。正因为深知这一点，本节课的教师设计了“小小设计师”这一拓展练习，让学生通过小组合作，用各种平面图形组合成自己喜欢的作品。这一活动既加深了学生对各类物体的认识，又培养了学生动手操作的能力，拓展了学生的思维，内化了所学知识，还培养了学生合作创新的能力，起到一石三鸟的效果。

【学生学习情况反馈】

在本课教学完成后，为了了解本节课的教学效果，我设计了以下的《学后测试》给本节课学习后的学生完成。

表 2

《上下》学后测试

题目	学生正确率	设计意图
看图说一说。 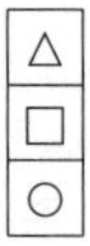 （1）△在□的（　　　）面； （2）○在□的（　　　）面； （3）△在□的（　　　）面； （4）□在○的（　　　）面。	95%	了解学生对“位置相对性”的掌握情况。

通过对测试结果的分析，可以发现本节课让学生充分地运用各种感官体验了“上下”的位置关系，同时通过全班集体用语言描述、小组内互相说等环节的设置，使学生在掌握“上下”位置和突破“上下”位置的相对性等方面，均有了较好的进步，说明了本节课教学的有效性。

专家点评

“和谐、智慧、高效”阳光课堂教学模式是南海中心小学在学校阳光教育特色建设中的课堂教学研究成果，体现了这所学校正确积极的教学观和课堂观。南海中心小学把营造具有阳光本色的课堂，为小学生提供愉快学习和成长的平台作为学校课堂教学的追求，也作为实现有效教学的途径，这是具有实践意义和研究价值的。这一高效课堂的模式在观念上符合基础教育改革的大方向，也使其教育真正具有了“使养子作善”的内涵。

所谓“阳光课堂”，就是在实施精细化管理和精细化教育教学基础上，教师为开启学生智慧、发展学生能力而设计的一系列问题探索、要点强化等全过程的学习活动，是在教师引导下由学生直接参与并主动求知完成的活动。这种课堂模式的着眼点在于充分调动学生的学习主动性，引导学生主动获取知识，培养学习能力。而这一课堂教学的特点，在南海中心小学对该校阳光课堂教学模式所进行的系统的阐述和说明中得到体现。通过他们高效课堂模式的阐述和所提交的课例，我们可以看出该校的“阳光课堂”教学模式已初步具备以下的特征。

1．研究方向明确，研究定位恰当，研究基础扎实，并善于把预设的理想构思运用和体现在自己的课堂教学实践之中。从我们看到的几个语文、数学和英语的课堂教学案例及其反思当中，突出“阳光”这个关键词的特征相当明显，从师生的对话、活动的组织、课程资源的选用和评价的指向性，都能感受到“阳光”的含义和“愉悦”的氛围。教师们在课堂中注重用爱心滋养爱心，用智慧启迪智慧，用温暖传递温暖，用尊重赢得尊重，力求使每位学生成长为身心健康、个性鲜明、品德优良、学有所长的独特个体，使课堂成为师生共建、充满成功与快乐的场所。

2．对阳光课堂所概括的三个特征：和谐、智慧、高效有其独特的见解，能充分体现。从课例中我们可以看到，南海中心小学的“阳光课堂”教学模式突破了单纯的知识传授和智力培养，营造有“阳光”特色的课堂。这一特色课堂是和谐的课堂，师生关系和谐，学生主动参与，师生共同享受成功乐趣；这一特色课堂还是智慧的课堂，在教师适当地引导和组织下，学生的潜能得到最大的释放，课堂处处绽放智慧的光彩；这一特色的课堂更是高效的课堂，教学方式多元、学习方式多元、评价方式多元……，使课堂变得轻负高效。

3．南海中心小学对阳光课堂教学模式的建构相对比较系统完整，并且能够贯穿其课堂所体现的三条主线，使读者看起来有一定的启发性、操作性和可验证性。该课堂模式所设置的“巧设问题、以疑导学”“智慧导学、互动解疑”“高效练习、巩固拓展”“多元评价、总结提升”四个教学环节凸显了阳光课堂的三个特征，符合学生的认知规律，让学生在阳光课堂中热爱知识、学会学习、提高能力，充分感受到成功的快乐。

“阳光教育”是一种面向未来、积极进取的教育。希望南海中心小学以一种积极阳光的心态，不断完善阳光课堂内涵，形成以“阳光”为核心的校园文化，培养“阳光少年”，将学校办成有特色、高质量的区域名校，实现学校的文化内涵发展和课程品位提升。

华南师范大学　李志厚

“幸福课堂”教学模式的构建与实施

佛山市南海区罗村实验小学

主体报告

新课改以来，“高效课堂有效教学”成为中小学校关注的热点，多种教学模式应运而生。但这些教学模式当中存在着只重“技术”的倾向，绝大多数只停留在关注学生掌握知识的层面。然而，教育的核心价值是为人的幸福“培根厚本、夯实基础”。作为教育主要场所的课堂，其教学模式理应关注学生的整体、和谐发展，使学习成为学生通向未来幸福生活的桥梁。罗村实验小学构建并实施“幸福课堂”，将国家和地方课程校本化，正是为了突出“幸福教育”的重点，促进“幸福教育”向纵深发展，以真正实现“为孩子的终身幸福奠基”的办学宗旨。

一、“幸福课堂”的研究背景

（一）“幸福课堂”的研究是课程改革的需要

乌申斯基曾指出，教育的主要目的是让学生获得幸福。《国家中长期教育改革和发展规划纲要（2010—2020年）》强调：把育人为本作为教育工作的根本要求，要以学生为主体，以教师为主导，充分发挥学生的主动性，把促进学生健康成长作为学校一切工作的出发点和落脚点；关心每个学生，促进每个学生主动地、生动活泼地发展，尊重教育规律和学生身心发展规律，为每个学生提供合适的教育；努力培养造就数以亿计的高素质劳动者、数以千万计的专门人才和一大批拔尖创新人才。然而，现实中的小学教育仍然存在过分追求“教育GDP”的功利倾向，忽略学生的学习状态和长远发展，为了考试分数，而对学生进行机械重复的训练，学生难以感受到学习的快乐，教育偏离了幸福的轨道。因此，让学生成为课堂的主人，让学生真正享受学习的幸福是课程改革的迫切需要。

（二）“幸福课堂”的研究是学校发展的需要

2007年办学伊始，我校义无反顾地选择了“幸福教育”，确立了“为孩子的终身幸福奠基”的办学宗旨，以“罗实学子，学得优秀，学得快乐”为办学目标，以“五彩童年”即“一种好心态，一个好体魄，一身好习惯，一套好方法，一门好特长”为办学特色。至2011年，我校走过了“幸福教育”理论研究和实践探索的初级阶段，“幸福教育”作为特色教育品牌已在南海乃至佛山形成一定的影响力和渗透力。

随着“幸福教育”实践的不断推进，我们充分认识到课堂改革的重要性，只有课堂洋溢着幸福的气息，“幸福教育”才能充满活力。2012年，我校牢牢抓住“幸福教育”

获得南海区创建特色学校竞争性财政资金分配第一名这一契机，将打造“幸福课堂”作为实施“幸福教育”的重点，“幸福课堂”研究的探索力度、广度和深度前所未有。在华南师范大学专家团队的引领和全体教师的共同努力下，我校的“幸福课堂”教学模式已基本形成，课堂上师生互动交流，合作探究，氛围融洽。

（三）“幸福课堂”的研究是提升学生幸福感的需要

苏霍姆林斯基认为：学校的任务不仅在于教授给学生从事劳动及合乎要求的社会活动所需要的知识，还在于给每个人以精神生活的幸福。南海经济进入了高速发展的快车道，父辈的艰苦奋斗，换来了孩子们富足安逸的生活。可是，生活环境的不断改善并不代表着孩子们的幸福感得到提升。“幸福课堂”有助于学生感受课堂的幸福，有助于学生形成正确的幸福观，有助于学生提升幸福的能力。“幸福课堂”不仅关注学生童年的幸福，而且致力于为学生幸福打下基础。

（四）“幸福课堂”的研究是提升教师幸福感的需要

只有幸福的教师才能培育出幸福的学生，只有幸福的学生才能成就幸福的教师。追求“学科味”和“幸福味”相融合的“幸福课堂”，学生“睿智灵动的眼神、善于聆听的耳朵、欢快爽朗的笑声、聪慧灵巧的思维、积极合作的探究”，将会使教师产生生命的高峰体验，从而获得职业的幸福感。

二、“幸福课堂”的理论依据

（一）幸福学的理论

《幸福的方法》作者沙哈尔认为：幸福是“快乐与意义”的结合。沙哈尔对于幸福的定义，帮助人们认识了“幸福”的真相。美国斯坦福大学诺丁斯博士在论著《幸福与教育》中，从幸福与其相关范畴的关系视野出发来对幸福教育的内涵进行更进一步的廓清：首先，幸福是没有痛苦或苦难；其次，幸福是需要的满足；再次，美德对人的幸福具有促进的作用。

（二）建构主义学习理论

建构主义的教学理论认为，学生是学习的主体，教学情境中要尊重学生的主体性，学生只有在成为教学情境中的主角以后，才会积极主动地参与教学过程。教学就是要创设或者利用各种情境，帮助学生利用先前的知识与已有的经验在当前情境中进行学习和认知。而教师的价值则体现在能否激发学生以主动探究、集体合作的方式进行学习：一方面使学生面对问题情境，刺激他们思考、探究；另一方面营造人际互动、互激的情境，让学生学会在合作中学习。

（三）有效教学理论

南京师范大学吴永军教授认为，凡是能促进学生发展的教学就是有效教学。但是对于什么是“发展”要有新发展观，应以学生“幸福成长”为本。然而学生幸福并不是空洞的、抽象的，从根本上讲，学生幸福应涵盖学生的生命成长、道德、品格、精神及思维、智能等诸多方面，尤其是各种“可能性”的发展。即使是“知识”学习，也应当追求“过程”，而不仅是结果；追求学生的自由、自主及探究精神的培育，而不是“白纸黑字的书本”上“现成的答案和结论”。成长是儿童的第一要义，而满足儿童成长中的天性及合理需求又是基础中的基础。

（四）教学模式理论

北京师范大学胡定荣教授则指出，现存的教学模式都存在共性的问题：都把教学过程看成是一个外部控制的过程，忽视了学生对学习过程的自我调节或自主学习；都把教学过程看成是学生掌握现成知识的过程，看成是学生的认识和外部客观现实相符合或一致的过程，相对忽视了学生在教学过程中的主动建构和内心世界的完善与发展。因此，新的教学模式的构建不能仅停留在教学流程上，必须要从整体上做出考虑。

三、“幸福课堂”的研究目标

通过构建和实施小学“幸福课堂”教学模式，试图实现几个突破：第一，由苦学课堂到温馨课堂的突破；第二，由教师课堂到学生课堂的突破；第三，由学会课堂到会学课堂的突破；第四，由知识技能课堂到综合发展课堂的突破。具体目标如下。

1. 理论研究。定义“幸福课堂”，确立“幸福课堂”的核心价值，探寻“幸福课堂”的课堂文化内涵。

2. 实践操作。构建“幸福课堂”的基本框架，各学科在基本框架的规范下实现“变式”，形成具有学科特色的“幸福课堂”教学模式。

3. 总结推广。提炼出“幸福课堂”理论成果和实践成果，为南海的“高效课堂”提供可借鉴的改革经验。

四、“幸福课堂”的核心价值与基本要素

《幸福的方法》作者沙哈尔认为，幸福是“快乐与意义”的结合。快乐代表现在的美好时光，属于当前的利益；意义则来自于目的，属于未来的利益。因此，我们将“幸福课堂”的核心价值确立为“当下愉悦，持续发展”。“当下愉悦”即创设有利条件，提供多重机会，关注学生在学习过程中所获得的愉悦感和成功感，从而使学生喜欢学习、喜欢课堂。“持续发展”即学生在愉悦的学习氛围中获得知识、形成技能、掌握方法、养成习惯、升华情感，为终身发展打下幸福的底色。在这一核心价值的引领下，“自主、平等、宽松、童趣、分享、满足、兴趣、思维、能力、情感”这十个基本要素成了体现“幸福课堂”文化内涵的关键词，详见表1。

表1　"幸福课堂"的核心价值与基本要素

核心价值	基本要素	具体表现
当下愉悦	自主	学生有主动学习的空间
	平等	教师包容学生不同的意见和观点
	宽松	师生有笑容，课堂有笑声
	童趣	教学方式方法贴近儿童
	分享	师生、生生沟通交流充分
	满足	不断进步就是优秀，学生能获得内心成就感
持续发展	兴趣	学生有持续的学习兴趣
	思维	学生思维的灵活性、深刻性、逻辑性、批判性、广泛性得到培养
	能力	学生的表达、独立解决问题、合作交流、评价判断等能力不断增强
	情感	学生学会欣赏、包容、帮助、敬畏、感恩……正确的幸福观不断形成

五、"幸福课堂"的基本流程

以体现"幸福课堂"的核心价值为旨归，我们探索出四步式的"幸福课堂"教学流程，如图1所示。

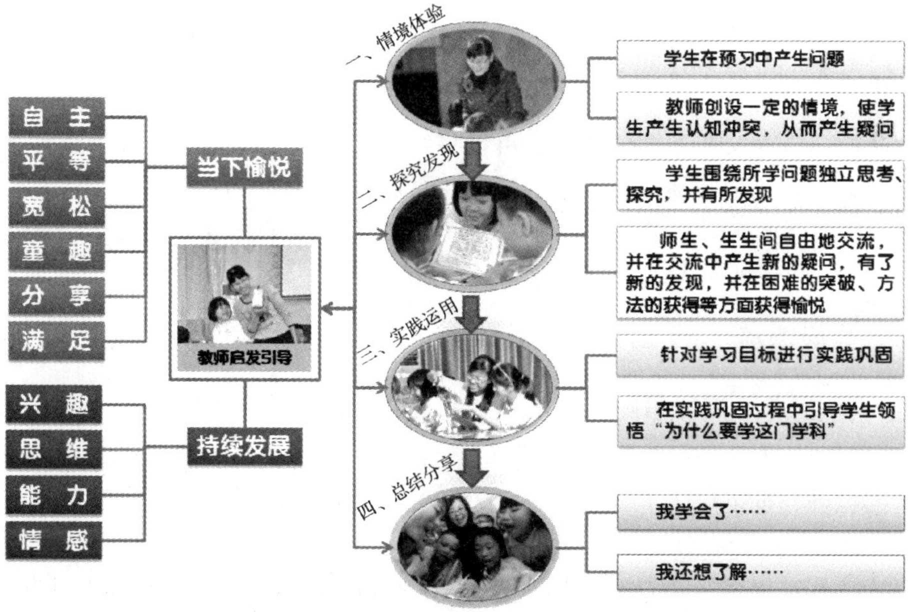

图1　四步式"幸福课堂"教学流程

在课堂教学中，教学过程按四步进行，即“情境体验—探究发现—实践运用—总结分享”。具体说明如下。

1．情境体验。情境体验主要是引导学生在问题情境中走进课堂。其做法可以是学生在预习中产生问题，也可以是教师根据教学内容和学生年龄特征、认知水平，创设一定的情境，使学生产生认知冲突，从而产生疑问。譬如，学习小学语文《梦想的力量》，教师先让学生说说自己的梦想是什么，拉近了文本与现实的距离，然后让学生提出在预习中所产生的疑问。学生所提的问题五花八门，有的学生问为什么非洲这么缺水，有的学生问为什么瑞恩要给非洲孩子挖井，有的学生问梦想的力量有多大，有的学生问为什么题目是“梦想的力量”而不是“了不起的瑞恩”。教师通过梳理和筛选，引导学生集体聚焦于“梦想的力量有多大”这个核心问题上。

2．探究发现。学生借助“幸福学习单”进行以小组合作为主要方式的探究学习，围绕核心问题，师生、生生间自由地交流，在交流中得出结论，同时在困难的突破、方法的获得、人际交往互动等方面获得愉悦感和成功感。在《梦想的力量》教学中，教师围绕着“梦想的力量有多大”这个核心问题，引导学生运用“思—讨—享”的小组合作策略，学习抓住关键事件和重点词语理解梦想可以激励自己、感染他人、拯救生命。在探究发现的过程中，教师充分尊重学生的主体地位，在致力解决核心问题的同时，也应兼顾学生之前提出的其他问题，甚至鼓励学生发现新的问题。

3．实践运用。引导学生对所学知识进行实践运用，以培养学生的综合能力。从《梦想的力量》一文的学习中，学生逐步领悟到作者是通过关键事件来表达“梦想的力量是强大的”这个中心的。于是，教师可用“________的力量”为题目，引导学生回忆生活中难以忘怀的事情，进行语言实践运用。

4．总结分享。“知识技能的课堂”向“综合发展的课堂”转变是“幸福课堂”的明显特征之一。在总结分享环节，学生分享本节课的收获，可以从知识、技能方面分享，也可以从情感、人际交往方面分享，还可以将给自己带来幸福感的一个小镜头拿出来分享……通过分享，每个同学都能够从学习中得到愉悦感和成功感。

以上教学流程形成“幸福课堂”的基本“定式”，根据每一学科、每一节课、每一班级的不同特点，教师可在此基础上创新出多种多样的教学“变式”。

六、“幸福课堂”的基本操作策略

（一）“幸福点”挖掘策略

“幸福点”的挖掘，是“幸福课堂”的重要策略。“幸福点”挖掘的方式之一是课前预设，要求教师在教案中除了确定“重点”“难点”之外，还必须结合学科、教材和学情预设“幸福点”；“幸福点”挖掘的方式之二是课中生成，教师在教学过程中不断关注学生的个体差异，积极捕捉学生的闪光点，将个体的闪光点转换为集体的“幸福点”。

1．营造宽松与愉悦的课堂氛围。

我校谢素霞老师执教的英语课 *Seasons*，可谓先声夺人，戴上青蛙头饰，学着“呱呱呱”的青蛙叫，蹦蹦跳跳地进入教室，挥手跟同学们热情地打招呼：“Hello，Boys and girls!"看见可爱的"大青蛙"，孩子们争先恐后地向她打招呼，热情地说："Hello，froggie！Hello，froggie！""大青蛙"对孩子们的热情表示感谢："Thank you！I am very happy！I have a song for you！"随后，"大青蛙"打开视频，带领学生伴随音乐唱歌跳舞。

创设学习情境，是英语学科挖掘"幸福点"的常用手法。谢老师依据教学内容，结合低年级学生的认知特点，借助学生喜欢的卡通形象来导入新课，学生带着愉悦的心情进入学习。在这样的氛围中，孩子们学习的积极性被充分地调动起来。随着欢快的节奏，学生舞动着身体；随着跳跃的音符，学生的思维也活跃起来。时间在宽松愉悦的课堂中，不知不觉地流淌。

2．珍视学生敏感而独特的个人感受。

邓倩茹老师在指导学生学习语文课文《卖火柴的小女孩》时，没有对课文进行烦琐分析，而是用"我们从哪些词句中感受到这是一个可怜的小女孩"这个问题巧妙地引领学生主动探究。同学们交流答案的过程即是生成"幸福点"的过程，从"我认为""我还有补充""我有不同意见"等学生争先恐后的回答中，探究的过程本身成为"幸福点"。学生不仅从"天气的冷""人情的冷""折磨人的饿"三方面总结出小女孩的可怜，对环境描写、人物细节描写等写作手法有了深刻的理解，而且也体验了探究的成功和分享的乐趣。

课堂中，教师通过有价值的提问，启发学生思考，帮助学生自主探究新知，同时，又给学生留有充足的时间，让学生充分表达，学生在个体观点得到尊重的交流中，会表现得越来越积极，越来越投入，越来越自信。

（二）"三维转变"策略

过于关注"教"，过于关注"知识"，过于关注"结论"，是传统课堂教学的三大通病。而教育的实质是：学比教更重要，思维能力的提升比掌握已有的结论更重要，对所在世界的深层理解比获得知识更重要。"三维转变"策略，旨在打破传统，回归教育的本质。

1．变关注"教"为关注"学"。

以人教版三年级语文上册《陶罐和铁罐》为例，说明教学方式改变所带来的"幸福课堂"魅力，详见表2。

表2　"关注教"与"关注学"课例对比

"关注教"的学习方式	"关注学"的学习方式
1．读课题，了解陶罐和铁罐	1．读课题，了解陶罐和铁罐
2．研读课文，体会陶罐的谦虚和铁罐的骄傲	2．读陶罐和铁罐的第一次对话，发现品读陶罐谦虚和铁罐骄傲的方法
3．思考：假如你是陶罐子，你被人挖出来后没见到铁罐，你会说些什么	3．运用所发现的方法读陶罐和铁罐的第二和第三次对话，自主发现作者如何运用语言、神态把人物的性格特点写具体的方法

续上表

表2　“关注教”与“关注学”课例对比

“关注教”的学习方式	“关注学”的学习方式
4. 写话：假如当年你是国王御厨里的厨师，看见两个罐子在吵架，你最想说什么	4. 写话：运用学到的人物描写的方法写一段对话
5. 小结：这节课你懂得了什么道理	5. 小结：这节课你学会了哪些方法？你是怎样学会的

从上述例子可以看出，以往的学习方式，学生在学完课文后，结果是知道了陶罐很谦虚，铁罐很骄傲，并且受到了思想教育。但是，学生在学习完课文后，能够学会什么呢？这个问题很多教师不会去“较真”。学习方式的转变，使教师更关注学生学习方法的“习得”与知识的“迁移运用”。第2个环节通过让学生品读第1次对话，引导学生发现如何品读陶罐谦虚和铁罐骄傲的方法；第3个环节放手让学生运用所学的方法自学第2、3次对话，学生可以在实践中加深对阅读方法的认识，进而掌握这种阅读方法；第4个环节的写话练习，要求运用学到的人物描写的方法写一段话，学生自觉地把所学方法迁移到自己的表达当中，达到了让学生“会学”的目的。

2. 变关注“结论”为关注“思维”。

以人教版数学四年级下册《乘法分配律》来说明传统课堂教学与“幸福课堂”的区别。

传统课堂教学中，教师常常以例题为蓝本，计算“25×4+25×6”和“25×(4+6)”分别是多少。通过计算，得知两道算式的得数都是一样，从而推导出“乘法分配律”指的是什么。为了提高学生的应试能力，教师还会设计出很多练习，诸如判断题、计算题等，使学生巩固乘法分配律的运算。

其实，这节课上，还有一个更深层的问题值得探究：乘法分配律为什么成立？这就涉及乘法的意义与性质，教师只有引导学生把乘法分配律与乘法的意义、性质紧密相连，学生才能够真正理解乘法分配律。

在“幸福课堂”中，教师出示例题，让学生用两种方法列综合式解答，然后探讨第一道算式和第二道算式每一步所表示的意义，最后得出方法1和方法2都是求什么，最终通过对比，掌握了乘法分配律的意义。

这样的设计，打通了新知“乘法分配律”与旧知“乘法的意义与性质”之间的联系，关注学生思维的发展，使学生不但知道乘法分配律是什么，而且更深层次地理解了乘法分配律为什么可以成立，成立的前提条件是什么，从表层的概念阐述走向了深层意义的理解。

3. 变关注“知识”为关注“文化”。

人教版语文五年级下册《梦想的力量》的传统教学，其教学重点是理解题目的含义，感受瑞恩的善良与执着。因此，教师更多的是引导学生说说哪些地方是深受感动的，然后引导学生变换多种方式朗读课文。一节课结束后，学生仅停留在“很感动”这个层次。

可是，当一篇文章学完后，教师有没有深入地思考，学生阅读了文章，能否对他将来的人生产生影响？是"知道了什么"重要，还是"知道了要怎样做"重要？很明显是后者。直面人类的现实生活是语文的特性，因此，把知识的学习回归到人的生活世界中，这样的学习才能更有意义。"幸福课堂"则向"学科文化"靠近了一步，在理解课文内容，懂得了美好的梦想可以激励自己、感染他人、拯救生命之后，再引导学生回归到现实生活。有了梦想，是否一定实现？要实现梦想需要怎样做？要是通过努力，最终梦想都没有实现，该怎样办？课堂教学不但关注了知识、技能，更关注了学生的综合发展，从而为学生正确的人生观、世界观的形成奠定良好的基础。这样，课堂教学回归到了学习的最根本目的。

（三）合作探究策略

从人的成长角度看，让教育多点"未完成性"，多点"未知性""不确定性"恰恰是教育的真正回归。儿童成长中的天性尤其以自主、探究、创造为重，因此"幸福课堂"强调把学习的时空最大限度地交还给学生，让学生在学习中产生新的问题，形成新的想法；让学生直面困难，通过团队合力解决问题，从而享受成长所带来的快乐。

1. 使用幸福学习单。

"幸福学习单"的设计与使用是有效开展"幸福课堂"教学的又一有效策略。所谓"幸福学习单"，有别于传统意义上的导学案或练习题，是教师围绕教学重点、难点设计问题，学生在问题的指引下进行小组合作探究学习的工具。学习单的运用，既突出了学生的主体地位，也使学习目标更为明确，课堂更具有实效性。

如学生利用幸福学习单进行《草房子》课外阅读，在阅读中掌握知识，形成能力。下为《草房子》阅读学习单。

《草房子》阅读学习单

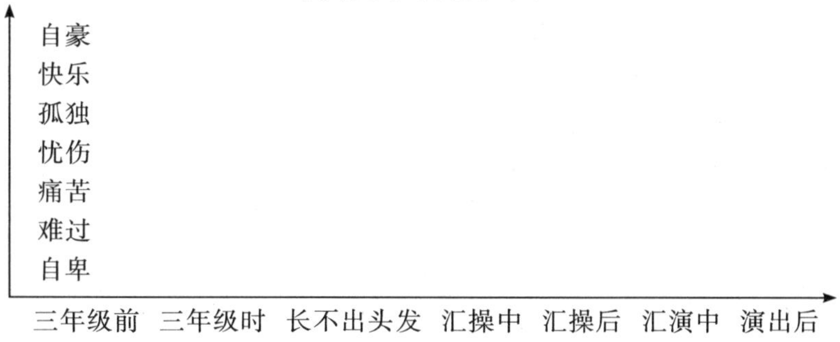

我的发现：____

提示：在横坐标上写时间，在纵坐标上写秃鹤的心理感受，然后找出相应的坐标点，将坐标点连成一条曲线，写写你的发现。

图 2

学生在制作人物心理历程线路图时一步一步走向秃鹤的心灵深处，体会到秃鹤内心隐藏的痛苦和快乐，发现了成长路上痛苦和美丽总是紧紧相随。在学生完成学习单后的交流讨论过程中，我们发现成长的不仅是秃鹤，还有读书的学生。

2．推行小组合作学习。

合作学习有利于改善课堂心理氛围，促进学生形成良好的非认知心理品质，使他们在个人和小组的共同努力下感受到成功、发展的快乐，使他们从学习的内部获得学习的动力，享受学习的快乐。小组合作学习有以下几个主要策略。

思—探—展：在学生独立思考的基础上，由组长组织组员互相讨论、互相补充完善，最后指定组员把小组的成果展现出来。

轮流说：由组长组织组员就某一话题分别发表自己的意见，不要求标准化的答案，只要求人人说，照顾不同个性的学生，给少说话的组员表达意见的机会。

结果展示：由教师根据题目的难易程度，在小组讨论学习后指定同学展示讨论的结果，使能力稍高的组员能够关照到整组同学，促使组员能够带着任务互相交流，提高小组合作交流的效率。

专家小组：由教师根据题目的难易程度，把相同水平的同学临时组成小组，小组成员要协同努力，完成共同的任务后回到自己原来的小组，把专家小组的成果于小组内分享，在分享交流中从同伴的身上得到启发。

"幸福课堂"构建了实施操作的总体框架，针对幸福的多元性特点，我们鼓励教师结合具体学科、具体的教学内容和具体班级，实现学科及教师个人的各自"变式"。

七、"幸福课堂"的支持条件

为了更好地推进"幸福课堂"模式的构建和实施，我们联合华南师范大学教科院专家团队，制定了"幸福课堂"评价指标体系、教师校本培训体系及制度建设体系三大支持系统。"幸福课堂"评价指标体系为教师指明了研究的方向，为帮助教师进行教学质量反馈发挥了积极的作用；通过系列校本培训，加强了教师对"幸福课堂"本质的认识，引领教师沿着"发现问题—思考—实践—总结反思"教研之路前行；制度建设体系，强化了科组在"幸福课堂"研究中发挥合力的作用，使个人努力与团队努力相辅相成。

八、"幸福课堂"教与学的评价

"幸福课堂"的评价以"关注人的整体的和谐发展"为指向，既关注学生的发展，又关注教师的成长，在两者兼顾的同时凸显学生作为课堂主体在"幸福课堂"中的地位。

（一）教与学的评价原则

多元发展原则。"幸福课堂"评价要立足于学生多元的发展。课堂上学生不是教师表演的配角，而应该真正成为学习的主人。他们有充分学习的机会，敢于发表自己的见解，能够学会选用最适合自己的学习方式进行学习。

自主探究原则。"幸福课堂"评价要引导学生自主获得知识，使每位学生都能够在学习活动中有所收获，知识和能力得到发展，情感与智慧得到滋养。

整体关注原则。"幸福课堂"教学评价不能"近视"，不能只关注学生当下学习的知识和技能，要着眼于学生自我效能感的培养，使学生每节课都能感受到自我的存在，为将来走出校园后能够卓有成效地进行不断的自我学习奠定基础。

（二）教与学的评价指标

表 3 “幸福课堂”评价指标

班别________ 学科________ 授课老师________

一级指标	二级指标	评分细目及说明	总分	得分
课堂结构（5）	合理，不拖堂	复习或导入不超过 5 分钟，教师组织学生围绕目标进行学习、探究不少于 20 分钟，总结分享或练习不少于 10 分钟	5	
学生（50）	合作	（1）小组分工明确，有小组长、记录员、汇报员（5 分） （2）组员能在小组长组织下积极有序地开展合作探究活动（10 分）	15	
	分享	（1）参与面大，发言较踊跃（5 分） （2）交流讨论时能尊重同学，善于倾听别人的意见（3 分） （3）能比较真诚地向他人提出不同的意见或做适当的补充（8 分） （4）发言声音响亮，表达清晰流畅（4 分）	20	
	展示	（1）组内展示充分、有序；组间展示竞争充分，规范有序（5 分） （2）能阳光自信地向同伴展示合作探究的成果（10 分）	15	
教师（30）	学习目标	（1）学习目标全面、具体、准确（5 分） （2）能紧密围绕教学目标开展教学（2 分） （3）能适当进行幸福观的渗透（1 分）	8	
	问题设置	合作学习的问题设置具体，明确恰当（2 分）	2	
	教学流程	（1）情境体验、探究发现、实践运用、总结分享等环节清晰（3 分） （2）精心安排合作学习的最佳时机，合作探究充分（2 分） （3）课堂结构符合学科特点，学科味浓（5 分）	10	
	组织调控	（1）能营造民主、和谐、愉悦的学习氛围（3 分） （2）能用“不断进步就是优秀”的标准鼓励学生积极参与（2 分） （3）课堂上师生有笑容和笑声（2 分） （4）活动时间分配合理，老师讲解时间不超过 15 分钟（3 分）	10	

续上表

一级指标	二级指标	评分细目及说明	总分	得分
效果（15）	目标达成	（1）学生有围绕学习目标进行当堂训练，目标达成率高（3分） （2）学生对学习保持比较浓厚的兴趣（5分） （3）有良好的思维习惯（5分） （4）在学习中逐步学会包容、敬畏、感恩、帮助……（2分）	15	
合计				

简评：

著名教育家赞可夫说：“当教师把每个学生都理解为他是一个具有个人特点的、具有自己的志向、自己的智慧和性格结构的人的时候，这样的理解才有助于教师去热爱儿童和尊重儿童。”除以上评价指标外，我校的“幸福课堂”直面学生所存在的个体差异，特别强调以“不断进步就是优秀”重新定义“优秀”的标准，进而体贴、尊重和欣赏每一个生命个体，以最纯朴、最温柔、最善良的方式去对待每一个鲜活的生命，帮助孩子不断地发现自己学习和生活中闪光的一面，使每一个孩子在课堂上都能够感受到自己生命的存在，感觉到自己生命存在的不断优化。

九、“幸福课堂”的影响与推广情况

在华南师范大学专家组的引领下，“幸福课堂”研究至今已走过了4个年头。我们在构建与实施“幸福课堂”的过程中，理论和实践两方面均取得了收获，得到了社会的广泛肯定与教育主管部门的高度评价。

1. 参与面广，受益者众。罗村实验小学所有学科115位老师均参与了“幸福课堂”的实验。4年来，全校提供了80多节研讨课、示范课。全体老师在“幸福课堂”研究中接触了先进的教学理念，并用先进理论指导教学工作，教学能力和教研水平均得到提升。

2. 学生受益，能力提高。罗村实验小学“幸福课堂”的构建，既关注学生的知识与能力，又关注学生情感与智慧。全校近2 000名学生是“幸福课堂”最大的受益者。他们在自主学习中探究、发现、构建、生成，成为真正的学习的主人，2013年，我校100%的毕业生顺利被各实验中学录取，其中潘苏月同学获南海实验中学入学考试第一名，刘源获第三名，有7位同学进入南海实验中学前五十名。“幸福课堂”的成功构建助力学校实现“罗实学子，学得优秀，学得快乐”的办学目标。

3. 学校发展，影响扩大。一直跟进我校“幸福课堂”研究的华南师范大学教育科学院副院长葛新斌教授对幸福课堂寄予厚望，盛赞罗村实验小学的“幸福课堂”将真正成为“幸福教育”的强劲心脏。2013年12月，我校各学科参加南海区高效课堂评估，以

98.8%的优良率通过了区高效课堂评估并被评为南海区首批"高效课堂示范学校"。在高效课堂评估总结会上，区教研室党朝亮主任对我校"幸福课堂"给予了高度评价，称罗村实验小学"幸福课堂"特色明显，小组合作的深入开展很好地诠释了高效课堂的内涵，课堂教学研究总体上处于高水平、高速发展状态。2014年5月21日，我校彭庆甜校长在南海区课程开发与实施工作会议上，作为小学唯一代表汇报了我校"幸福课堂"的做法，得到省、市、区领导的高度肯定。

4. 多方公认，影响面广。幸福课堂研究成果获得了家长的广泛支持和媒体的热烈追捧。幸福课堂的研究成果《幸福课堂：核心价值、操作体系与评价指标》发表在《现代教育论丛》杂志2013年8月第4期上。2014年4月22—25日，罗村实验小学向全体家长举行了为期4天共7场的"幸福课堂"开放活动，全体家长到校参加了我校"幸福课堂"展示活动。课堂上孩子们自主、合作、探究，灵动的表现深深打动了家长，得到了广大家长的高度评价。110班何丽莹家长参加了"幸福课堂"展示活动后激动地说："这是一次很有意义的探索。幸福课堂能调动孩子的积极性，从根本上颠覆了老师主宰课堂的传统。希望幸福课堂可以一直延续下去，给孩子们一个幸福的童年。"2014年4月30日《广州日报》对我校"幸福课堂"做了专题推广报道。

十、"幸福课堂"研究与实施过程中的困惑、反思及对策

"幸福课堂"尽管取得比较显著的成效，但也存在不足，需要从以下几个方面改进与提升。

1. 争得家长支持。拟广泛咨询家长的意见，使广大家长成为"幸福课堂"研究的一分子，从而改变家长过于关注学业成绩的状况，使家长更加支持"幸福课堂"的构建。

2. 提升教师素养。"幸福课堂"的研究，使课堂教学更加开放，这对教师的专业水平和专业素养提出了更高的要求。拟继续聘请华南师范大学教师团队加强对教师进行专业培训，促进教师专业提升。

3. 丰富课堂文化。"幸福课堂"除了要求教师比较灵活地运用教学模式外，更加关注学生高层次思维水平的发展和创新精神的培养，真正体现以学生为主体的课堂文化，这些都需要我们继续探索和实践。

执笔人：彭庆甜　吴晓如

课堂实录一

妈妈的账单

邓倩茹

【教学内容】义务教育课程标准实验教科书《语文》（人教版）三年级下册。

【教学目标】

1. 能准确、流利地朗读课文，学习默读课文。

2. 能初步把握课文内容。

3. 能从妈妈的账单中体会到母爱的无私和无价，懂得要回报父母的爱。

【教学重点】读懂课文内容，发现两份账单的不同，理解妈妈的账单的含义。

【教学难点】理解妈妈的账单中“0”芬尼的含义，体会母爱的无私与无价。

【幸福点】能从账单的比较中发现母爱的伟大，感受自主阅读、自主探究、发现的幸福。

【教学过程】

一、情境导入，认识账单

师：同学们，你在生活中见过账单吗？

生：见过。

师：哪位同学告诉我，你在生活中的哪些地方见过账单？

生：我在饭店里面见过账单。

师：老师今天也给同学们看一张账单（出示PPT）。这是我买外卖的时候，服务员给我的一张账单。这里记录了我所要买的东西和我所需要付的钱。你看，记录这两样的单子，就叫什么呀？

生：叫账单。

师：真聪明。今天啊，我们来学习一个关于账单的故事。同学们一起读课题——

生：妈妈的账单。

师：读完整，20，读——

生：20　妈妈的账单。

师：伸出手指头，跟老师一起板书课题。20——

生：妈妈的账单。

师：同学们请注意了，“账”字是什么部首？

生：贝字旁。

师：你们知道吗？古时候的钱都是与什么有关系啊？

生：贝壳。

师：嗯，对了，与贝壳有关系。所以“账”字是——

生：贝字旁。

师：好，我们一起来齐读课题。

生：20　妈妈的账单。

二、朗读课文，感知内容，设疑激趣

师：这篇课文讲了关于妈妈的账单的一个怎么样有趣的故事呢？同学们你们想去读课文吗？

生：想！

师：请看要求。①读准字音，读通、读顺课文；②遇到难认、难读的词语可以拿出笔圈起来。可以做到吗？

生：可以。

师：好，开始吧。

（学生自由读课文，教师巡视、提醒）

师：现在，组员之间帮一帮，教同学把不会读的读准确，好不好？

（学生组内解决词语，教师巡视、点评）

师：下面，老师要考考你们，看看你们是不是真的都过关了。火车，火车哪里开？

生：这里开，这里开。

师：其他同学当什么呀？当小老师，看看他有没有读错。开始。

（学生齐读教师出示的难读词语）

师：同学们请看，现在邓老师把这些生字词全都送进课文里面。现在我相信，你读第二遍的时候肯定比第一遍读得更正确、更流利。我看哪个组完成得最棒！

（学生第二次自由读课文）

师：考考你，这篇课文主要讲了什么事情啊？首先，在概括主要内容之前，我们要弄清楚这篇课文的主角是谁。这篇课文讲了谁啊？

生：写了小彼得和他的妈妈。

师：真棒！请坐，谢谢你。那这篇课文写了小彼得干了什么？而他的妈妈又干了些什么呢？小组内先说一说。

（学生组内自由交流课文的主要内容）

师：这篇课文主要讲了——

生：这篇课文主要讲了小彼得想要向他妈妈索取他每天帮妈妈做事的报酬，然后，他开了一张账单给妈妈，然后，他的妈妈也开了一张账单给小彼得。

师：谁来补充？谁来帮帮他？你来，最后怎么样？

生：最后小彼得羞愧万分，就偷偷地把钱塞到妈妈的口袋。

师：就是说，最后小彼得怎么样啊？

生：就是把钱还给妈妈。

师：嗯。你们看，讲主要内容，我们要学会抓住主要人物和关键的词语，就能把课文内容讲流利、讲得有条理。谁愿意再试试？请你。

生：课文主要讲了小彼得开了一张账单给他妈妈索取他的报酬，后来妈妈也列了一张账单，可是妈妈写的全是0芬尼。最后，小彼得看到了妈妈的账单，感到羞愧万分，是因为他感受到了父母的爱是不能用金钱代替的。最后，他就把钱还给了妈妈。

师：嗯！也就是最后小彼得把钱——

生：还给了妈妈。

师：掌声送给她。（全班鼓掌）

师：同学们，有人说，读书的时候，大疑则大进，小疑则小进。读课文的时候，你有什么疑问？提出来。你来说。

生：我的问题是：为什么小彼得还钱的时候是蹑手蹑脚的？

师：真会提问题，还有吗？这位女同学，你来说。（教师边说边板书：为什么蹑手蹑脚？）

生：为什么小彼得要小心翼翼地把钱塞到妈妈的口袋，而不是光明正大地放进去呢？

师：还有吗？（教师边说边板书：小心翼翼？）

生：我想问，为什么小彼得最后会感到羞愧万分。

师：还有吗？你来提。（教师边说边板书：羞愧万分？）

生：为什么妈妈写那份账单的时候一句话也没说呢？

……

师：你看，能提出这么好的问题，证明你们都认真读课文了。

师：好了，我们要解决这些问题啊，可得要走进课文去学习。邓老师想问啊，小彼得列了一份怎么样的账单给他的妈妈呢？你们知道吗？

生：知道。

师：好，我们来看。（出示彼得账单）我们一起来读读彼得的账单。开始！

（学生齐读小彼得的账单）

师：刚刚同学们提了很多疑问，老师也来提一个：小彼得为什么要给妈妈列这样一份账单呢？

（几个学生举手）

师：嘿，很多同学都还不知道。现在，请同学们找出答案，告诉我。

（生自由默读课文，找出相关句子，读完举手）

师：啊，都知道啦？真好，待会回答的时候声音响亮一点哦。其他同学认真听，看他的答案跟你的是不是一样。

生：彼得列账单的原因是他觉得自己也渐渐地变成了一个小商人，也想开一张账单给他妈妈。

师：也就是说，小彼得觉得自己是一个——

生：小商人。

师：还有补充吗？

生：小彼得给他妈妈列账单的原因是因为想索取他每天帮妈妈做事的报酬。

师：哦，他给妈妈列账单的原因是什么呀？

生：索取他每天做事、帮妈妈做事的报酬。（教师板书：报酬）

师：做事情要妈妈给钱了，是吧？（教师板书：索取）索取报酬。妈妈有没有满足小彼得的愿望啊？

生：有。

师：你从课文的哪个词语知道的？口说无凭啊，找依据。好，你来说。

生：我找到了一个词语，如愿以偿。

师：如愿以偿是什么意思呢？读课文的时候，你能读出这个词语是什么意思吗？你来说。

生：如愿以偿的意思就是自己做了，自己想要这样，可是呢，最后自己也满足了自己。

师：那这中间不是用“可是”。我们想要的，最后怎么样啊？

生：得到满足了。

师：得到满足了，这就叫——

生：如愿以偿。

师：那文中讲了小彼得他想要——

生：钱。

师：那他最后得到了吗？

生：得到了。

师：这就叫——

生：如愿以偿。

三、探究发现，实践运用，感受母爱

师：看到小彼得的账单后，妈妈一句话也没说，她同样给彼得列了这么一份账单。请同学们读一读这份账单。

（学生齐读妈妈的账单的内容）

师：这跟彼得列的账单有什么不同呢？（出示两份账单）请同学们对比着读一读。我们不着急回答。男同学读彼得的账单，女同学读妈妈的账单。

（男女生分读彼得的账单和妈妈的账单）

师：同学们读得这么响亮，老师也想跟同学们合作读一读。可以吗？

生：可以。

师：那我来读妈妈的账单，你们来读彼得的账单。你读一句，我读一句。好不好？

生：好。

师：母亲欠他儿子如下款项，读。（师生合作读妈妈的账单和彼得的账单）

师：同学们，我们来看看，彼得的账单和妈妈的账单有什么不一样呢？我们下面进行小组合作。请看屏幕或你的学习单（一）。两张账单有什么不同呢？第一步，用笔圈一圈——请在两张账单上圈出不同。第二步，比一比——请你列出不同点，例如彼得的账单是怎么样的，而妈妈的账单是怎么样的。认真的同学还会找到不同点二，更聪明的还会找到三、四。最后一步，想一想——读了妈妈的账单后，你觉得妈妈是怎么样的？静静思考，开始。

（学生独立思考以上问题，教师巡视、提醒）

师：下面我们进行下一步，把你的思考跟别人分享一下。下面我们进行小组2、4、3、1的方式轮流说。1号带动话题进行讨论、总结；2号表达意见，回应组员；3、4号表达意见，回应组员。我们讨论的时候要靠近中心点，小声地讨论。开始吧。

（配乐，学生组内讨论，教师巡视、提点）

师：现在我们一起来分享一下。这两份账单有什么不同吗？你发现了什么？

生：彼得的账单上面写，开头的两个字是彼得，妈妈的账单开头两个字是妈妈。

师：啊，你真会发现，从文字上发现不一样。还有吗？你说。

生：我找到了彼得的账单是要付钱的，而妈妈的账单是不用付钱的。

师：嗯，你真棒！你从报酬上找到了不同是吧？（教师板书：报酬）彼得的账单是要钱的，那一共是多少钱啊？

生：彼得的要60芬尼。（教师板书：60芬尼）

师：对，他要妈妈多少钱？

生：60芬尼。

师：而妈妈的呢？

生：而妈妈不要彼得的钱。

师：嗯，那她写的是？

生：0芬尼。（教师板书：0芬尼）

师：嗯，从报酬上比较不同。还有吗？你还有别的发现吗？

生：彼得写的事情是每个孩子都应该做的。彼得做的事是非常容易的，而他母亲做的事是非常困难的。

师：你能跟我说说彼得做了些什么事很简单，而妈妈做了哪些事是不容易的吗？举例子说一说。

生：比如说取回生活用品。这是小孩子都应该做的，不用钱的。

师：还有别的吗？再举例。

生：比如送挂号件也是很容易的，走过去就能够做到的。把挂号件送往邮局是直接跑步过去就行了。

师：哦，就是说彼得做这件事情需要的时间是——

生：很少的。

师：好，老师把它板书下来。（师板书：时间短）彼得做的事情需要的时间是，很少的、很短的。而妈妈的呢？谁来补充？你说，声音响亮一点哦。

生：我的补充是，妈妈为他十年中的吃喝是很不容易的。

师：也就是说妈妈做这些事情需要的时间是——

生：很长的。

师：要多少年啊？

生：十年。（教师板书：十年）

师：妈妈十年里，每个月，每一天，为了彼得能过上幸福的生活，一直坚持为彼得做着。坚持了多少年？

生：十年。

师：你能带着你的理解去读读妈妈的这份账单吗？

（让一名学生读妈妈的账单的内容）

师：现在我们从报酬和时间上发现了这两份账单的不同。还有别的发现吗？你来说一说。

生：我的发现是，妈妈的账单列出来是值得的，而彼得的那份账单是可以不列出来的。

师：为什么这么说呢？

生：因为妈妈列出来了，你看，她十年那么久了也不容易，一定要让彼得知道她对彼得的爱到底有多深。如果不列的话，彼得长大之后，会不会对自己孝顺呢？而儿子彼得的账单，上面写的都是力所能及的。自己既然能做，那么为什么现在不靠自己的四肢帮助爸爸妈妈呢？

师：哎呀，老师真的情不自禁地要拥抱你。你回答得真棒！把掌声送给她。

（学生鼓掌）

师：就是妈妈这十年来做的事情是非常的怎么样啊？

生：不容易的。

师：不容易的，而且为彼得做得非常——

生：多。（教师板书：多）

师：而彼得做的事情却是非常的——

生：少。（教师板书：少）

师：从事情上去比较一下（教师板书：事情），你刚刚读出了妈妈写这张账单的用意，你真棒！按你的理解，你能给我们读读妈妈的账单吗？

（学生独自读妈妈的账单）

师：同学们，你们觉得在这十年里，妈妈为了彼得的吃喝，都做了些什么呢？谁来补充？你觉得妈妈都做了些什么？你来说一说。

生：妈妈会费很多的力气来照顾他，而且彼得一直只是个听话的好孩子。

师：妈妈还会做些什么呢？能具体说一说吗？好，你来说一说。

生：妈妈会在彼得晚上睡觉踢被子的时候，帮彼得把被子重新盖上。

师：妈妈整宿没睡是为了给彼得盖被子，是吧？

生：嗯！因为妈妈觉得彼得是她一生的心血。

师：是啊，你妈妈肯定也是这样待你的是吧？

生：是啊，我晚上总会踢被子。

师：哎哟，你真不好，这是坏习惯啊。你觉得妈妈会做些什么？你说。

生：在彼得饿的时候，妈妈会弄一些好吃的食物给彼得吃。

师：哎，妈妈为我们的吃喝可是辛劳地付出着。同学们，对比完彼得和妈妈这两份账单的不同以后，你觉得，在你心目中，这是一个怎么样的妈妈？

生：在我心目中，这是一个慈爱的妈妈。

师：好，还有吗？这个妈妈是怎么样的？说具体一点。

生：这个妈妈是勤劳又不怕苦的。

生：我觉得这个妈妈是一位不容易的妈妈。

生：这个妈妈是一个苦口婆心的妈妈。

生：我觉得这个妈妈是无私的妈妈。

师：为什么说她无私？谁来补充。

生：因为她账单上面写的是十年，那么可以看出，妈妈对彼得的爱是无私的。

师：是啊，而且她上面写的都是——

生：0 芬尼。

师：妈妈的爱是不求——

生：不求金钱的，不求回报的。（教师板书：不求回报）

师：同学们，经过这两张账单的比较以后，我们可以来看刚刚板书的疑问，妈妈的账单为什么写0 芬尼呢，现在，我想大家都已经知道答案了吧。你来告诉我，为什么妈妈的账单上写0 芬尼？

生：因为她觉得母爱是不该用钱来代替的。

师：回答得非常好。你来补充。

生：因为她想用她的爱来打动小彼得。

师：哎呀，你真懂妈妈的心。

生：因为她想让彼得知道妈妈是多么地爱他。

师：是呀。同学们，你能按照你的理解，读读妈妈这份充满爱的账单吗？

（配乐，学生感情朗读妈妈的账单）

师：谁相信自己能读得更好？读出妈妈的爱。

（配乐，让一位学生感情朗读妈妈的账单）

师：同学们，一起来读读，一起来感受一下妈妈这份充满爱的账单。

（配乐，全班齐读妈妈的账单，教师指导跟读）

师：当彼得看到妈妈的账单的时候，他有什么反应啊？谁知道？

生：他感到羞愧万分。

师：请全班一起来读一读最后一段。

（全班齐读最后一段，教师指导跟读难词）

师：究竟彼得在读妈妈的账单的时候想到了什么让他羞愧万分呢？可能，小彼得读着读着想到了吃牛排的时候，妈妈总会把最好、最大的一块留给自己；读着读着，想到了放学了，下课铃响了，妈妈已经早早地在教室门口等待着。读着读着，小彼得还想到些什么呢？读着读着，小彼得觉得自己怎么样呢？拿起你的学习单，快速想一想吧。（学生根据学习单的内容，独立思考，教师巡视指导）

师：谁知道小彼得想到了什么？好，你来说一下。

生：读着读着，小彼得有可能想到了他上课的时候，老师把他的试卷发下去，他考砸了，不过妈妈一直叮嘱他，相信他一定会考好。

师：那么读着读着，小彼得怎么样？

生：读着读着，小彼得觉得自己不应该这样向妈妈索取钱，因为妈妈是对他有爱的。

师：是啊，我们听到了一个非常支持儿子的妈妈和一个懂事的儿子。还有吗？

生：突然间下雨了，妈妈冒着雨为小彼得找伞。这时，小彼得觉得自己非常的羞愧，觉得自己不应该向妈妈拿那60 芬尼。

……

师：是啊，小彼得知错了，他羞愧万分。现在谁给老师读一读，读出你心目中的小彼得。谁愿意试试？好，请勇敢的你读一读。

（配乐，让一位学生读课文最后一段）

……

师：同学们，你们课前提了很多问题。我们刚刚解决了"0芬尼"。那么你们问为什么小彼得要小心翼翼地、蹑手蹑脚地把钱还给妈妈，你知道为什么了吗？

生：是因为明明知道自己错了，如果还是很大方地走过去还给妈妈的话，会让妈妈觉得他还没有知错。

师：你真了解小彼得。把掌声送给她。

（全班鼓掌）

师：小彼得觉得不好意思，知道自己错了。所以，他小心翼翼地、蹑手蹑脚地，明白了吗？那他为什么羞愧万分，知道了吧？

生：知道。（教师把已解决的问题画掉）

……

四、拓展延伸，总结分享，升华母爱

师：同学们，都说母爱是无私的。读到这里，我们是不是想说点什么呢？我想对彼得说，我想对彼得的妈妈说，我想对自己说，我想对自己的妈妈说。四选一，请你说一说，开始吧。

（学生自由说一说）

师：谁愿意说一说？你说。

生：我想对自己的妈妈说，妈妈，你是一棵大树，我是一只小鸟。无论如何，你变成什么样，我都会陪在你的身边。

师：哎哟，如果我是你的妈妈，我听了真感动。还有吗？

……

师：妈妈肯定是为了你好啊，是吧？掌声送给他，真懂事。

（全班鼓掌）

师：好了同学们，现在我们懂得了妈妈的爱，更应该回报妈妈的爱。五月的第二个星期天是什么节日？

生：母亲节。

师：是啊，妈妈就是这样为我们无私地付出着。其实不只妈妈，爸爸也是这样的。我希望在平时，而不只是在母亲节、父亲节的日子里，你也能给妈妈、爸爸送上一个拥抱、一个祝福、一杯热茶，做一些你力所能及的事情。想必你的爸爸妈妈肯定会——

生：很高兴。

师：对啊。请我们一定要回报爸爸、妈妈对我们的爱！

【教学反思】

改变一点点，意味着在我们力所能及的范围内，在教育教学行动中做出改良，进行"微革命"。

学校幸福课堂正在努力实现四个突破，在这过程中，我庆幸能成为实践者。

1. 由苦学课堂向温馨课堂突破。音乐的渲染对于理解课文起着重要的作用。在朗读妈妈的账单时，我用柔和的音乐作为烘托，采用了个人读、师生对读等多种朗读形式，在朗朗的读书声中，母爱在孩子的心田里自然流淌。

2. 由教师课堂向学生课堂突破。这节课中，我能引导学生在梳理了课文的主要内容后，自主地提出问题，然后以小组合作学习的形式参与课堂教学活动，进行积极的自主探索。通过“比较妈妈的账单和彼得的账单有什么不同”，使学生始终处于自觉积极的学习状态之中，在不断探索中产生新的发现。

3. 由学会课堂向会学课堂突破。课堂教学不应只关注知识和结果，更要关注学生的学习过程。在引导学生通过“比较妈妈的账单和彼得的账单有什么不同”去感受母爱的无私时，我主要设置了幸福学习单，用学习单引发学生思考，在学生互相讨论、补充的过程中鼓励学生不断对文本、对老师、对同学的观点进行质疑，丰富了学生对文本的理解，培养学生高层次的思维能力。

4. 由知识技能课堂到综合发展课堂的突破。学习了《妈妈的账单》，孩子们不仅要能够感受妈妈对彼得的爱，同时要慢慢地为自己将来的生活树立起正确的世界观和人生观。我在课堂最后环节，设计了给课文留白，让学生设身处地地思考，小彼得读着读着，感到羞愧万分。他想到了，吃牛排的时候，妈妈总会把最好最大的一块留给自己；放学了，当下课铃响起时，妈妈已经早早地在教室门口等待着。读着读着，小彼得想到了……；读着读着，小彼得觉得自己……；读着读着，我觉得自己……拉近了文本与现实生活的距离。

我校语文幸福课堂的构建，把语文教学从窄小的范围中解放出来，更加直面人的情感、情趣、思维，给语文教学及语文教师更为广阔的天地。

附：20《妈妈的账单》幸福学习单（一）

表 4　母亲欠她儿子彼得如下款项

付出	报酬
取回生活用品	20 芬尼
把挂号件送往邮局	10 芬尼
在花园帮助大人干活	20 芬尼
彼得一直是个听话的好孩子	10 芬尼
共计：	60 芬尼

表 5　彼得欠他妈妈如下款项

付出	报酬
为在她家里过的十年幸福生活	0 芬尼
为他十年中的吃喝	0 芬尼
为在他生病时的护理	0 芬尼
为他一直有一个慈爱的母亲	0 芬尼
共计：	0 芬尼

两张账单有什么不同呢？

1. 圈一圈：请在两张账单上圈出不同。

2. 比一比：不同点一，彼得的账单________，而妈妈的账单 ______；不同点二，彼得的账单________，而妈妈的账单 ________……

3. 想一想：读了妈妈的账单后，我觉得妈妈________________

附：20《妈妈的账单》幸福学习单（二）

小彼得读着读着，感到羞愧万分。读着读着，小彼得想到了：吃牛排的时候，妈妈总会把最好最大的一块留给自己。 读着读着，想到了：放学了，当下课铃响起时，妈妈已经早早地在教室门口等待着；读着读着，小彼得想到了…… 读着读着，小彼得觉得自己…… 读着读着，我觉得自己……

图3

课堂实录二

找 规 律

黄海燕

【教学内容】义务教育课程标准实验教科书《数学》（人教版）一年级下册第88～89页内容。

【教学目标】

1. 通过观察、实验、猜测、推理等活动发现事物中简单的排列规律。

2. 培养初步的观察能力、分析能力和推理能力。

3. 培养探索数学问题的兴趣，发现和欣赏数学规律美的意识。

【教学重点】理解规律的含义，掌握找规律的基本方法。

【教学难点】能够表述发现的规律，并会运用规律解决一些简单的问题。

【幸福点】发现规律，创造规律。

【教学过程】

一、幸福导航——课前谈话，导入新课（在生活中感知规律）

师：老师发一串口令，你们用动作来完成。

师：摸摸头、捏捏鼻子、揪揪耳朵；又摸摸头、捏捏鼻子、揪揪耳朵。接下去你们该怎么做？

生：接着是摸摸头、捏捏鼻子、揪揪耳朵。

师：哇，你们真聪明，猜得很准。谁来说说你们是怎么猜到的？

生：我觉得是这样的，前面一直都是重复摸摸头、捏捏鼻子、揪揪耳朵，所以接下来就是这样。

（教师小结有规律的排列，并引出课题）

二、幸福探究（在探究中发现规律）

1. 观察发现。

师：你们看他们布置的教室多漂亮啊！他们是用什么来布置的呢？（出示图片）

生：他们是用彩旗、小花、灯笼来布置的。

师：它们之间有什么样的规律？请你们先仔细观察，然后把你的发现悄悄地告诉你的伙伴。

（学生互相说）

（教师让学生用自己的语言分享发现到的人物、灯笼和彩旗的规律）

2. 表达发现。

师：你们真是火眼金睛，发现了这么多的规律。好，我们先来看看小旗中的规律。谁先来完整地把小旗中的规律说一下。

生：小旗是按黄红黄红的规律排列。

师：彩旗是按照一面黄旗一面红旗一面黄旗一面红旗的规律排列，听起来怎样啊？

生：太麻烦了。

师：哦，太麻烦啦！孩子们请你们仔细观察，谁一直在重复排列啊！

生：我觉得是黄红黄红黄红彩旗一直在重复。

师：那也就是说彩旗的规律是一面黄旗一面红旗为一组重复排列。会说吗？现在请一位同学也像老师那样说一说彩旗的规律，好吗？

（请2～3名学生正确地表达彩旗的规律）

师：现在请你们把彩旗的规律跟你的伙伴说一说。

（学生互相说）

3. 研究规律。

师：我们知道了彩旗的规律，那么彩花、灯笼还有人物中又是以谁为一组重复排列的？好，请孩子们拿出学习单，圈一圈它们每一组中的重复部分，并把规律完整地说给你的同桌听。

图4

师：谁愿意把你圈出的部分跟大家分享一下？

（学生上台展示）

（请两位学生用完整的语言说出灯笼和人物的规律）

三、幸福碰撞

师：刚才大家都找到了彩花、彩旗、人物的规律，请大家仔细观察彩旗的规律，它重复了几次。

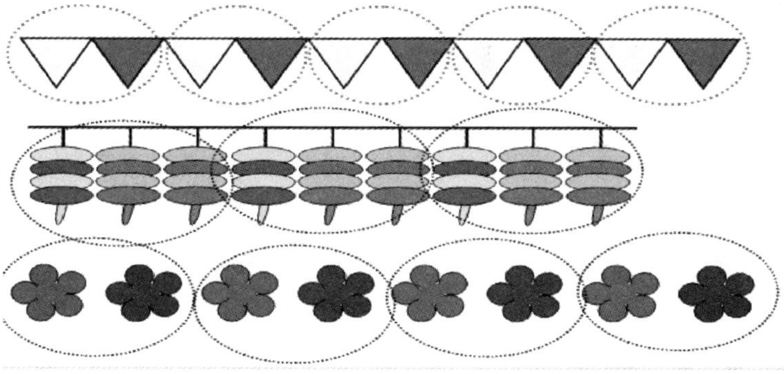

图5

生：彩旗重复了5次。

师：灯笼呢？

生：灯笼重复了3次。

师：彩花呢？

生：彩花重复了4次。

师：像这样的规律谁能说一说至少要重复几次呢？

生：至少要重复3次。

师：像这样至少重复3次或者3次以上的排列我们才可以称为有规律的排列。

（教师出示）

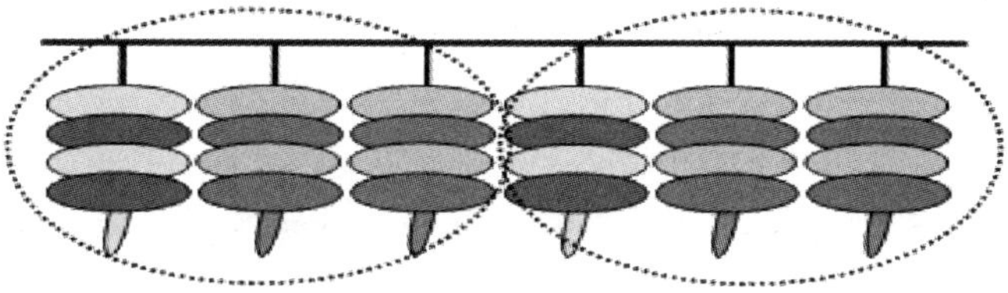

图6

师：请问这样的算不算有规律的排列呢？

生：不算，因为至少要重复3次才可以算是有规律的，这个只重复了两次。

师：像这样只重复两次的图形不能称为有规律的排列。

四、幸福实践

1. 猜一猜。

图7

师：仔细观察它们是按什么规律排列的？

生：以一个正方体、一个圆柱体为一组的重复排列。

师：按这样规律排列的话接下来应该是什么呢？

生：正方体。

（教师出示）

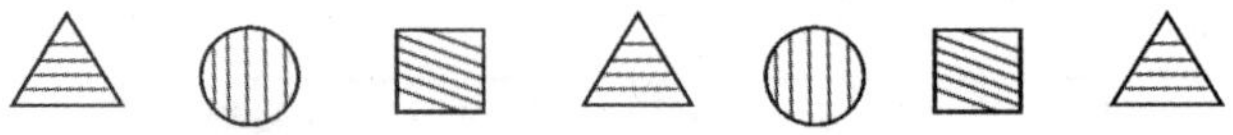

图8

师：它的规律是什么？

生：三角形、圆形、正方形为一组重复排列。

师：后面该怎样填？

生：圆形、正方形。

师：除了形状有规律，它还有哪些是有规律的？

生：底纹也有规律。

师：太聪明了，横底纹、竖底纹、斜底纹为一组也是重复排列。

2. 做一做。

师：好，现在你们就用你们刚才所学的规律来自己创造规律。

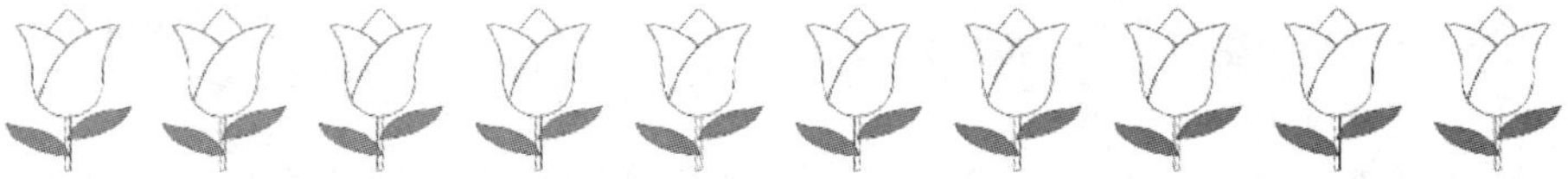

图9

（学生上台展示）

师：谁来说说他涂的规律？

生：黄色蓝色绿色为一组重复排列。

（学生展示作品，教师抽出一组既有数字规律又有颜色规律的作品，让学生发现数字也有规律）

师：接下来把你涂出的规律跟你的同桌说一说。（同桌之间互相说）

3. 自由创造规律。

（教师有规律地击掌）

师：你看，老师的拍掌也有规律，是什么规律啊？原来规律可以存在于图形中、颜色中、动作中、声音中，现在就用你喜欢的方式来创造规律。

（学生上台表演动作与声音的规律）

师：他做的动作与声音是以什么为一组重复排列的？

（学生用动作与声音回答老师）

五、幸福分享

孩子们，今天开心吗？我们学到了什么？我们身边哪里有规律，还知道什么？今天我们学习了怎样找规律，我们知道了不仅图形有规律，颜色有规律，声音也可以有规律。希望同学们课下找一找你身边有规律的事物。

【教学反思】

本节课让学生找的都是一些直观图形和事物的变化规律，还未抽象到数，所以我在课堂中结合了多媒体来辅助教学，让学生能在直观、生动的学习环境中找出事物的变化规律。这节课不仅是要让学生掌握所学的知识，更重要的是要创造一种和谐愉悦的气氛，让学生能够从中感受到学习的乐趣，并主动地去探求知识，发展思维。因此，在教学过程中，我从以下几个方面来反映和体现《义务教育数学课程标准（2011 年版）》的理念。

1. 让学生成为学习的主人。在教学中结合学生已有的认识水平和思维特点，关注知识的形成过程，积极倡导"动手实践、自主探索"的学习方式。

2. 在教学中就要努力挖掘学生身边的学习资源，为他们创建一个发现、探究的思维空间，使学生能更好地去发现、去创造。在这一理念的指导下，我以学生喜欢的"猜魔术"为引子，通过"找简单的规律—涂规律—找生活中的规律—动手创造规律"等活动，使学生在自己喜欢的实践活动中探究、发现事物的规律，培养学生初步的观察、概括、推理能力，以及提高学生间相互合作的意识。

3. 进行数学活动的教学。建构主义学者认为，学习是主体，在对现实的特定操作过程中对自己的活动过程的性质做反省抽象而产生，学习数学是一个"做数学"的过程。根据这一理念，我设计了找一找、涂一涂、拼一拼、说一说等活动，让学生亲身经历发现规律。

4. 数学学习是一个再创造的过程。数学学习的本质是学生的再创造，让学生动手实践，自主探索。学生通过涂色、摆学具等活动，把知识进一步地拓展，从而再创造出不同规律来培养了动手能力，激发创新意识。

5. 数学来源于生活，又服务于生活。在教学中，我把知识进行拓展，让学生都纷纷举出生活中有规律的事物，通过找生活中的规律，让学生感受到数学就在身边，对数学产生亲切感。

这节课，我和同学融为一体，顺利地完成教学任务。在整个教学活动中，愉快时刻荡漾在课堂上，创新、自主探究、师生互动、生生互动成为课堂的主旋律。

附：《找规律》幸福学习单（一）

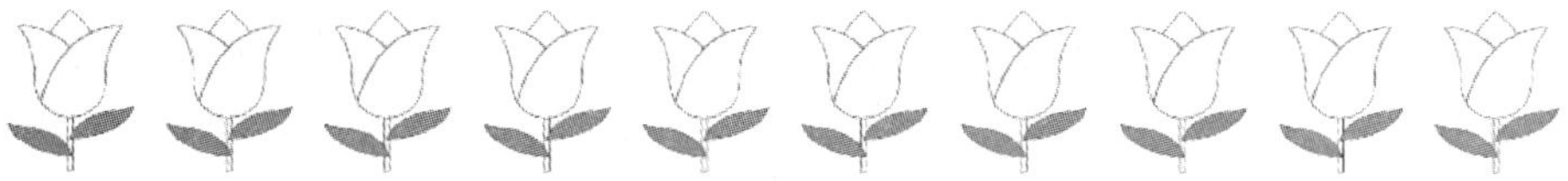

图 10

附:《找规律》幸福学习单（二）

图 11

专家点评

罗村实验小学是一所年轻的学校，一直充满着改革的梦想和发展的动力。学校把“为孩子的终身幸福奠基”作为办学理念，从创办之初就确立了探索和实施“幸福教育”之路的愿景。七载耕耘，果实累累，极大增强了学校办学的实力、魅力和张力。“幸福课堂”是“幸福教育”的重要构件，是实施“幸福教育”的主渠道，是决定“幸福教育”成败的关键。罗实人在课改实践中务实地把握了“幸福课堂”的核心价值——当下愉悦，持续发展，同时聚焦了“幸福课堂”的标志性特征——愉悦体验，探究互动，以此为课堂设计和实施的指引，探索、构建“幸福课堂”的基本模式。本人对罗村实验小学“幸福课堂”的实践探索有如下几点看法。

1. 回应诉求的时代性。

推进和实施素质教育无疑是时代的诉求。但是，众所周知，在目前特定的社会转型发展时期和现行的教育评价、升学制度下，虽经多年努力，但即使在小学，素质教育推进与实施的效果也并未达到期望值。学生苦学、厌学问题依然突出，课堂教学由教师主宰，更多是局限于应试的状况未能得到太大的改善。罗村实验小学“幸福课堂”构建的探索，正是志在努力打破这一困局，有力回应教育改革的时代诉求，基本实现了四大突破：由苦学课堂到温馨课堂的突破；由教师课堂到学生课堂的突破；由学会课堂到会学课堂的突破；由知识技能课堂到综合发展课堂的突破。

2. 具有操作的可行性。

要实现“幸福课堂”的操作化，并不是简单的事情。“当下愉悦，持续发展”是核心价值，“愉悦体验，探究互动”是标志性特征，这些都是思想理念层面的内容，必须要通过一定的设计和行动转化为课堂教学操作，否则难以落实。罗村实验小学"幸福课堂"的构建从几个方面进行。首先，确立"情境体验—探究发现—实践运用—总结分享"的基本流程；其次，创设有利于合作互动的课堂环境，学生按合作式小组排座；再次，开发、研制"幸福学习单"和巧妙设置学习思考情境；最后，引导教师在课堂上鼓励学生提出问题、质疑和互动评价。这些具体的操作形式，使幸福课堂理念得以落地。

3．体现改革的实效性。

改革的宗旨是通过解决问题，改变现状，更好地促进发展，不是为改革而改革。罗村实验小学"幸福课堂"的构建较好地体现了这一要求。经过改革实践，课堂对学生变得更有吸引力了，有趣的问题情境，充分的表达机会，平等的互动交流，亲切的鼓励评价，智慧的启发点拨，很好地落实了学生的学习主体地位。学生告别苦学、厌学，课堂中不仅学到规定的知识技能，还较好地培养了兴趣和能力，体现了较强的发展后劲。该校毕业生极受实验类初级中学欢迎。2013 年 12 月，学校参加南海区高效课堂评估，优良率 98.8%，通过了区高效课堂评估并被评为南海区首批"高效课堂示范学校"。教师队伍的专业发展水平也在"幸福课堂"实践探索的洗礼中，得到了实实在在的提升。

4．保持发展的生长性。

"幸福课堂"探究是持续的，模式构建的完成并不是终点，而是新一个研究阶段的开始。"幸福课堂"具有极大的发展生长性，如模式的优势是便于启动操作，但课堂教学不能完全模式化，如何实现走出模式，让教师们在以后的模式运用中更灵活、更有效？又如，每个学科有其自身特点，如何在模式灵活、有效运用中体现学科文化特色？再如，"幸福学习单"的设计和运用如何更加优化？

总之，希望罗村实验小学在新的起点上审视"幸福课堂"的探究，期待更多、更新的成果和成效。

广东省人民政府督学

华南师范大学教科院副研究员　梁永丰

小学语文阅读教学“读写双轨　六步提升”高效课堂教学模式

佛山市南海区大沥镇盐步中心小学

主体报告

一、背景与理论依据

回顾语文课程改革，已轰轰烈烈地开展了10多年。可喜的是“语文课程应致力于学生语文素养的形成与发展”“倡导自主、合作、探究的学习方式”“建设开放而有活力的语文课程”等课程理念，已经深入人心，并转化为广大语文教师的教学行为了。

但在语文课程改革中，不免存在一些问题。就阅读教学来说，出现了“教学内容泛化，教学活动非语文化”现象，正如崔峦老师提到的“阅读教学‘得意而忘言’，一味注重内容理解、人文感悟，忽视语言的理解和运用”，这说明了语文教学改革已进入了“高原期”。《义务教育语文课程标准（2011年版）》对语文课程进行了重新定位：“语文课程是一门学习语言文字运用的综合性、实践性课程。”在语文新课程标准中，反复强调“语文课程致力于培养学生语言文字的应用能力”，提到“应用”共有33次之多，这提示了教师应引导学生在大量的语文实践中掌握和运用语文的规律。

在阅读教学中如何开辟一条高效的训练渠道，切实提高学生语言文字运用的能力呢？叶圣陶先生的“语文教材无非是个例子，凭这个例子要使学生能够举一反三，练习阅读与习作的技巧”的论述，给了我们灵感：有目的地利用读、写“联系点”，可促进读与写的结合，有利于提高学生的读写能力。广东著名特级教师丁有宽老师用了几十年进行“读写结合”研究，形成了独有的“读写结合导练教学新体系”和“读写结合教学法”，给了我们很好的借鉴。他提出：“读是理解吸收，写是理解表达。抓住它们之间的联系点，系统地进行读写训练，不仅是提高作文能力有效的途径，而且是提高学生听、说、读、写各项能力达到全面发展的重要途径。”

2011年10月，我们通过深入课堂听课，反复讨论，确定了以“读写结合”为研究专题。恰逢南海区开展高效课堂教学研究，我校各学科在区、镇教育局的指导下，扎实地开展了高效课堂教学模式研究活动。语文科组紧扣语文课程的核心理念——学习语言文字的运用，深入开展小学语文阅读教学高效课堂教学模式构建与实施研究，借此提高阅读教学效率，大面积提高语文教学质量，全面提升学生的语文素养。

二、研究目标

1. 语文教师树立“语言文字运用”的教学观，积极探索小学语文读写结合的有效策略和方法，使之更好地指导阅读教学。

2. 构建符合学校实际的小学中高年级读写结合阅读教学模式，提高阅读教学效率，实现高效课堂常态化。

3. 培养学生较强的读写能力，全面提升学生的语文素养，提高语文教学质量。

三、模式和操作程序

经过三年多的探索与研究，不断修改与完善，我们构建了"读写双轨　六步提升"阅读教学高效课堂教学模式：激趣导入—初读感知—合作解疑—品鉴领悟—总结升华—拓展迁移。

精读课和略读课在语文教学中的定位不同：精读课文是单元的讲练篇，是进行语言文字训练的主要凭借；略读课文是单元的学步篇。教学时，教师应引导学生将在精读课文中学到的方法运用到略读课文学习中，逐步提高读写能力。根据两类课文的不同性质，我们将阅读教学基本模式进行了变式研究，分别探索出精读课和略读课的"读写双轨"六步高效课堂教学模式，为教师提供了具体的、可操作的教学框架。

（一）精读课"读写双轨　六步提升"高效课堂教学模式

精读课"读写双轨　六步提升"高效课堂教学模式，即：巧设情境，激趣导入—交流预习，初读感知—自主学习，合作解疑—精读品鉴，领悟方法—归纳总结，升华情感—巩固积累，拓展运用。前三个环节侧重于引导学生得"意"，后三个环节侧重于得"言"、得"法"，两者有机结合，从而有效实现"读写结合、言意兼得"的目标。

1. 巧设情境，激趣导入。

教师根据教学内容需要、不同阶段的学生特点，采用游戏、故事、猜谜、图片、动画、音乐等手段，创设生动、鲜活的学习情境、问题情境，导入新课，激发学生学习兴趣，诱发学习动机，调动学生的学习积极性。

2. 交流预习，初读感知。

此环节分三步：第一，让学生汇报课前预习情况，包括生字新词、课文大意、背景资料等。教师根据学生真实的学习起点"顺学而导"，体现"以学定教"。第二，引导学生朗读课文，要求读正确、流利，难读的还要多读几遍。第三，引导学生通过自由读、默读等方式，整体感知课文内容，初步把握文本大意。在此，要加强默读指导，还要渗透概括课文主要内容的方法，逐步提高概括能力。

3. 自主学习，合作解疑。

阅读是学生的个性化行为。学生与文本的对话是阅读教学的核心任务。学生与文本的对话要充分，不能以教师的分析来代替学生的阅读实践。此环节，学生按教师提示的方法、步骤进行自主学习后，安排小组内讨论、交流，以合作方式解决问题。

4. 精读品鉴，领悟方法。

教师抓住文章重点或精华，引导学生通过"读""悟""赏"等方式，在读中理解内容，感悟语言，初步鉴赏语言，从而领悟作者遣词造句、连句成段、连段成篇、布局谋篇的方法。读的过程要有目的、有层次，读中理解内容可采用默读思考和动笔圈画结合，让学生读出自己的见解。感悟语言、鉴赏语言可引导学生边读书、边思考，用笔圈出关键的词语或句子，在旁边写出自己的理解和感受。学生汇报后，教师加以点拨，引导学生透过文字的表面意义想象背后的意蕴。对于重点词句的理解，要循序渐进，让学生从读中充分地品味、感受语言的魅力。为了帮助学生更好地理解课文，教师可设计适当的问题加以引导。要注意的是，小学不同年级的学生对于语言品味的要求是不一样的：中年级学生在读懂课文内容的基础上，体会关键词句在课文中表达情意的作用；到了高年级，还要引导学生关注、揣摩文本的布局谋篇及表达顺序。

5. 归纳总结，升华情感。

此环节应回归课文整体，引导学生领悟作者如何通过语言文字表达主题思想，在写法方面有何特点。教师对于一堂课的总结要字斟句酌，做到精练，起画龙点睛的作用。结课时，通过师生共同总结，学生的认知水平、思想境界应得到升华。

6. 巩固积累，拓展运用。

此环节可根据教学内容安排巩固练习或语言积累训练。每课应当安排一课时进行一次小练笔，要选准读写结合点，写前有指导，写后有点评、修改、展示。课后向学生推荐课外相关阅读篇目，提出阅读要求，使学生在语文课堂上习得的阅读能力能够在大量的课外阅读实践中得以巩固和提高。

精读课“读写双轨　六步提升”高效课堂教学模式是小学中高年级一篇完整的精读课文的教学基本模式。教师运用时应注意灵活把握，根据不同的学段目标、不同的文本体裁、不同的课时要求进行变式教学，才能使课堂效益最大化。

（二）略读课“读写双轨　六步提升”高效课堂教学模式

略读课强调自主学习，要引导学生进行三个层面的阅读：第一是对课文内容的初步把握；第二是对课文精彩片段的阅读欣赏；第三是回归整体赏读，结合单元主题，进行迁移练笔，提升认识，升华情感。教师要准确把握略读课文教学的尺度。略读教学不等于略读，粗知大意并不是浅知，自主阅读并不等同于自学，教学中应注重“读写结合”。我们确定其高效课堂教学模式为：自主预习，奠定基础—激趣导入，质疑定向—自读自悟，交流汇报—精要点拨，领悟方法—迁移运用，拓展练笔—总结收获，积累延伸。前三个环节侧重于学生的自主、合作学习；后三个环节教师着重根据“学情”进行“精要的导”，并进行语言文字运用训练，达到迁移运用的目的，提高学生读写能力。

1. 自主预习，奠定基础。

语文教师应从低年级开始抓好学生的预习习惯。低年段可布置课前自主识字、学词语，把课文读准、读通顺；中年段可布置学生借助工具书解决字词问题，读准、读通课文，初步了解课文内容并提出质疑；高年段可在中年段预习要求的基础上，增加思考课后题，搜集课文及作者相关资料等，为学习奠定坚实的基础。

2. 激趣导入，质疑定向。

抓住兴趣点、疑点展开的学习才是真正意义上的探究学习。教师应想方设法激发学生学习兴趣，引导他们兴趣盎然地进入新课学习，并提出问题。教师再根据提出的问题进行梳理，选出重点问题，鼓励学生深入探究。

3. 自读自悟，交流汇报。

略读课是学生独立阅读的实践机会，个体自读和合作交流是重要的学习方式。此时教师应真心“退位”，把时间还给学生，让学生充分自读自悟后，在小组及全班进行交流，在交流中有提升即可。此环节可分两步走：第一，学生按自学提示进行自主学习；第二，学生先在小组内交流，然后小组派代表在全班汇报。

4. 精要点拨，领悟方法。

略读教学不等于“略读”，在必要之处还是要“精”处理。对于文章精华部分，要引导学生细细品读。通过教师适度的启发，及时的调控，精当的点拨，与学生平等对话、互动交流，激发学生进一步思考，更好地理解、感悟、内化语言。教师在点拨时要注意自读与讲读的知识迁移与能力训练的衔接，完成“教”向“学”的转化，从而完成新知的建构和对文本表达方法的领悟。

5. 迁移运用，拓展练笔。

略读课文大都是学习语言文字运用的范例，应进行适当的读写结合训练。教师要根据单元和该课的重点，精心选好读写结合点。练笔的切入点要“小”“巧”，可进行仿写、续写或抒写感受等训练，从而达到“从读学写，以写促读”，真正在语言实践活动中提升学生的读写能力。

6. 总结收获，积累延伸。

教师应引导学生在总结中畅谈收获，一是巩固所学，二是提高归纳能力，三是享受成就、体验快乐。为了体现“大语文观”，延续语文学习，教师还应趁热打铁，课内外相结合，引导学生拓展阅读，拓宽学生知识面，提升学生语文素养。

四、教与学的评价

语文新课程标准指出：“语文课程评价的目的不仅是为了考查学生达到学习目标的程度，更是为了检验和改进学生的语文学习和教师的教学，改善课程设计，完善教学过程，从而有效地促进学生的发展。”

传统的课堂教学评价，往往突出了教师的作用，而忽视了学生发展，显然不适应课改的需要。如何把课堂教学评价变成语文课改的导航器、助推器，引导教师主动地改革课堂，重建语文课堂教学文化呢？我们以科学性、发展性、实效性原则探索语文课堂教学评价改革，从“只重结果”向“既重过程又重结果”转变；由重“传授知识”向重“能力培养”转变；由重教师的“教”向重学生的“学”转变。经过不断讨论、修订，我们完善了小学语文阅读教学高效课堂教学评价量表。该高效课堂评价标准的制定既关注教师如何教，更关注学生的学习状态、效果。因为学生是课堂教学的主体，所以我们把评价重心放在“学习参与度、自主思维度、合作交往度、目标达成度”上。

表1　盐步中心小学“读写双轨　六步提升”阅读教学高效课堂教学评价量表

班级________　　课题________　　执教者________　　____年____月____日

一级指标	二级指标	评价内容	等级分值				得分
			A	B	C	D	
教师的“教”（45分）	教学目标（10分）	1. 符合语文新课程标准要求，体现知识与技能，过程与方法，情感、态度与价值观三个维度 2. 教学目标明确，可操作性强，符合学生的心理特征与认知水平，并能体现在教学全过程中					
	教学内容（10分）	3. 正确理解并创造性地使用教材，准确把握文体特点，精心选择教学内容，选准读写结合训练点 4. 符合认知水平，教学重点突出，教学容量适宜，时间分配合理，训练内容有梯度，书面练习10分钟以上					
	教学策略（15分）	5. 策略和方法选择符合内容和学生实际，教师实施教学过程艺术化，环节合理、紧凑，优化教学手段，组织形式灵活多样，利于学生语文素养的形成 6. 重视听、说、读、写的语言训练，引导学生体会关键词句在课文中表达情意的作用，揣摩表达方法、顺序，初步领悟作者布局谋篇的技巧 7. 课堂具有强烈的文化氛围，尊重学生对文本的独特体验，师生之间体现有效的互动与生成，关注学生思维发展、语文能力提升，注重培养良好的阅读习惯 8. 读写结合训练适时、适度、适量、有效					
	基本素养（10分）	9. 教态亲切自然，情感丰富，教学语言清晰准确，生动精练，讲解符合科学性、逻辑性，朗读示范性强，板书工整，条理清楚 10. 驾驭课堂能力强，体现教学智慧。					
学生的“学”（55分）	学习参与度（15分）	11. 学生主动参与，学习兴趣浓厚，精神饱满，注意力集中，课堂气氛活跃 12. 活动参与率达100%，发言率60%以上					

续上表

一级指标	二级指标	评价内容	等级分值				得分
			A	B	C	D	
学生的“学”（55 分）	自主思维度（10 分）	13. 学生善于发现问题，大胆质疑，独立思考学习，思维有一定的深度、广度 14. 学生努力探究问题，积极与文本对话，勇于发表自己独特的、个性化的见解，敢于创新					
	合作交往度（10 分）	15. 善于向别人学习，有良好的合作、竞争意识 16. 积极参与小组合作探究，主动与他人分享、交流自己独特的感悟、见解 17. 认真聆听他人的发言，有不同意见的及时提出补充或质疑，并从交流中有所收获					
	目标达成度（20 分）	18. 当堂练习效果好，教学多维目标达成度高 19. 通过观察、检测，各层次的学生在原有的水平上语文能力得到提高 20. 学生阅读兴趣浓厚，养成良好的听、说、读、写、质疑、讨论等习惯，学生的语文素养得到提升					
综合评价			总分：				评课者签名

五、影响与推广情况

经过三年多的研究，这一高效课堂教学模式大大提高了阅读教学效率，促进了语文教师专业化发展，大面积提高了语文教学质量，全面提升了学生语文素养。研究还促进了语文科组读写特色的形成，推动了学校发展：2011 年 11 月，我校被评为广东省“小学生中华传统文化教育研究优秀实验学校”；2011 年 12 月，我校荣获广东省中小学第四届“暑假读一本好书”活动“优秀组织奖”；2012 年 7 月，我校“小桂花文学社团”被评为“南海区优秀文学社团”；2013 年 9 月，我校被评为“广东省首批规范汉字书写教育特色学校”。

1．全面提升学生语文素养。

高效课堂教学模式的实施，真正让学生做学习的主人，让学生全身心参与语文学习活动，学生自主学习的积极性很高。以往每当写作文时，学生常常搜肠刮肚，总是“无话可写”。本模式研究将读与写紧密地结合在一起，做到立足于“读”，着眼于“写”，注重以课文为凭借，以某一读写结合点为契机，先对学生进行“由此及彼”的模仿训练，再进行“举一反三”的拓展训练，有效地提升了学生的读写能力。经过三年多的实践，该模式大大激发了学生的读写兴趣。学生不仅培养了良好的听、说、读、写、讨论、交流、预习、复习等学习习惯，还学会了精读、略读、跳读、浏览等阅读方法，提高了理解、感悟、概括、归纳、鉴赏等阅读能力。如今，学生爱表达、善表达，大批学生的作文刊登在《小学语文报》《辅导员》《广州日报》《作文大王》《珠江青少年报》等报刊、杂志上。近三年，学生参加全国读写大赛，省、市、区征文比赛，获奖多达529人次。

2. 促进教师专业化成长。

自研究以来，语文教师坚持以学生为主体，教师为主导，训练为主线，探索了“读写双轨　六步提升”阅读教学高效课堂教学模式，摸索出一套读写结合的有效策略——阅读教学做到“三关注”，完成“一课一练”。第一，关注词句，品悟作者遣词造句的方法。阅读教学中抓住文章的关键词句，引导学生通过联系上下文等方法进行理解、品味、感悟关键词句在表达情意方面的作用，体会作者的思想感情。第二，关注句段，揣摩作者的表达方法。在教学中既关注文本内容，又重视文本表达。所以在阅读教学中重视发掘每一篇课文品读的重点，注重引导学生揣摩作者的表达方法。第三，关注整体，领悟作者如何布局谋篇。到了高年级，教师引导学生用心琢磨篇章结构，初步领悟作者布局谋篇的技巧。第四，读中仿写，凭借范例举一反三。教师充分挖掘课文的读写结合点作为范例，引导学生在理解内容、领悟方法后进行“一课一练”。

教师们积极地实践、反思、再实践，行政、科组长、骨干教师经常深入课堂进行指导，磨课活动后及时进行评课、反思。现在，教师们都树立了“语言文字运用”的教学观，培养了独立分析教材、创造性地运用教材的能力，提高了课堂教学能力、教科研能力。近三年，语文教师参加各级教学论文、教学设计、评优课、录像课、实录等评比，均获佳绩，其中获国家级奖励1项、省级奖励6项、市级奖励42项、区级奖励32项，还有2篇文章在省级刊物发表。

3. 全面提高语文教学质量。

2011年我校四至六年级各有一个实验班参加该模式研究。经过一学年研究，三个实验班的语文成绩都呈明显的上升趋势，其他班纷纷要求加入研究行列。2012年在中高年级全面推广实施该教学模式后，语文科教学质量大大提升。2013年4月，大沥镇五年级学生语文教学质量检测中，我校平均分、及格率、优秀率、综合值均高于镇平均值（见表2）。2014年3月佛山市六年级学生语文阅读能力检测中，我校的平均分（见表3）及在不同能力层次上的得分均高于大沥镇、南海区、佛山市的平均值（见图1）。

表2　2013年4月我校五年级语文教学质量检测数据与大沥镇数据对比表

数据对比	平均分	及格率	优秀率	综合值
大沥镇	80.2	97.3%	59.8%	82.96
盐步中心小学	85.2	98.5%	80.1%	89.5

表3　2014年3月我校六年级学生语文阅读能力检测平均分与市、区、镇平均分对比表

佛山市	南海区	大沥镇	盐步中心小学
65.35	67.64	68.52	74.77

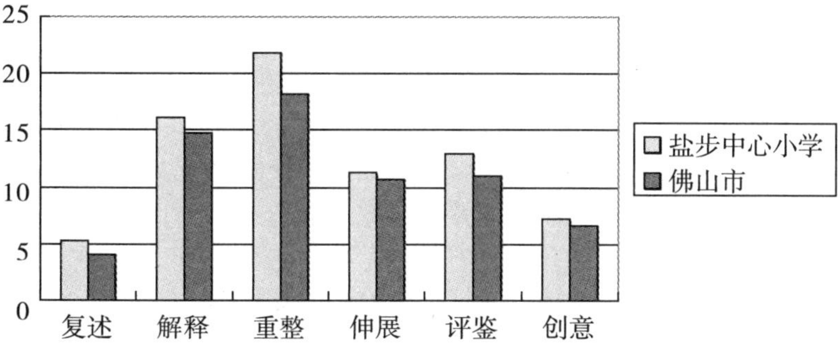

图1　2014年3月我校六年级学生语文阅读能力检测在不同能力层次得分与全市平均得分对比统计图

4. 模式推广情况。

(1) 校际联动，初见成效。

学校与共同体、手拉手学校等一起联动，开展了多样化的研讨活动，推动该模式的深入研究。2011年5月，肇庆市德庆县教学交流团到校进行研讨，刘咏梅老师展示了课例《扁鹊治病》。2012年11月，谭彩华老师在大沥镇盐步中学共同体幼小衔接研讨活动中展示了课例《富饶的西沙群岛》。2013年5月，黄剑霞老师为大沥镇盐步中学共同体的老师展示了课例《只有一个地球》。这些活动为高效课堂教学研究提供了很好的研究平台，与会教师在研讨中互相启发，共同提升。通过多次的联动研讨，"读写双轨　六步提升"阅读教学模式不断完善，深受兄弟学校教师好评。

(2) 区域推广，示范辐射。

为深入开展高效课堂教学研究，促进教师专业化发展，我校于2011年11月举办了"高效课堂教学开放日活动"，朱丽琴等12位教师为大沥镇兄弟学校教师展示了高效课例。2012年6月，我校接受大沥镇有效课堂教学评估活动，张丽冰等6位教师为大沥镇兄弟学校语文老师展示了精彩的课例，专家组给予了高度评价——"教师善教，学生乐学，课堂高效"。2013年3月，梁静怡老师在南海区"一题多研　共品教育"——南海区推广立项课题推介暨小课题分享活动中推广介绍"读写双轨　六步提升"阅读教学模式研究成果，获得了与会者高度评价。2013年12月，简秀明老师为赵志祥大沥镇小学语文名师工作室学员展示了高效、精彩的阅读教学课例《老人与海鸥》。2014年5月，我校接受南海区高效课堂教学评估，48个班的语文课均对外开放，来自南海区、大沥镇的近200位语文教师参与听课活动，语文科21节推荐课及抽听课均受到评估组及兄弟学校教师的一致好评。我校被评为"南海区高效课堂教学示范学校"。

六、研究的困惑、反思及对策

三年的研究历程，我们忙碌而充实，在一次次集体备课、模式研讨活动中不断反思，不断改进。我们遇到了不少困惑，也想出了很多解决对策。

1. 如何处理好预设与生成的关系。

在语文课堂上，时常看到尴尬的一幕：课前教师认真备课，教学时每个环节都按照预设的程序来完成。一节课下来，课堂教学效果却不尽如人意，问题出在哪儿呢？

过分追求完美的预设，就会忽视动态生成。“预设”是“生成”的基础，“生成”是“预设”的提高，二者在课堂教学中是相辅相成的。如何处理好预设与生成的关系呢？实践证明，深入钻研教材、解读文本，了解学生，充分预设，再加上一定的教学机智，是处理好课堂的预设与生成关系的保证。但课堂是千变万化的，再充分的预设也不可能预见课堂上的所有情况。因此，教师在设计预案时要为学生的主动参与留出足够的时间和空间，为教学过程的动态生成创设必要的条件。同时教师要有平和的心态，直面学生的生成，尊重学生对文本的独特体验，鼓励学生有独特的见解。课堂上，教师要学会用心倾听，对课堂生成的信息进行重组，运用教学机智调整教学活动。只有巧妙把握现场生成的资源，顺学而导，才能在课堂教学中形成动态的生成过程，才能提升课堂教学的价值，才能使语文课堂充满活力。

2. 如何选择最佳读写结合点。

如今，“以读带写，以写促读”已成为我校语文教师的共识了，很多教师在阅读教学中能有意识地开展读写结合训练，但个别教师还存在着“找到什么练什么”的现象，“如何选择最佳读写结合点”成了语文教师备课的一大难题。

读写结合点是在文本中既能促进学生阅读、理解、感悟，又能促进学生将内部语言转化成书面语言的切入点。这个切入点可能是显性的，也可能是隐性的，需要教师去精心发掘、设计。教师在备课时要深入钻研教材、教参，依据文本的表达特点，切合单元的训练重点，紧扣课后的练习，多角度挖掘读写结合点进行练笔，从而提高“读写结合”训练的有效性。

3. 如何选择读写结合训练的时机。

研讨活动中，语文教师曾提出，在“读写双轨　六步提升”的阅读教学模式中，是结合某个教学环节，还是学完整篇课文后，进行读写结合训练比较好呢？

读写结合训练应选择恰当的时机进行，是课中写，还是学完课文才写呢？这要因文而异，因教学目标、内容而异。补白练笔，应在该情境中放飞学生想象的翅膀，适宜在课中训练；句、段仿写，可在品悟语言、领悟表达方法后马上训练，也可在学完课文后进行；篇的仿写，应在学完整篇课文，总结、领悟写法后再进行拓展练笔。

4. 如何根据学生实际设计读写训练点。

“读写结合”训练对于个别学困生来说，较难达到预期的教学效果。语文教师为此很困惑。如何根据学生实际设计相应的读写结合练习呢？

学生是学习活动的主体，教师应尊重学生的个体差异，本着“因材施教”的原则，找准学生的最近发展区，运用分层教学的策略进行设计，建立多层次的弹性练习结构，设计适合不同层次学生的分层练习，促使全体学生通过练习，在原有的基础上各有所获。如读写结合中的仿写练习，可分三个层次进行设计，学困生可按提示填空，使其能“拾级而上”，中等生可在“半提示”下进行仿写，对于优等生就应放手直接让其仿写。这样的分层练习能让优等生“吃得饱”，中等生“跳一跳，够得着”，学困生“消化得了”，达到“各层次的学生在原来的水平上得到提升”的目标。

“高效课堂”只有更高，永远没有最高。课堂教学虽然有“法”，但永无定“法”。语文教师应根据不同的文体，不同的课文内容，不同的学生实际，灵活运用该阅读教学模式，打造富有情趣、充满智慧与活力的语文高效课堂。我们将保持这份热情，加大语文课程改革力度，继续坚持“教中研、研中教”，不断完善“读写双轨　六步提升”的阅读教学模式，努力提升语文教学质量，从而全面提高学生的语文素养。

执笔人：梁静怡　黄毅嫦　吴燕　谢月朗

课堂实录一

乡下人家（第一课时）

张丽冰

【教学内容】义务教育课程标准实验教科书《语文》（人教版）四年级下册第21课《乡下人家》。

【教学目标】

1. 认识5个生字，正确读写生字词，正确书写生字“率”“巢”。

2. 正确、流利、有感情地朗读课文，整体感知课文内容。

3. 理解课文第1、2自然段，感受乡村生活的美好，体会作者对乡村生活、对大自然的热爱之情。

【教学重点】正确、流利、有感情地朗读课文，整体感知课文内容。

【教学难点】抓住关键词句，感受乡村生活的美好，体会作者对乡村生活、对大自然的热爱之情。

【教学准备】多媒体课件、图片。

【教学过程】

一、情境导入，揭示课题

（欣赏乡村风光图片后，学生谈感受，教师板书课题，读题）

二、检查预习，整体感知

1. 检查生字词读音。

（出示词语，自由读，指名读，正音，齐读，给多音字组词）

2. 指导书写“率”“巢”。

师：你们觉得哪些字比较难写？

生：我对“率”字的笔顺不是很清楚。

生：我不懂“巢”字上部分的笔画名称。

（教师示范写“率”“巢”，讲清书写要领，学生练写，展示点评并改正）

3. 感知课文大意。

师：自由读课文，要求读正确、读流利，想想课文主要写了什么？

生：课文主要写了乡下人家美丽的景色。

生：课文主要介绍了乡下人家独特、迷人的风景。

师：真会读书！你在哪里发现“独特”“迷人”这两个词？

生：课文最后一个自然段。

师：懂得抓住中心句概括文章主要内容，这是一个好方法。

（板书：独特　迷人）

三、自主学习，合作交流

师：默读课文，想想作者抓住哪些画面描写，突出乡下人家的独特、迷人？

1. 小组讨论，概括每个自然段意思。

2. 代表汇报，教师引导概括小标题。

生：第1自然段主要写了乡下人家在屋前搭一瓜架。

师：对。你看到什么画面？

生：我看到瓜架上有长长的藤，绿绿的叶。

师：浓缩一下，用几个字概括。

生：屋前种瓜。

师：好，还有不同的吗？

生：瓜藤攀爬。

生：瓜藤攀檐。

师：太棒了！一学就会。

（板书：屋前种瓜）

生：第2自然段主要写了乡下人家在门前种花。

师：屋后还有什么？

生：乡下人家屋后还种了竹，雨后还有笋。

师：对，你给花开的画面起什么名儿？

生：鲜花轮绽。

生：鲜花开放。

（板书：鲜花开放）

师：雨后，竹林中出现怎样的画面？

（很少学生举手）

师：文中的提示就是我们很好的学习资源，有困难的可以看看文中的小泡泡。

生：雨后春笋。

师：好极了！

（板书：雨后春笋）

师：第3自然段主要写了什么？

生：第3自然段主要写了房前屋后很多鸡在觅食。

师：概括得很简练。第4自然段呢？

生：主要写了鸭子在河中游戏、觅食。

师：给第3、4自然段描绘的画面起个名儿吧。

生：鸡鸭觅食。

（板书：鸡鸭觅食）

师：第5自然段主要写了什么？

生：主要写了乡下人家在门前吃晚饭的情境。

师：来，给画面起个名字！

生：人们吃饭。

生：院落晚餐。

（板书：院落晚餐）

师：太美了！第6自然段的意思呢？

生：第6自然段主要写了屋前“纺织娘”在唱歌。

生：人们甜甜进入梦乡，我给它起名“人们入梦”。

生：我觉得“甜蜜入梦”更好一点儿。

（板书：甜蜜入梦）

师：太棒了，大家把那么长的课文读短了，读成一幅幅美丽的图画！

四、品味词句，感受迷人

师：自由读第1、2自然段，画出你最喜欢的句子，用“△”标出关键词，想想从中体会到什么。

1. 学生汇报句子（一），引导学生联系实际、联系上下文理解词句。

生：我喜欢第1自然段第3句，我从“青、红的瓜，碧绿的藤和叶”感受到瓜架颜色漂亮。

师：会抓关键词说体会，能读出你的感受吗？

（学生朗读）

师：我仿佛看到了漂亮的颜色。

生：我从“青”“红”“碧绿”体会到乡下人家色彩明丽。

生：我从“装饰”看出乡下人家的瓜架肯定很漂亮。

（教师请一位女同学站在讲台前，帮她别上一个漂亮的发卡）

师：来，给大家看看。现在怎么样？

生：她戴上这个发卡后，就更加漂亮了。

师：对。用这发卡装饰一下，她就更可爱了。在文中是指用什么装饰什么？

生：用“青、红的瓜，碧绿的藤和叶”装饰“乡下人家”。

师：理解得真好！这样的装饰就更别有风趣了。

生：我从“别有风趣”看出这里的景色很特别，跟城市不一样。

师：谁看到过相似的景象，谈谈感受。

生：有一次，我跟爸爸回乡下，看到很多人家的屋前都有一个小院，种着菜、花，还有果树，我觉得很美。

生：我的邻居家门前就搭了一个瓜架，上面长满了丝瓜，可爱极了，每次我经过都要在那儿欣赏一番。

师：多美的景色，怪不得作者把它们称为“别有风趣的装饰”。为什么作者还写“大旗杆”和“石狮子”呢？

生：作者采用对比的手法，把“青、红的瓜，碧绿的藤和叶”与“大旗杆”“石狮子”进行比较，更加突出乡下人家的可爱。

师：对。“青、红的瓜，碧绿的藤和叶”与“大旗杆”“石狮子”比较，哪个更有生气？

（教师指导学生有感情地朗读句子）

师：乡下人家屋前的瓜架就是一道独特、迷人的风景。

2. 学生汇报句子（二），教师随机点拨。

生：我喜欢第 2 自然段第 1 句，乡下人家门前种的花种类不同，颜色不同，太漂亮了！

师：读着句子，你们脑海里出现哪些四字词？

生：五彩缤纷、五颜六色。

生：百花齐放、繁花似锦。

师：是呀，乡下人家门前的鲜花也是一道独特、迷人的风景。

3. 学生汇报句子（三），引导学生推敲用词，想象画面，领悟表达方法。

生：我喜欢第 2 自然段的第 3 句。

（教师示范读句子，学生闭眼想象画面）

生：我仿佛看见满地都是笋，太多了！

师：从哪个词体会到笋很多？

生：成群。

师：学会抓住关键词谈体会了，掌声送给他！

生：我仿佛看见了嫩笋像调皮的小孩，争先恐后地探出小脑袋，向四处张望，真可爱！

师：哪个字看出笋像小孩子？

生：“探”字。

师：能给“探”字换个词吗？

生：长。

生：钻。

生：冒。

生：生。

生：伸。

师：词汇真丰富，那么多词，作者为什么要用“探”字？
生：作者把笋当作小孩子来写，很可爱，很顽皮。
生：用“探”字，能突出笋长得快，突出春天生机勃勃的景象。
师：体会得真好！你觉得作者是在写笋吗？
生：不是，他是在写可爱的娃娃。
师：对呀，你们愿意当当这帮可爱的笋娃娃吗？
生：愿意！
师：来，躲在土里的笋娃娃，你们准备破土而出。
（教师指导学生一边做动作，一边有感情地朗读）
师：可爱的笋娃娃，你们探出头来，想干什么？
生：我想和你玩游戏。
生：我想跟你玩捉迷藏。
生：我想看看这五彩缤纷的世界。
师：欢迎你们！
生：我想出来给大家表演魔术。
生：土里太闷热了，我想呼吸一下新鲜空气。
……
师：你们真了不起！抓住关键词句，把课文读成了一个优美的画面，能把这么美的句子背下来吗？
（教师利用填空、画面指导学生背诵）
五、归纳总结，升华情感
师：同学们，课上到这里，你有什么收获？
生：我觉得乡下人家太迷人了，真想去游玩一番。
生：作者抓住景物的特点描写，突出景色的独特、迷人。
生：作者运用拟人的修辞手法，把笋写得很可爱、很生动。
师：对，一幅幅独特、迷人的画面呈现在我们面前。
六、巩固练习，拓展运用
师：请你运用拟人、比喻等方法，用两三句话写写春天美丽的景色。
（出示春景图，学生观察后写话，教师巡视指导）
生：春天来了，春雨淅淅沥沥地下起来了，小草调皮地从土里探出头来。溪边的柳树姑娘也爱打扮了，你看，她正对着镜子似的水面梳理着长长的头发。
师：谁来点评一下？
生：他写得很好，因为突出了春天景物的特点，“淅淅沥沥”写出雨的声音。
师：对，“淅淅沥沥”把春雨细和密的特点写出来了。
生：我觉得她运用了拟人的手法，写出小草的可爱，柳树的优美。
师：是呀，写得很生动。谁再来汇报？
生：春天里，黄澄澄的油菜花绽开了笑脸。春风吹来，它们你挨着我，我挨着你。蜜蜂、蝴蝶在花丛中翩翩起舞，久久不愿离去。

师：谁评一评？

生：她抓住油菜花的颜色来写，让人觉得很美。

生：她用了拟人的手法，写蜜蜂、蝴蝶翩翩起舞，那花肯定很香。

师：小老师真会点评！希望同学们以后能学以致用。

（教师引导学生互相修改小练笔）

七、课外作业

1. 有感情地朗读课文第1、2自然段，并背诵自己喜欢的语句。

2. 抄写自己喜欢的语句。

【板书设计】

21　乡下人家	屋前种瓜 鲜花开放 雨后春笋 鸡鸭觅食 院落晚餐 甜蜜入梦	独特　迷人

【教学反思】

《乡下人家》一文是人教版语文四年级下册的一篇精读课文。作者抓住乡村最普通的事物和场景，呈现出六幅自然、清新的农家画面，展现了乡下人家自然和谐、充满诗意的乡村生活。

根据语文课程标准对第二学段的要求及本单元编排的目的，本课引导学生在学会生字词的基础上，整体感知课文内容，采用多种方法引导学生理解课文第1、2自然段，感受乡村生活的美好；学习作者抓住景物特点，运用朴实、生动的语言展现乡村生活的表达方法，同时注意积累优美语言，学习运用语言。

1. 从整体入手，培养概括能力。

语文新课程标准在第二学段阅读教学的目标与要求中，对学生提出明确要求："能初步把握文章的主要内容，体会文章表达的思想感情。"本文条理清晰，一个自然段就介绍了乡村生活的一个画面。我先让学生自由读文，运用找中心句的方法，把握文章主要内容；再采用"谁在什么地方干什么"或"在什么地方，什么怎么样"的句式概括自然段大意，然后进行适当的引导，用小标题概括出画面。经过这样两步训练，学生的概括能力有了很大的提升。

2. 抓重点词句，感悟语言精妙。

语文新课程标准在第二学段阅读教学的要求中提出："能联系上下文，理解词句的意思，体会课文中关键词句表达情意的作用。"本文结构清晰，语言朴实自然，读起来有清风拂面之感。

在教学中，我紧扣中心句"乡下人家，不论什么时候，不论什么季节，都有一道独特、迷人的风景"让学生自读课文第1、2自然段，抓住能体现乡下人家独特、迷人风景的句子，找出关键词，进行体会。在汇报的过程中，教师再引导学生运用多种方法进行品味，充分体会词句表情达意的作用。

（1）联系上下文和生活实际理解词语。

在品味“屋前种瓜”的画面中，对“装饰”一词的理解，首先引导学生读文，学生很容易就发现，文中的“装饰”是指“青、红的瓜，碧绿的藤和叶”；其次引导学生观察，发现同学戴上发卡后更漂亮了，那么学生就真切地体会到“装饰”的意思；最后引导学生回归课文，就知道了用“青、红的瓜，碧绿的藤和叶”装饰“乡下人家”，真的别有风趣。学生自然就体味到乡下人家屋前瓜架的独特、迷人，感受到乡村生活的美好，体会到作者对乡村生活的热爱之情。

（2）抓对比手法突出生机勃勃。

在学生学会抓住颜色词品味出“屋前种瓜”的色彩明丽、充满生机后，我顺势设问：“同学们，乡下人家门前的瓜架那么迷人，作者为什么还要写石狮子和大旗杆呢？”学生很快就运用学过的知识，体会作者使用对比的手法，更加突出瓜架的别有风趣，乡下人家的可爱。再引导学生把“青、红的瓜，碧绿的藤和叶”与“大旗杆”“石狮子”进行比较，哪个更有生气？乡下人家生机勃勃的景象就浮现在学生脑海中了，其独特之处就不言而喻了。

（3）抓关键词品味作者语言精妙。

文中描写春天下雨后竹笋长得很多很快的语句，形象地呈现了“雨后春笋”的美妙画面，尤其是一个“探”字，拟人手法让人感到嫩笋迅速生长，如同一个个淘气顽皮的娃娃和人捉迷藏一样，从土里探出头，充分展示了春天生机勃勃的景象。教学这段时，我抓住一个“探”字，通过换词、比较、想象画面，引导学生感受作者遣词造句的精妙，学生兴趣盎然，领悟表达方法自然就水到渠成了。

3. 方法迁移，提升语言运用能力。

叶圣陶先生说：“阅读是吸收，写作是倾吐。”读是写的基础和前提，写是读的深化和升华。在本课教学中，我把“读”“写”训练有机地结合在一起，扎实地进行语言文字运用训练，有效地实现了“读写结合、言意兼得”的目标。

本文作者抓住景物特点，采用对比、拟人的手法，运用朴实、生动的语言展现乡村生活。为了学习作者描写景物的方法，我精心创设情境，向学生展示了一幅幅美丽的春景图，引导学生运用学到的表达方法进行小练笔，大部分学生都能将比喻、拟人等修辞方法运用到小练笔中，大大提升了语言运用的能力。

本节课，我努力贯彻了学校语文科组“读写双轨　六步提升”高效课堂教学模式，目标的达成度还是挺高的。整节课学生情绪高涨，参与度高，课堂气氛活跃，各个层次的学生都有所提升。但课堂教学是一门缺憾的艺术，例如在处理预设与生成方面，发觉自己还是存在不足，教学的智慧还需进一步提高。

课堂实录二

慈母情深

曹倩梅

【教学内容】义务教育课程标准实验教科书《语文》（人教版）五年级上册第18课《慈母情深》。

【教学目标】

1. 认识三个生字，理解重点词语的意思。

2. 正确、流利、有感情地朗读课文，通过自读、品读母亲外貌、动作、语言描写的重点句、段，体会母亲的慈爱和“我”对母亲的感激、热爱与崇敬之情。

3. 学习作者运用外貌、动作、语言、神态等方法描写人物的方法。

【教学重点】通过自读、品读母亲外貌、动作、语言描写的重点句、段，体会母亲的慈爱和“我”对母亲的感激、热爱与崇敬之情。

【教学难点】学习作者运用外貌、动作、语言、神态等方法描写人物的方法。

【教学过程】

一、激趣导入，质疑定向

1. 欣赏歌曲，学生谈感受。

2. 揭示课题，品题质疑。

师：读了课题，你有什么疑问？

生：这是一位怎么样的母亲？

生：我想知道课文写了一件什么事？

生：我还想知道作者是用什么方法来写的？

师：好，我们就带着问题学习课文。你认为题目中哪个词最关键？

生：情深。

二、初读课文，感知大意

师：课文是通过什么事例表现母亲的深情的呢？请快速读课文，思考课文主要写了什么？

（学生自由读课文）

师：通过预习和初读课文，你知道课文主要写一件什么事？

生：主要写了“我”想买一本《青年近卫军》，母亲在极其艰难的情况下给钱让“我”买书的事。

师：很精练。

生：课文主要写了贫穷辛劳的母亲不顾同事的劝阻，毫不犹豫地给钱让“我”买书的事，体现了母亲的平凡伟大，激发了“我”热爱母亲的思想感情。

师：概括得很好。

三、自读自悟，交流汇报

1. 出示自学提示，学生自主学习。

师：请默读课文，画出描写母亲外貌、语言、动作的语句，体会作者是怎样表现母亲的深情的，在书上做批注。

（学生默读，画句子，写感受）

2. 小组内交流。

3. 全班交流，代表汇报，教师随机点拨。

第一小组汇报：

（出示句子：“母亲说完，立刻又坐了下去，立刻又弯曲了背，立刻又将头俯在缝纫机板上，立刻又陷入了忙碌……”）

生：我从“坐、弯曲、俯”等词体会到母亲很辛劳。

生：这是一连串的动作描写。作者通过动作描写，写出母亲的辛劳，写得这么细致，此情此景作者的内心应该是很感动的。

师：你触摸到作者的心灵了。再读读，看看用词上有什么特别之处？

生：连用了四个“立刻”。

师：为什么要连用四个？

生：这样更能写出这位母亲的勤劳。

生：说明母亲的动作很快。

生：我体会到母亲很忙碌。

师：梁晓声在作品《母亲》中写道：“我一学期的学费是3元，我家有兄妹5人，常常一块臭豆腐吃3顿，母亲在一个小厂做临时工，每月工资只有27元，为了省钱，她每天不吃早餐就去上班。”

师：看了这段补充资料，你有什么感受？

生：我觉得母亲很伟大，宁可挨饿，也要让我们吃饱。

师：多么无私的母爱！

生：母亲的工资少，又要供我上学，又要供我们吃，我觉得母亲的负担很重。

师：真会体谅母亲！

（教师指导学生有感情地朗读句子）

第二小组汇报：

（出示句子：“母亲却已将钱塞在我手心里了，大声对那个女人说：‘我挺高兴他爱看书的！’”）

生：我觉得“塞”用得好，母亲在极其困难中还是很爽快地塞钱给我买书。（教师板书：塞）

师：当时“我”是怎么想的？

生：母亲这么辛苦赚钱，我不该向妈妈要钱买书。

师：没关系，孩子，只要为了你的学习，妈再辛苦也值得。

生：妈妈，我长大后一定会孝顺你的。

师：你懂得孝顺，妈感到很欣慰。

生：妈妈，您这么辛苦，这钱还是留给您自己用吧，我不买书了。

师：真懂事！只要你爱看书就行了，妈就算再苦再累心里也是甜的！

师：我亲眼看到妈妈干活那么辛苦，但她却说——

（教师板书：“挺高兴……”）

师：母亲这一“掏”是在掏家人的生活基本保障啊，可这一“塞”却是毫不犹豫的，坚决、果断的。多么无私、多么深沉的母爱啊！

第三小组汇报：

（出示句子：“‘你这孩子，谁叫你给我买水果罐头的！不是你说买书，妈才舍不得给你这么多钱呢！’那天母亲数落了我一顿。数落完，又给我凑足了够买《青年近卫军》的钱。”）

生：我从母亲责怪我不买书却买了水果罐头的话中，体会到母亲自己省吃俭用，对孩子却毫不吝啬，母爱真是伟大！

生：我觉得“凑”这个动作词最能体现母亲对“我”的爱。

师：为什么？

生：为了孩子能读书，母亲想方设法凑钱，也不让我失望。

师：“凑”字说明母亲已经再拿不出给我买书的钱，但都要想方设法去借钱，来完成“我”买书的心愿。这就是——慈母情深。

第四小组汇报：

（出示句子：“我穿过一排排缝纫机，走到那个角落，看见一个极其瘦弱的脊背弯曲着，头和缝纫机挨得很近。”）

生：这是母亲的外貌、动作描写。

师：你看到了一位怎样的母亲？

生：极其瘦弱。

师：极其瘦弱到怎样？

生：极其瘦弱的脊背，面黄肌瘦，皮包骨头。

师：一个瘦弱、辛劳的母亲形象。

（教师板书：极其瘦弱）

（教师指导学生有感情地朗读句子）

第五小组汇报：

（出示句子：“母亲掏衣兜，掏出一卷揉得皱皱的毛票，用龟裂的手指数着。”）

师：有什么问题吗？

生：“龟”应该读“jūn”。

师：对。（出示图片）看，这就是龟裂的土地。妈妈的手就像这干涸的土地，裂开了一道道口子，（教师板书：龟裂）这让你感受到什么？

生：母亲干活很辛苦。

生：母亲是因为我们才熬成这样的。

师：看着都让人心疼。

生：从“皱皱的毛票”可以看出我们家很穷。

师：“揉得皱皱的”说明这些钱不知拿了多少回，总是不舍得用。课文中还有哪里能看出我们家穷？

生：“母亲从来没有一次给过我这么多钱。”

生：“那时我家的破收音机已经卖了，被我和弟弟妹妹们吃进肚子里了。”

师：大家都会用“联系上下文”的方法来读课文，好！

四、精要点拨，领悟方法

师：母爱真是伟大啊！能找出作者直接抒情的句子吗？

生：“背直起来了，我的母亲。转过身来了，我的母亲。褐色的口罩上方，一对眼神疲惫的眼睛吃惊地望着我，我的母亲……”

生：从“眼神疲惫”我体会到母亲工作劳累。

（教师板书：眼神疲惫）

师：母亲没日没夜地工作为的是谁？

生：孩子。

师：这句话有什么特别的地方？

生：我发现“我的母亲”出现了三次。

生：我发现了三句都把“我的母亲”放在句子后面，更能表达母亲爱我。

师：体会得好！把“我的母亲”放在句子后面，更能说明母亲那辛劳的形象深深地印在我的脑海中了。

（师生合作朗读句子）

生：老师，我还发现第三句后面用的不是句号，是省略号。

师：真细心，那你从中体会到什么？

生：作者已经很伤心了，已经说不下去了。

（教师指导学生有感情地朗读句子）

五、迁移运用，拓展练笔

1. 总结全文，领会写法。

师：课文在表达上有什么特点？

生：作者通过外貌、语言、动作等描写，写出了母亲对孩子的爱。

2. 指导选材，范文引路。

（出示下水文，教师朗读）

我进家门时，发现母亲还在厨房里忙活。刚坐下，母亲便小心翼翼地端来一碗热腾腾的汤，说：“先喝汤，这汤清热润肺，多喝点儿啊！”喝完汤来到饭桌前坐下，只见饭桌上摆满了我爱吃的菜。这时，母亲捧着菜从厨房走出来，笑着说：“清蒸鲫鱼，你最爱吃了。”我忙接过来，说：“妈，做那么多菜哪吃得完呀？”弟弟不知什么时候走了过来，笑着对我说：“姐，你可得多点儿回来，看，你一回来吃饭，我们就像过节一样。”母亲瞅了弟弟一眼，说：“看你说的！妈平时虐待你啦？”边说边往我碗里夹了一个鸡腿，笑着对我说，“别管他！有空就多回来吃饭，别只顾着工作，要注意身体啊！”

师：我主要是通过什么描写来表达母亲对“我”的爱？

生：语言描写。

生：还有动作描写。

师：下面让我们随着镜头重温一下父母对孩子的爱吧。

（配乐播放图片）

师：请你通过外貌、动作、语言、神态等描写，表达出父母对你的爱。

3. 学生练笔，教师巡视指导。

4. 展示交流，师生点评。

练笔1：妈妈非常爱我。有一次，我感冒了，妈妈连忙给我量了量体温，竟到了三十八度六。这时已经是晚上九点多了，外面还下着雨。妈妈说："管不了那么多了，快走，去医院吧。"说着，妈妈给我穿上外套，披上雨衣。一出门，真冷啊！我打着伞，妈妈背着我，一步三摇地走着，我伏在妈妈背上，只觉得一阵阵暖流涌向我的心头。

师：哪里写得好？

生：我认为他写出了自己的心理活动，写出了真情实感。

生：他有语言描写，从妈妈的话中我们感受到当时妈妈很着急。

师：有什么建议？

生：建议加上外貌描写。

师：具体怎么写？

生：到医院后，母亲放下我，只见她大口大口地喘着气，雨水和汗水顺着她的脸颊流下来，额上的刘海全湿了……

师：好！加上这句描写后，更加突出妈妈对"我"的爱了。

练笔2：天公不作美，放学时才下起滂沱大雨，但妈妈还是像往常一样准时在校门口等我放学。只见她撑着伞踮着脚向校园里张望，生怕我找不到她。一见我走出校门，她马上拿过我的书包背在背上，搂着我说："怎么不叫有带伞的同学遮你出来，看，湿成这样！回家赶紧把衣服换了！"说着又把伞向我这边挪。回到家，妈妈已经全身湿透了。

师：哪些描写让你感受到母爱？

生：从语言描写感受到妈妈心疼"我"，担心"我"会生病。

生：他的动作描写很好。"挪"字写出了妈妈为了"我"完全不顾自己。

师：是啊，"挪"用得多传神！

……

六、总结收获，积累延伸

1. 总结收获，畅谈感受。

2. 布置作业，推荐课外阅读。

（1）修改小练笔。

（2）课外阅读《纸船——寄母亲》《父亲》《背影》

【板书设计】

18* 慈母情深
极其瘦弱
眼神疲惫
龟裂
塞、凑
“挺高兴……”

【教学反思】

《慈母情深》节选自著名作家梁晓声的《母亲》，通过描写贫穷辛劳的母亲在极其艰难的生活条件下，毫不犹豫地给钱让“我”买书的事，表现了母亲对儿子的爱，以及儿子对母亲的感激、热爱之情。这是一篇略读课文，在教学时我做到真心“退位”，把时间还给学生，让学生充分自读自悟，我只作精要点拨，在学生得言、悟情、得法之后，引导学生学会迁移运用。

1. 悟文本之情，入情入境感情朗读。

陶行知先生曾讲过，让孩子们读、读，反复地读。只有把读作为理解与感悟的手段，才能体会文字背后蕴藏着的情。

课文字里行间洋溢着作者对母爱的赞美与感激之情。因此，我让学生充分自读自悟，在读中理解，在读中悟情。教学时我注重创设情境，让学生在读中感悟母亲辛劳的形象，并把学生引入情境中，引发想象：母亲极其瘦弱到怎样？当学生充分理解后，再让学生把这感觉带进去读，体会母亲对作者的爱以及作者对母亲的感激、热爱之情就水到渠成了。

2. 补文本之白，大胆想象展开对话。

课文中有些地方作者有意留出空间，让读者去想象、揣摩。教学时，我就从这些点切入，鼓励学生展开丰富的想象，与文本、与作者对话。

如学生谈到“母亲却已将钱塞在我手心里了，大声对那个女人说：‘我挺高兴他爱看书的！’”一句时，我让学生抓住“塞”这个动作词，代入角色并想象当母亲把那皱皱的毛票塞给我时，我是怎么想的？引领学生走进作者的内心，体会母亲对孩子的爱。学生纷纷发表想法后，我紧抓“掏”“塞”这两个极普通又能折射母亲伟大的字眼，点拨：“揉得皱皱的说明这些钱不知拿了多少回，总是不舍得用。这一‘掏’是在掏家人的生活基本保障啊，可这一‘塞’却是毫不犹豫的，坚决、果断的。多么无私，多么深沉的母爱啊！”

这样，师生与文本、师生与作者、师生之间展开多维对话，在语言和情感的“和谐共振”之中诠释了“慈母情深”，母亲的人格魅力自然就扎根学生心中了。

3. 仿文本之法，进行读写结合训练。

崔峦老师说：“在我们语文教学中，一方面要加强阅读教学，另一方面要加强读写联系，做到读写渗透，读写结合。”我们要找准读写结合点，在教学中不失时机地进行读写结合的迁移训练，既达到学语言、用语言之目的，又激发了学生的情感与文中的真情再次形成共鸣。

本文对母亲的描写并没有浓墨重彩，只是抓住母亲的形、行、情等，母亲的形象就诉诸作家笔端。如何把习得的表达方法迁移运用到练笔之中？我设计了这样一个环节——播放一幅幅日常生活中父母关心、爱护孩子的图片，并出示了一段下水文。在音乐的渲染下，父母关爱孩子的情境唤醒了学生的情感体验，学生文思泉涌，都能抓住动作、语言、心理活动等写出父母对自己平凡而无私的爱。这样找准读写结合切入点，真正让学生在语言实践活动中提升语言表达能力。

如在展示的第二篇练笔中，学生能抓住妈妈的语言、动作等，写出对自己的爱，从“踮着脚张望”可看出妈妈当时焦急的心情，妈妈对我说的话，看似责备，实则是对我的关心，一个“挪”字用得更传神——这就是无言的爱！

纵观整节课，能让学生在自主学习、自主感悟中既得言、得意，又得法，同时不失时机地进行读写结合的迁移训练，学生的读写能力均有所提升。但这节课也有一些不足之处，如小练笔的点评因时间太仓促，导致点评不够到位，也不够深度，有待以后改进、提升。

专家点评

佛山市南海区大沥镇盐步中心小学语文科组经过三年多的实践研究，总结出了“读写双轨　六步提升”小学语文阅读教学高效课堂教学模式，并形成研究成果报告。报告从背景与理论依据、研究目标、模式及其操作程序、教与学的评价、影响与推广情况以及研究的困惑、反思、对策六个方面进行了阐述。从成果报告和高效课堂实录中，可以体现研究人员在构建小学语文高效教学模式上有自己的独特经验并取得显著成果。为解决当前阅读教学“得意而忘言”“读写分离”等问题，学校语文科组把出发点和落脚点都放在“学习语言文字的运用”上，深入开展了“读写双轨　六步提升”小学语文阅读教学高效课堂教学模式的构建与实施研究，并细化出精读课和略读课两个模式的操作方法和策略，很好地服务于语文教学。该模式在学校全面实施后，提高了阅读教学效率，在大面积提升了学校语文教学质量的同时，又全面提升了学生语文素养。这是“读写双轨　六步提升”阅读教学模式最值得推广的地方。

1. 根据课改现状提出问题，选题具有现实意义。

语文课程改革已轰轰烈烈开展了十多年，围绕着语文课程工具性与人文性的争议一直不断。《义务教育语文课程标准（2011年版）》对语文课程进行了重新定位：“语文课程是一门学习语言文字运用的综合性、实践性课程。”在语文新课程标准中，反复强调“语文课程致力于培养学生语言文字的应用能力”。有鉴于此，学校研究人员以“读写结合”为切入点，广大教师积极开展如何引导学生“在大量的语文实践中掌握和运用语文的规律”的研究，这样的选题既符合学校实际，又是语文课改的需要，具有现实意义。

2. 以读写结合为专题，研究具有理论意义。

学校研究人员紧紧把握住语文课程核心理念，以“读写结合”为研究专题，学科特点鲜明，有一定的深度。对于“以读促写，读写结合”这个问题，我省的丁有宽老师很早就提出：读和写是个互逆的过程。它们之间既相对独立，又密切联系。抓住它们之间的联系点，系统地进行读写训练，不仅是提高作文能力有效的途径，而且是提高学生听、说、读、写各项能力达到全面发展的重要途径。学校以读写结合理论为指导，针对学生阅读和写作存在的问题深入开展研究，探索了"读写双轨　六步提升"语文阅读教学高效课堂教学模式及其方法、策略，丰富了小学语文教学"读写结合"这个专题的理论。

3. 立足语文课堂教学，模式具有可操作性。

据了解，学校高度重视此项研究，语文教师积极参与，在教学中实践，在评课中发现问题，课后进行反思、总结，再开展第二轮实践、反思、总结，不断完善模式，研究过程非常扎实。学校在强调"语言文字运用"的教学理念下，积极探索了小学语文读写结合的有效策略和方法，构建了富有特色的、符合学校实际的小学中高年级读写结合阅读教学模式，实现了高效课堂常态化。特别是学校教师根据精读、略读课文的编排意图及功用有异的特点，分别细化出精读课和略读课的"读写双轨　六步提升"高效课堂教学模式，报告中对模式各环节的界定清晰，从方法和步骤上进行分解，具体而入微，让教师教学有章可循，具有很强的可操作性和实效性。

4. 把握语文课改关键，课堂评价具有导向性。

教学评价是语文课程改革的热点问题，也是关键问题。学校研究人员意识到科学的课堂教学评价是实现课程目标的重要保障。为此，学校根据语文课程标准的目标和要求，在教与学的评价改革上进行了很好的尝试。经过不断修订，完成了"读写双轨　六步提升"阅读教学高效课堂教学评价量表。这份评价量表克服了传统评价的弊端，评价对象的重心从"教师"转到"学生"，评价标准从"传授知识"转向了"能力发展"。其中教师的"教"占45分，包括教学目标、教学内容、教学策略、基本素养四个二级指标；学生的"学"占55分，包括学习参与度、自主思维度、合作交往度、目标达成度四个二级指标。从表中所列的一级指标、二级指标、评价内容的说明中，我们可以感受到该研究有很强的可操作性，该课堂评价量表对教师的教学起到很好的导向作用。

5. 研究成果显著，具有推广价值。

在盐步中心小学语文教师的共同努力下，该项研究取得了显著的成效：语文教学质量与学生语文素养得到了全面提升，还促进了语文教师专业发展，推动了语文科组建设和学校发展。所以，"读写双轨　六步提升"小学语文阅读教学高效课堂教学模式的研究，对高效课堂教学改革具有指导性意义，具有推广价值。

"高效课堂"是我们一直追求的目标。希望语文教师在实践中，灵活运用该教学模式，把理论与实践、经验与教训结合起来，不断完善"读写双轨　六步提升"的阅读教学模式，展现语文阅读教学的艺术魅力，使该项成果能得到广泛推广，产生更大影响。

广东省教育研究院教研室　杨建国

“DREAM”——“梦想”课堂小学英语课堂五步教学模式

*

佛山市南海区桂城街道中心小学

主体报告

英语教育不断产生新的思想和情感。随着人意识的发展变化，思想和情感的打破和重构，英语教育不断呈现新的特点，教与学也成为一个不断变化的过程。随着英语教学的发展，教学模式不断完善，对教学模式的研究和探究也是一个永无止境的过程。

一、“DREAM”——“梦想”课堂教学模式的背景与理论依据

（一）“梦想”课堂教学模式的背景

1．英语课程改革的需要。

《义务教育英语课程标准（2011 年版）》力求深化课程改革的基本理念，坚持推进素质教育，强调英语课程要能够为有效促进学生的全面发展而服务；强调学习过程，重视语言学习的实践性和应用性特点。在课程目标方面，继续采用多维度方式进行描述，体现英语课程既重视培养学生的语言基础知识和基本技能，也注重优化学习过程，引导学生形成有效的学习策略和较强的文化意识，培养积极向上的情感态度和正确的价值观。在评价方面，既关注学习过程，又关注学习结果，以促进学生综合语言运用能力的发展。在人才培养模式方面，提出要引导人才培养模式的变革，以能力为重，从重视语言知识的传授转向对学生综合语言运用能力的培养，强调学习外语的过程不再是一个枯燥的背诵和记忆的经历，而是一个积极主动的学习过程，一个不断提高语言运用能力和人文素养的过程，即工具性与人文性的统一。

英语课程基本理念、课程目标、评价和人才培养模式的变革，使教学模式和方法的变化已成必然。

2．小学英语教学模式发展的需要。

教育的最终目的是将来能够提高学生更容易、更有效地进行学习的能力。优秀的教学总是由一系列的教学模式组合而成的！在对小学英语教学模式的探究过程中，我们思考两个问题：怎样教学生学会更快、更有效地学习英语？在什么程度上可以使全体学生更有效地学习英语？

笔者 2000 年开始从事小学英语教学，十几年来，小学英语主要走过了以下三个阶段的教学模式。

表 1

阶段	第一阶段 （2000—2004 年）	第二阶段 （2004—2008 年） （任务型教学模式）	第三阶段 （2009 年至今） （5P 教学模式）
环节	复习（Revision） 呈现（Presentation） 操练（Practice） 巩固（Consolidation） 总结（Conclusion）	任务前（Pre-task） 任务中（While-task） 任务后（Post-task）	准备（Prepare） 呈现（Presentation） 操练（Practice） 产出（Production） 发展（Progress）
关注点	关注各种功能游戏设计，通过机械—半机械—活用的游戏，让学生学得语言	通过设计各种小任务组成任务链，学生在完成任务的过程中学得语言	关注教学中的预设与生成

这三个阶段模式的各个环节，经过十几年的发展，里面包含的教学活动有很大的变化。从语言知识和语言技能的学习层面来看，这三种教学模式都能做到。但在教学模式的表述方面，这三种教学模式都是从教师设计课堂活动这一层面表述的，以教师为中心的教学贯穿始终。学生已有知识的激活、原有学习策略的发现、各种活动的积极参与、情感的体验、学习策略的发展，各类学生心理发展的规律等，难以顾及及体现。

3．学校发展的需要。

我校地处全国课改前沿的广东佛山南海，具有较好的教学资源，师资综合素质高。全区一、二年级已开设英语课（2～3 节/周）。小学三年级统一使用人民教育出版社课程教材研究所编著的《PEP 英语教材（三年级起点）》（以下简称 PEP 教材）。在贯彻新课程理念过程中，我校不少教师虽能领会"用语言做事情"的理念，但是缺乏把这样的理念真正落实到课堂活动中的具体技术（techniques）。课堂上，他们大部分的精力用于研究如何把所谓的知识点讲透、落实，而没有关注学生的学习过程，尤其没有基于本身课堂教学进行系统的教学策略的培养，没有改善学生的学习模式，以至于学生的综合语言运用能力有缺陷，学生中年级学习成绩较好，高年级优势不大明显，学生学习力不强。

几年前，佛山市、南海区和桂城街道教育局提出进行"轻负高质"的课堂教学改革。我们一直思考，怎样才能基于课堂，提高学生的综合语言运用能力？怎样才能促进学生的可持续发展？怎样才能使教师个人专业发展在课堂教学生根发芽，茁壮成长？

基于以上情况，为了适应英语课程改革和小学英语教学模式的发展，以及我校小学英语课堂改革和学校的发展，必须优化或改变我校现有的英语课堂教学模式，探索一种新的英语课堂教学模式。因而，我们提出了"DREAM"——"梦想"课堂教学模式。

（二）"梦想"课堂教学模式的理论依据

1．有效教学理论。

（1）小学英语教学的根本目的是培养学生综合运用语言的能力。评价教学是否有效的唯一依据是学生的发展。有效教学意味着：①教学目标达成度高（全体或绝大多数学生）；②教学资源消耗较少（时间、精力和物资）；③教学过程快乐有趣（更高的学习积极性）；④学生主体能力提高（更强的学习能力）。

（2）教学的有效性不仅是知识、技能显性方面的衡量，也包括过程与方法、情感态度与价值观等隐性方面的指标。

2. 元认知理论。

美国儿童心理学家弗莱维尔认为：元认知（Cognition）是对思维活动的自我体验、自我观察、自我监控和自我调节。其实质就是对认知活动的自我意识、自我控制。它含三部分：元认知知识（对认知活动过程、结果及相关信息的认识）、元认知体验（伴随认知活动而产生的情感体验）、元认知监控（主体对认知活动的监控与调节）。

最有效的学习者都在不断提高自己学习、拓展工具、控制学习过程的意识。换句话说，他们形成了对学习策略的“执行控制”（executive control）而不是消极被动地接受环境的影响。

二、“DREAM”——“梦想”课堂教学模式的研究目标

以学生为中心的“梦想”课堂教学模式的研究，学生成为学习活动的主动参与者、知识的探究者、自身价值的实现者，从而实现“我高效、我轻松”。

以教师为主导的“梦想”课堂教学模式的研究，教师成为自主学习环境的创设者、每个学生学习优势潜能的发现者、学生学习策略的指导者，从而也实现“我高效、我轻松”。

三、“DREAM”——“梦想”课堂教学的模式和操作程序

（一）“DREAM”——“梦想”课堂教学模式的总体框架

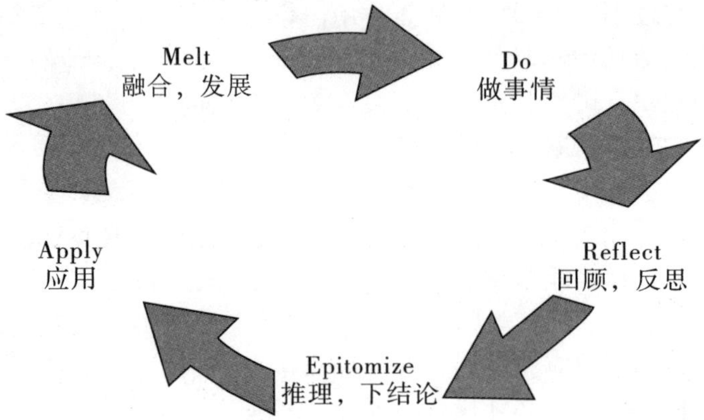

图1

1. “梦想”课堂教学模式名称的由来。

五个组成部分 Do，Reflect，Epitomize，Apply 和 Melt 的第一个英文字母分别为 D，R，E，A，M，合在一起组成英文单词 DREAM，意为“梦想”，因而这一教学模式简称为“DREAM”——“梦想”课堂。

2. "梦想"课堂教学模式的五个组成部分。

（1）Do things. 做事情。

（2）Recall what happened and reflect on that. 回顾，反思。

（3）Epitomize on those. 推理，下结论。

（4）Apply. 运用。

（5）Melt. 融合，发展。

"梦想"课堂的常态教学步骤是按 Do—Reflect—Epitomize—Apply—Melt 的顺序进行。也可以根据不同的课型和不同年级学生的实际情况，其先后顺序可以进行调整。也可以交替重复出现，如做一件事情后，立即进行反思与推理，然后再做一件事情，再进行反思推理，以此类推。

3. "梦想"课堂教学模式的内涵。

（1）体验学习的循环。

这五个部分组成体验学习的循环，其核心环节是"Do"——"学生自己做事情"。来自他人的信息、指导、支持、展示和反馈等，可以在任何一个环节的任何时间出现。给予学生不同的学习任务，在完成任务的过程中，使其获得多元的学习体验。

表 2

学习任务	对学生的意义
让学生阅读	基本技能
让学生说话	用英语表达思维的机会多
让学生动手	做一件事的成功感
让学生发问	逆向思维
让学生解答	学生太容易得到答案，他以后不会找答案；经过错的答案，才明白对的答案
让学生完成	让学生展示……
让学生评价	选择做好的做法
……	……

（2）尊重学生起点，关注学生思维发展。

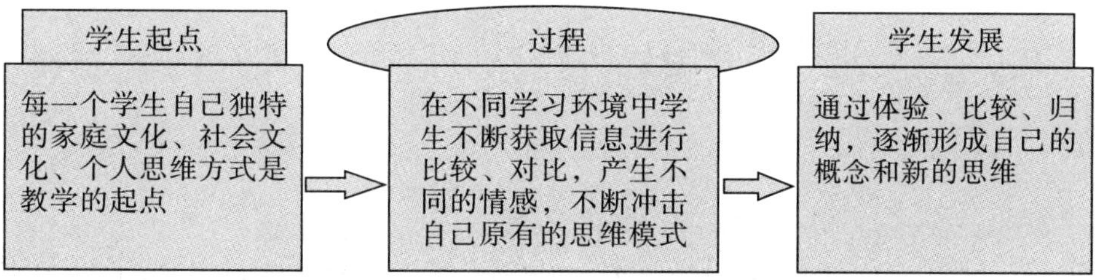

图 2

（3）学生成为更为强大的学习者，教师成为更优秀的学习型老师。

教师少关注教学的技巧，多关注课堂的逻辑性、真实性和师生间真实的交流，帮助学生认识自己是如何学习的，通过让学生体验学习过程，反思（Reflect）学习过程、学习材料、学习技巧和学习途径，不断总结（Epitomize），发展自己的学习策略，并在运用（Apply）中，将知识转化成能够实际应用的技能，从而成为越来越强大的学习者。在此过程中，教师也会成为越来越优秀的学习型老师。

（二）“DREAM”——“梦想”课堂教学模式的操作程序

1. Do——做事情。

（1）聚焦——课前揭示教学目标、提出问题；通过设置真实的、学生熟悉的语境，引出概念，学生可以不受限制地表达自己的看法。

（2）体验——学生在与老师、同学的交流中，自觉地收集信息；在完成小组任务的过程中，对信息做细致的研究，形成初步的概念。

教师可根据不同的课型，如语音课、词汇课、会话课、阅读课、复习课等，课前设置预学案，一方面培养学生自主学习、主动探究的能力；另一方面可让教师更好地厘定学生的起点，确定学生的最近发展区。教师通过调整自己的教学目标，选择不同的教学活动对该学生群体进行因材施教，在时间成本不变的前提下，实现课堂的高效。

案例：以下是人教社小学英语 PEP 六年级下册针对 be going to 结构的一节复习课，围绕“制订假期计划”这一话题展开。课前，笔者让学生课外独立完成复习先学表。

话题式复习先学表

亲爱的同学们，你们做过计划吗？做过什么计划呢？现在我们要做一个旅游计划，你有什么想法吗？下面我们就一起来用英语做一个旅游计划。

Task 1 一个旅游计划需要哪些部分组成，请选择你认为需要的部分。

(　　) 1. My hobbies	(　　) 2. Place to go
(　　) 3. How to go	(　　) 4. Who to go with
(　　) 5. What to do	(　　) 6. My friends
(　　) 7. Time to go	(　　) 8. My teachers

Task 2 请根据你确定的计划组成部分完成下图，并从三到六年级的课本里把学过的相关词语写在图里。

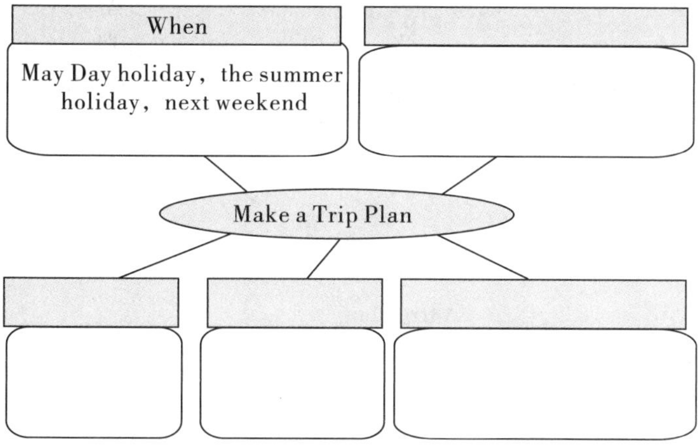

图 3

Task 3 你能在三至六年级课本里找到有关假期能做的活动短语吗？试着找一找，看看你能找到多少个短语？

一开始上课，教师以图片和文字的提示作为支架，通过猜一猜活动，导入暑假这一概念。通过师生间、生生间谈论暑假可以做的事情，激发学生回忆并复习动词词组。教师呈现暑假可做事情的部分动词短语并示范归类，学生小组讨论、同伴合作把剩余动词短语归类，并阐述原因。随后，以教师制订旅游计划这一事件为基点，通过师生间交流，学生向教师提制订旅行计划的建议，交互生成符合教学实际的计划。

通过"聚焦——体验"，学生形成初步的概念。

2. Reflect——回顾，反思。

（1）在体验的基础上，确定和列举与主题或问题相关的数据资料。

（2）将这些数据资料分成具有共同特征的类别。

（3）教师让学生回顾所做事情，并让他们对此进行反思。反思做事情的过程、结果及相关信息的认识（即元认知知识），反思伴随认知活动而产生的情感体验（即元认知体验），反思做事情的过程采取的策略。通过三反思，实现对思维活动的自我体验和自我观察。

案例：以下选自小学英语 PEP 六年级下册针对 be going to 结构的一节复习课。学生在教师的引导下，回顾制订教师暑假旅游计划的过程，用思维导图的形式列举五个范畴 When，Where，How，Who 和 What 的信息。

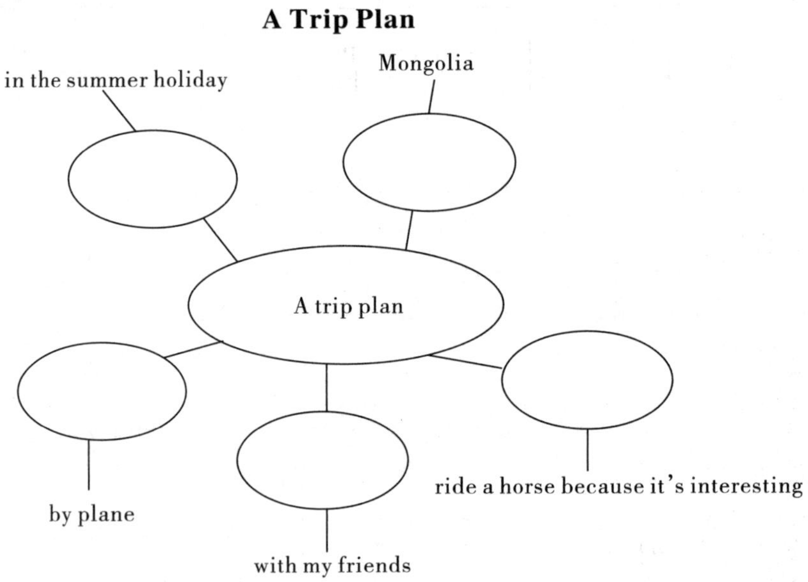

图4

学生在此过程中，在教师提供的各种支架下，主动探索、主动发现，重新组织信息，修改原有的概念。

3．Epitomize——推理，下结论。

学生诠释数据资料，为各类别命名，并由此推理；教师观察学生，并通过质疑、释疑来帮助学生拓展完善他们的概念。整个学习环境是由学习共同体、数据资料库的建设和学习任务的初步分类组成。

案例：以下选自小学英语 PEP 三年级上册第二单元 Letters and sounds 的一节语音课。学生在教师的引导下，推断出字母 d 在发［d］的音。

教师通过 PPT 向学生展示中山公园及其平面图，带领学生进入 A 区参观。在湖边有一只小狗和一只鸭子，教师提问学生看到什么，引出 duck 和 dog 两个单词，并结合图片进行谈论。然后教师引导学生观察教师嘴形，教师用英语读出 duck 和 dog 两个单词，学生通过观察和聆听，找出这两个单词相同的音［d］。教师呈现 duck 和 dog 两个单词，学生找出相同的字母 d，然后推理字母 d 发［d］的音。

4．Apply——应用。

通过设计一系列综合听、说、读、写的有联系的活动，将概念理解转化为“技能”，这一阶段既是学生思维与表达的产出，也是检测评价。这一阶段的难点是如何根据学生的最近发展区，提供适合他们的内容支架、语言框架和结构框架，以此达到综合应用、内化提高的效果。

案例：以下选自小学英语 PEP 六年级下册针对 be going to 结构的一节复习课。

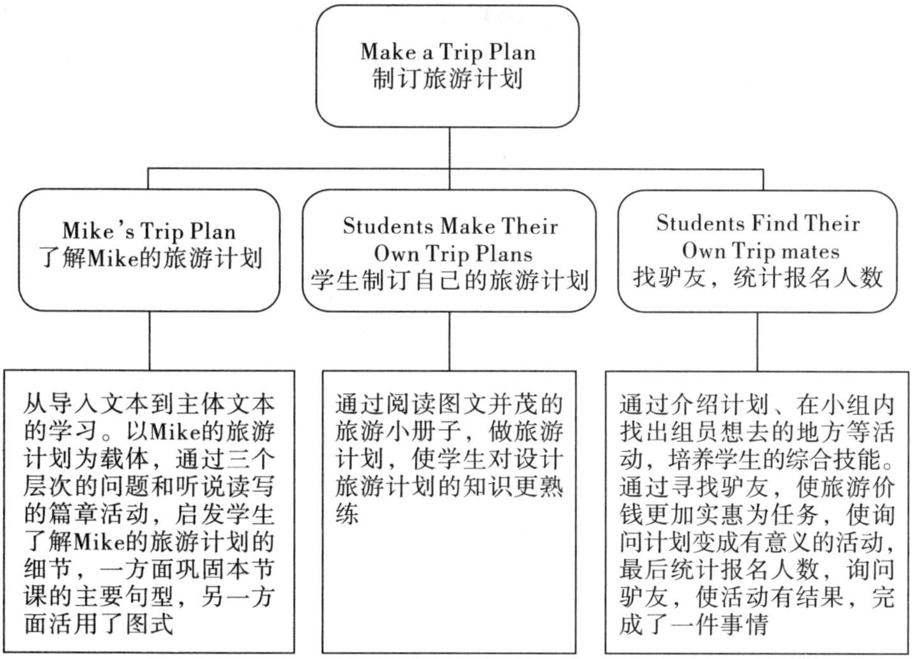

图 5

5. Melt——融合，发展。

对预设的目标进行回归性的检测，总结概括，评估进步，巩固学习。学生进一步对自己的学习加以反思、评价、调整。

案例：以下选自小学英语 PEP 四年级上册第四单元 My home B Let's learn 的一节词汇课。学生在教师的引导下，参观古堡学习 bed，sofa，table，fridge，phone 五个单词，通过参观现代房间，体验佛山、中国及世界不同的房子与房间，体验古今房子的不同，为桂城的青苹果之家设计活动用房。笔者设计了以下两个活动：一是通过朗读古堡平面结构图，进行学习线索、学习内容和学习方法的总结，让学生学会学习。二是布置延续性作业，给“青苹果之家”的活动用房提建议，并写在便笺上，以便交给“青苹果之家”做设计参考。

通过总结概括，培养了学生积极的学习态度，改善了学习方法，增强了学习能力，从而提高学生自己控制学习过程的能力，即元认知监控能力。

四、“DREAM”——“梦想”课堂教学模式教与学的评价

在新教学模式下的教学评价，不再是单纯对学生语言知识和语言技能的评价，对学生的评价标准已从知识转向了学习策略、学习过程和学习能力等，也包括了学习动机、兴趣等非智力因素。而以学生为中心的这一教学方式也要评价教师，评价的标准也相应转变成了教师是否为学生创设了一种有利于知识构建的情境，是否能激发学生的主动精神、合作意识、浓厚的学习兴趣。下面是我校高效课堂教学模式的评价表。

表 3　桂城街道中心小学英语高效课堂教学模式课堂教学评价表

授课人		授课时间		授课班级	
课题		课型			
评价要点	评价标准			分值	得分
教学目标	1. 教学目标明确，立足学生认知水平，符合新课程标准要求以及该班学情 2. 教学目标具可操作性和可检测性 3. 教学目标面向全体学生同时体现差异性，关注不同学生的需求			10	
教学内容	1. 精心组织，容量适当、坡度合理 2. 符合认知水平，循序渐进，突出重点，抓住关键，突破难点 3. 创造性地处理、使用教材以及整合各类教学资源，拓展英语学习渠道			15	
教学过程	1. 创设贴近生活的情境，以真实的语言交际为目标，激发学生用英语表达的动机 2. 教学组织有序，教学环节设计合理、意图明确，过渡自然 3. 教学策略和方法选择符合教学内容与学生学习实际，且赋予学生一定的时间和空间，能进行有效的设问、聆听与追问，在活动中发展学生的语言和思维能力 4. 挖掘教材中的文化内涵，培养学生的跨文化交际意识和能力，提升学生的人文素养 5. 在教学中准确、多样、有效地运用评价语言			40	
教师素养	1. 教师具有扎实的教学基本功（如板书、简笔画、肢体语言等） 2. 英语口语地道，清晰流畅，与学生间有真实的情感交流，师生关系和谐 3. 课堂驾驭能力和应变能力强，能合理地处理好预设和生成之间的关系			10	
教学效果	1. 教学目标达成度高，不同层次学生均学有所得并体验到课堂学习带来的乐趣和成功 2. 关注学生能力的培养。学生通过体验、感知、实践、参与和交流等学习方式发展语言交际和思维能力 3. 学生的学习策略得到优化，在语言、认知、概念、技能、价值观方面得到发展，独立解决问题和合作能力进一步提高，能主动积极学习			15	
教学特色	设计的教学方案有独具特色的主题或立意，在教学的某环节或全过程有独具创新的教学设计，其效果显著，有推广价值			10	
综合评价	85 分以上为 A，84～70 分为 B，70 分以下为 C			合计	
				评委	

五、"DREAM"——"梦想"课堂教学模式的影响与推广情况

（一）促使常态课堂发生改变

1. 学生学的改变。

在课堂上，学生在用英语主动体验参与的过程中，在与教师、与同伴进行真实情感交流的过程中，自主建构知识、发展思维，在语言、认知、概念、技能、价值观方面，学生都获得发展，并对学习英语有积极的情感。

2. 教师教的改变。

在此教学模式下，教师给学生提供学习的活动和组织学生活动的方式，让学生做中学，做中用，积极参与，勇于实践。教师提供包含语言学习、学生情感态度、学习策略等方面的反馈，旨在通过表扬和纠正错误促进学生的学习。教师注重学生在课堂上的生成资源，是真正意义上的师生真实对话，是学生学习过程的真实体现。

3. 课堂文化的改变。

学生的学习是在师生、生生互动的过程中进行的。学生在此过程中，通过对思维过程的自我体验、自我观察、自我监控和自我调节，不断提高自己学习、拓展工具、控制学习过程的意识。

（二）培养和锻炼了骨干教师，促进了教师的专业成长

1. 通过课堂教学模式的探索，促使教师实现了角色的转变。

教师从语言知识的讲授者和语言技能的训练者到各种教学方法的熟练运用者，最终慢慢向全面发展培养者转变。

表 4

Type	Subject matter	Methodology	People
Explainer	√		
Involver	√	√	
Enabler	√	√	√

2. 通过课堂教学模式的探索，教师课堂设计、实施能力和教学研究能力得到发展。

以下是我校教师专业发展足迹：

（1）课例方面。

① 2012 年，在小学英语优秀教学案例展评活动中，冯海燕老师、谢爱仪老师课例 *Recycle* 1 *Let's Take a Trip* 荣获佛山市一等奖、广东省一等奖、全国三等奖。

② 2012 年至今，在佛山市中小学新课程优秀课例片段（微课）征集评选活动中，吴少芹老师课例获市一等奖，潘妍老师和黄丽莲老师课例分别获市三等奖。

③ 2013 年，在佛山市中小学"有效教学"智慧课堂优秀课例展示交流活动中，成青、黄丽莲老师的课例被评为市二等奖。

（2）论文、教学设计、教材分析、课件等方面。

① 2011 年，在四年级英语教师教材分析比赛中，谢爱仪老师、潘妍老师分别荣获桂城街道一等奖、南海区二等奖。

②2012 年 7 月，在桂城街道“儿童英语故事教学法”论文评比中，成青老师、谢爱仪老师、叶丽琼老师和吴少芹老师的论文均获得一等奖，潘妍老师、郑清凤老师和黄丽莲老师的论文均获得二等奖。

③ 2012 年 9 月，在桂城街道中小学教学论文评比中，黄丽莲老师、潘妍老师、郑清凤老师的论文荣获二等奖，叶丽琼老师的论文荣获三等奖。

④ 2012 年 10 月，在南海区多媒体教育软件评审活动中，冯海燕老师的课例荣获三等奖；黄丽莲老师、郑清凤老师课件荣获三等奖。

⑤ 2014 年 9 月，在桂城街道中小学教学论文评比中，冯海燕老师的论文荣获一等奖，谢爱仪老师、潘妍老师的论文分别荣获二等奖。

（3）教研与课题研究方面。

① 2011 年，我校被委托为广东省中小学教学研究“十二五”规划课题“以读促写，培养小学生英语初步写作能力的实践研究”的实验学校，负责“结合 PEP 教材模块，开展写作训练”项目。

② 2009 年至今，我校共有四个小课题获区立项，一个小课题获镇立项，并已全部结题。

③在“首届广佛肇教师校本行动研究评比暨第四届佛山市教师行动研究案例评比”活动中，成青老师撰写的《小学英语 Pair Work 的行动研究》荣获佛山市三等奖。

④ 2013 年，黄丽莲老师参加南海区地方课程和校本课程优秀案例评审活动，荣获三等奖。

（三）发展了学生综合语言运用能力

1. 在全国小学生英语能力竞赛（六年级组）中，连续三年处于南海区的领先地位。

表 5

年份	2011 学年	2012 学年	2013 学年
参加人数	12	6	6
获奖人数	12	6	6
获奖率	100%	100%	100%
一等奖	8	4	5
二等奖	4	2	——
三等奖	——	——	1

2. 在南海区英语口语能力大赛中，2 年获区一等奖，2 年获区二等奖。

3. 在桂城街道学生团体竞赛中屡获佳绩。

（1）2011 年至今，在桂城小学五年级“学英语”暨习思能力竞赛中，3 次荣获优胜奖。

（2）2011 年至今，在桂城小学四年级英语单词、句型竞赛中，3 次荣获街道优胜奖。

（四）促进校际、区域间的交流

1. 2012 年 6 月，我校教师应邀参加在北京举行的人教版义务教育英语教材培训者培训会议。

2. 我校教师参与 2011 年广东佛山南海区骨干校长教师南通研修班。

3. 我校教师参加 2010 年省骨干教师学习，并成为鲍当洪工作室的成员。

4. 我校教师参与人民教育出版社课程教材的编写工作。

5. 我校教师赴河南郑州，湖南岳阳，安徽合肥，广东河源、梅州，湖北咸宁、恩施、孝感作教材培训、观摩课点评和教学模式分享。

6. 作为省中小学教学研究“十二五”规划课题“以读促写，培养小学生英语初步写作能力的实践研究”的实验学校，我校分别到广州、江门、深圳等地交流。

7. 台山市教研室英语教研员雷炳权与台山市斗山镇中心小学一行 18 人莅临桂城中心小学进行主题为“新课标下的英语课堂”的交流活动，我校分享“梦想”课堂教学的模式与具体操作。

8. 我校老师的单元教学设计和录像课获 2011 年广东省小学英语优秀教学案例展评活动一等奖，并在佛山市有效教学研讨会上现场献课。

综上所述，实施“DREAM”——“梦想”课堂教学模式不但使学生的“学”、老师的“教”发生了变化，而且研究促进了学生和教师的成长。

六、“DREAM”——“梦想”课堂教学模式研究与实施过程中的困惑、反思及对策

（一）“梦想”课堂教学模式研究与实施过程中的困惑、反思及对策

问题 1：语用真实、语境真实、语义真实的语言运用活动的设计与实施有待加强。

解决对策：设计大的情境，或在概念的统领下，设置小情境串联，使活动间的联系逻辑增强。

问题 2：教师话语交流的真实性和逻辑性有待加强。

解决对策：教师所设计的问题要具有针对性、层次性，切忌过简或过难，启迪性、思考性、探究性、思想性、趣味性或能引起学生表达不同的观点的讨论话题，才能实现师生、生生之间有效的互动。

问题 3：教师较难把握课堂，对教师的要求较高。

解决对策：提高教师应变策略能力，在具体教学操作过程中，教师能不时地根据学生的反应来调整自己的教学行为。

（二）今后继续研究的问题

1. 继续进行课堂教学评价相关理论的学习，结合学校学科教学模式实际，进一步制定相应的“课堂观察量表”。

2. 深入学习教与学的心理学，了解不同类型学生的认知和心理需要，在教学中顾及全体学生的需求。

3. 继续开展教学反思，促进专业的可持续发展。

执笔人：冯海燕

课堂实录一

Recycle 1 Let's Take a Trip!

冯海燕　谢爱仪

【教学内容】PEP 小学《英语》六年级下册。

【教学综述】此教学设计是以针对 PEP Book 8 Recycle 1 Let's Take a Trip! 综合复习单元来进行的复习设计，本人将此复习课设计为 5 课时，以下是各个课时的教学设计，同时将选取第 1 课时进行课堂实录。

【教学思路】本单元是一个专门针对小学阶段所学习的主要功能结构和语法现象设计的综合复习单元，围绕"旅行"这一话题展开。由设计旅游前的计划、描述旅游中的所见所闻和感想、处理旅游中的突发事件为任务，通过"Mike 一家人去昆明旅行的故事线"这一新的语境，一方面重现前七册相对独立进行教学的一般将来时、一般过去时、there be 结构及相关词汇和短语、旅游用语等知识，帮助学生对所学知识进行系统整理，通过知识的梳理，将相对独立的知识点串成线、连成片、结成网，从而达到更好的储存与抽取，提升学生的学习能力；另一方面，根据学生的起点，提供更高层次的听、说、读、写活动，延伸与拓展知识，提升学生综合语言运用能力。

【设计理念】

1. 语言教学的整体性原则。语言是由语音、词汇、语法、语用组成的不可分割的整体，其整体性表现为知识能力和语言应用能力的整体统一，应从词汇、句子、篇章等方面巩固本单元所学内容。

2. 以话题为中心原则。依据本单元话题，以"具体的事件"为依托，使语言知识复习语境化、语义化和语用化，引导学生运用所学语言做事情。

3. 采用任务型教学培养学生的综合语言运用能力。通过任务型的途径，设计"听说读写"的语言输出活动，让学生在梳理知识的同时，真实地运用知识，形成综合语言运用能力。

4. 注意方法指导，培养学生自主学习的能力。通过文本显性度，复现语言知识，吸引学生注意语言形式，进行知识的归纳；通过合作的、互动的活动，运用所学语言做事情，引导学生进行方法的归纳，从而实现语言知识的捆绑和学生学习策略的培养。

【复习网络】

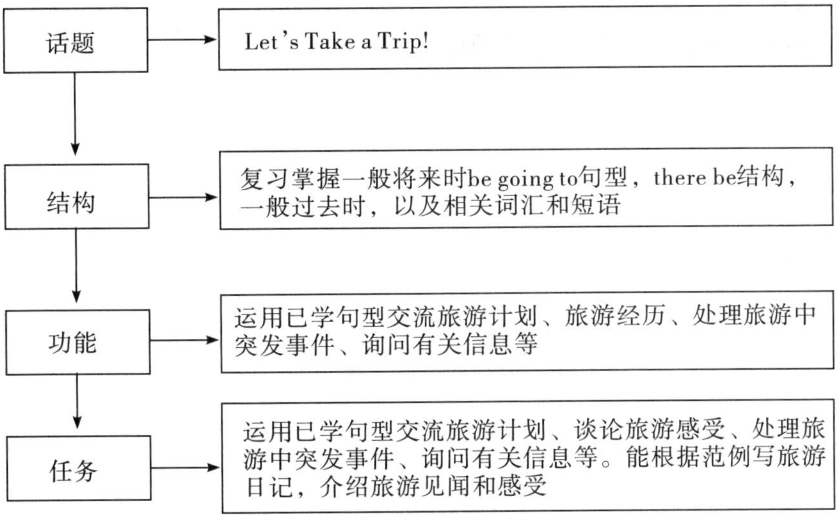

图6

【复习任务】

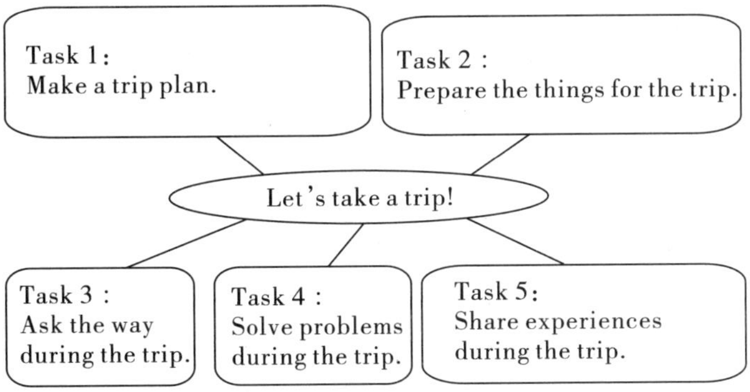

图7

【学情分析】

1. 本节课的授课对象是六年级的学生，他们具有初步的抽象思维能力，逐步能透过现象深入事物本质，能掌握大多数定义性概念，但学习仍需具体经验的支持。经过五年多的英语学习，大部分学生对英语学习兴趣较高，乐于参加英语课堂活动，对英语国家和本国文化有浓厚的兴趣。

2. 学生学习本课之前，已积累了教材中涉及的这五个范畴的相关词汇：干什么(What)，去哪里（Where），表示将来的时间（When），交通方式（How）和旅游伙伴(Who)。在六年级上册Unit 3 学了"be going to"句型，掌握了一般将来时的相关语法知识及When/ How/ What/Where 提问的特殊疑问句的问答。同时，他们已具备一些听说读写的技能；能围绕"周末将要做的事情"这一主题，口头表达并写出小练笔。

3. 在学习本内容时，大部分学生对一般将来时动词的时态变化、句型的结构等语言形式已掌握，但有些学生掌握得不够牢固。经过五年多的学习，学生已经能感知和模仿英语发音的特点；理解英语句型的结构和语用功能；初步运用听说读写四项语言技能获取、处理和传递所需信息。但有效记忆和使用英语词汇的方法、在具体语境下开展有效交流还有待加强。

【教材分析】

本课时复习的内容是 PEP 六年级下册 Recycle 1 第一课时，主要围绕“Make a trip plan”，即制订旅游前的计划这个主题进行。

本课时具体的教学内容为 Part 1 Read and say，这是一个以电话语言的形式表达出来的 Mike 的旅程安排的内容。

本课时的教学内容与学生现有水平一致，复习内容以制订暑假旅游计划这一事件，把 what，where，when，how 和 who 这五个范畴的相关词汇有机地捆绑在一起；并与六年级上册第三单元的内容有机地联系起来，指导学生综合运用所学语言表达自己的想法和计划。

本课时是本单元 Let's take a trip 旅游活动的前奏，为本单元复习一般过去时，there be 结构等做铺垫，有承上启下的作用。

【教学重点】

1. 有关制订旅游计划的各类词汇、词组及句型。

2. 能围绕制订旅游计划的五个范畴，连续性地表达自己的计划。

【教学难点】

1. 如何能围绕制订旅游计划的五个范畴，连续性地表达自己的计划，包括选择去这个地方的原因等。

2. 如何将复习的功能句型在设计旅游计划和寻找驴友中综合运用。

3. 由设计旅行计划拓展到策划其他计划。

【教学目标】

1. Language knowledge 语言知识。

(1) 词汇。

复习有关制订旅游计划五个范畴相关词汇，即

①复习暑假活动的动词词组：go shopping 等；

②复习和学习地方的词汇：Australia 等；

③复习时间的词汇：in the summer holiday；

④复习交通方式的词汇：by plane 等；

⑤复习旅游伙伴的词汇：with my friends 等。

四会掌握 Stone Forest、folk dances。

(2) 句子。

复习有关询问并回答他人和自己的旅程安排的句型。

①Where are you going on your holiday?

I am going to…

②Who are you going with? I am going with …

③What are you going to do there?

I am going to …

④How are you going to get there?

We are going…

⑤When are you going? We are going …

复习表达自己计划的句型。I am going to …

（3）篇章。

听以电话语言的形式表达出来的 Mike 的旅程安排的内容，读有关旅游介绍的小册子，能用所学过的知识口头表达自己的旅游计划和寻找驴友，并写出自己的旅游计划。

2. Language skill 语言技能。

（1）学生能将所学到的知识用正确的句子询问并回答他人和自己的旅程安排。

（2）学生能根据阅读介绍旅游的小册子，收集、获取相关信息，选择旅游目的地，口头表达自己的旅游计划和寻找驴友，并能准确写出自己的旅游计划。

3. Learning Strategies 学习策略。

（1）以小组合作学习的方式，帮助学生归纳暑假活动的词组。

（2）通过复习，形成自主复习的学习态度，掌握复习、拓展的学习方法，注意发现复习的语言规律，并能将规律举一反三地运用、表达。

（3）熟练运用本节复习内容制订各种计划。

4. Affect 情感态度。

（1）学生能对英语课堂活动感兴趣，积极参与各种活动。

（2）增强学生民族意识，培养学生尊重少数民族文化、热爱祖国河山之情。

5. Culture awareness 文化意识。

了解一些地方名胜的天气、景观、食物、风土人情的文化。

【教学策略】

1. 根据复习课"复现和继续学习"的特点，我遵循"语篇意义—语言形式—语言运用"这一语言教学原则，通过"制订暑假旅游计划"这一具体事件，复现语言知识，形成概念；进行知识和方法的归纳，形成语言能力；通过高一层次听、说、读、写的语篇训练，延伸与拓展知识，提升学生综合语言运用能力。

2.《义务教育英语课程标准（2011 年版）》倡导运用"任务型教学"模式实施教学，让学生在"学中用，用中学"。在本课时的教学中，我设计了由三大任务组成的任务链：制订教师的暑假旅游计划；了解 Mike 的旅游计划；学生制订自己的旅游计划，寻找驴友和报名。通过情境性、连贯性的教学，设计有联系、有梯度的活动，让学生运用语言真实地做事。

3. 小组合作学习。通过合作、互动的学习，培养孩子们与他人合作的意识和能力，提高学习效率。

4. 辅助媒体：PPT 课件，自制视频。

5. 课前准备的材料：暑假活动的动词词组卡；Mike 的旅游计划；Travel booklets；Trip notes；便利贴。

【教学过程】

一、Do.

（一）Greeting and free talk.

T：Hello，boys and girls.

S：Hello，Cilla.

T：How are you today?

S：I'm fine. Thank you，and you?

T：All of you are fine?

S：Yes.

T：OK. I' m so happy to hear that. OK. Boys and girls let's play a game first. Look and guess. Think of a word. I'll give you some tips. You please.

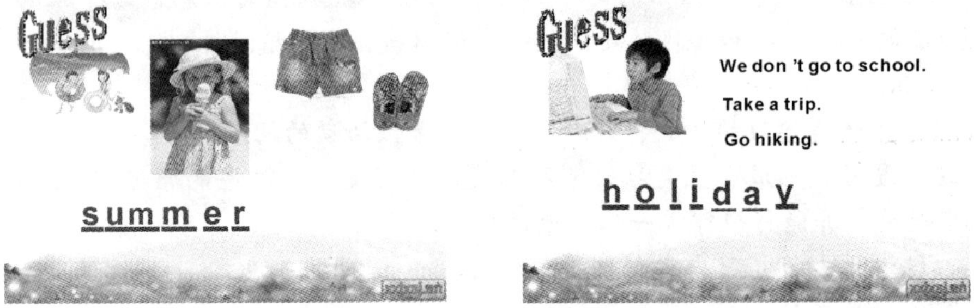

图8

S：Summer.

T：Yes，you are right. That's summer. OK. Another word. Yes. Cary.

S：Weekend.

T：Weekend. Good idea. Any other ideas?

S：Holiday.

T：Holiday. Let's see. This is holiday.

T：Today we are going to talk about our summer holiday.

［设计意图］通过图和文字的提示猜谜，激发学生的学习兴趣，导入课题和主题。

（二）Brainstorm and group the phrases.

1. Brainstorm：Vocabularies about activities.

T：What can we do in the summer holiday? You please.

S：We can eat ice cream.

T：Good idea.

S：We can go swimming.

T：You please.

S：We can take a trip.

T：Do you like taking a trip?

S：Yes.

T：You please.

S：We can go hiking.

T：Yes. We can go hiking.

［设计意图］通过头脑风暴和追问，激发学生回忆并复习动词词组，重现与抽取，为后面的学习铺垫。

2.（PPT 出示）Present the verb phrases and read.

T：We can do many things in the summer holiday. We can…

S：Go shopping，play chess，read newspapers，do housework，play the violin，go to Shenzhen，play football，go fishing，go hiking，do sports，read books，play the piano，read a magazine，play computer games，go to the cinema，do homework.

3. Group the verb phrases by students themselves in groups.

T：There are so many phrases to remember. It's not easy. Let's group them，but how to group them? We can group them in this way. What about other phrases? Can you group them?

Now discuss in your group.

T：Which group can come here and group them?

T：Let's go there and group the words. Boys and girls let's look at the words. We can …

T：What's the word?

S：do.

S：read.

T：What about these phrases?

S：play.

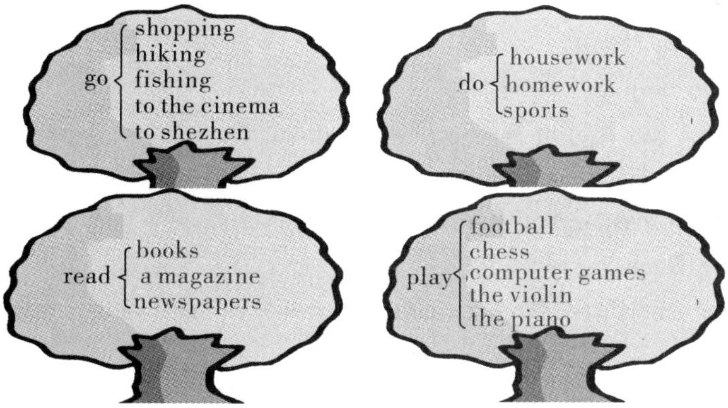

图 9

［设计意图］通过对暑假做的事情示范归类，然后让学生小组讨论归类，并在黑板上进行卡片展示，目的是让学生有一个思维过程，不是老师硬塞给学生，而是学生自己长出来。这是对学生学习策略的训练，学生学会归纳词的一个方法，就是用相同的动词形式进行归类。

4. Read all the phrases together.

T：Look，in the summer holiday we can go shopping ….

S：do sports，do homework，read the magazine，read newspaper，play the computer games，play the violin，play chess，play football，play the piano.

T：Yes. In summer holiday we can do many things. What about Cilla?

［设计意图］老师引导学生说句子，培养学生的整句意识。

（三）Make the teacher's trip plan and sum up how to make a trip plan.

The teacher makes a reasonable trip plan，the students give some suggestions to the teacher.

1. The teacher decides where to go and decides what to do.

T：This summer holiday，I am going to take a trip. Let me make a trip plan first. When am I going? I am going in the summer holiday.

T：Where am I going? Now I have some places in my mind.

T：Venice，Mongolia，Beijing or Guilin? Can you give me some ideas?（学生提建议，老师要追问 What can I do/see there? What about the food/ people/ weather there?）

S：You can go to the Mongolia.

T：What can I see in the Mongolia?

S：You can see big grass.

T：I can see grass.

T：What else can I see in Mongolia?

S：Tea.

T：Mongolia tea. Good idea. Thank you for your ideas.

T：What's your idea Helen?

S：You can go to Beijing.

T：Beijing. What can I do in Beijing? The people，the weather there?

S：You can see the Tiananmen Square. You can go the Great Wall，too.

T：Yes. And what can I eat in Beijing?

S：Beijing Roast Duck.

T：Thank you for your ideas. Boys and girls do you like eating Beijing roast duck?

S：Yes.

T：Mongolia is a good idea. Beijing? Mmm…Maybe Mongolia is the best place for me.

I am going to Mongolia. I am going to ride a horse because it's exciting.

Thank you for your ideas.

［设计意图］以教师制订旅游计划这一事件为基点，通过师生对话，学生对教师选择旅游目的地提建议，说出当地的天气、人文、食物、景色和旅游能做的事。教师根据学生提议和自己实际，最终决定旅游目的地。考虑到学生向教师提出建议与要求，应该是对旅游地方有所了解，因此，根据学生四到六年级语文课文，选择了威尼斯、蒙古、北京和桂林这四个地方。

2. The teacher decides how to go and whom to go with.

T: How can I go to Mongolia from Foshan?

S: You can go there by plane.

T: By plane? Why?

S: Because Mongolia is far from here.

T: Yes. It's a good idea. Going by plane is fast because Mongolia is far away from here. And I can be comfortable. And who will I go with? What's your idea Lily?

S: You can go there with your son.

T: My son? But my son is only three years old. He's too young. What's your idea?

S: You can go there with your husband.

T: My husband. Good idea. You please.

S: You can go there with your friends.

T: With my friends. Good idea. Your idea is very great. I can go there with my friends, my husband. OK. Boys and girls this is my trip plan.

[设计意图] 从师生间交流，学生向教师提制订老师计划的建议，交互生成符合教师实际的计划。

二、Reflect.

T: Look at my trip plan. Where am I going?

S: To Mongolia.

T: When am I going?

S: In the summer holiday.

T: How am I going there?

S: You are going there by plane.

T: Who am I going with?

S: You are going with your friends.

T: What am I going to do there?

S: You are going to ride a horse and it is interesting.

[设计意图] 学生回顾制订教师暑假旅游计划的过程，用思维导图的形式列举制订旅游计划五个范畴 When, Where, How, Who 和 What 的数据。

三、Epitomize.

(一) Sum up how to make a trip plan in language content.

T: I have made a trip plan. Do you know how to make a trip plan? What should we think of first? First we should think of ……

S: When.

T: And then?

S: Where, How, Who and What.

[设计意图] 学生以教师制订暑假旅游计划这一导入文本归纳出制订旅游计划要从 When, Where, How, Who 和 What 这五个范畴考虑，这是语言内容方面的归纳。

（二）Sum up how to make a trip plan in language form.

T：When we make plans，we should use “be going to…”. When we make our plans，we use “I am going to…”

T：We also can use “We are going to…” When we talk about your plan，what should you use?

S：We use “You are going to…”

T：When we talk about others' plan?

S：“They are going to…”

T：Any others? Best friend.

S：She.

T：We use “He is going to…”，“She is going to…”，“They are going to…” Do you know how to make a plan?

S：Yes.

［设计意图］以教师制订暑假旅游计划这一事件，引导学生描述自己的旅游计划要用 I am going to…这一一般将来时的句子表述。同时，举一反三，引导学生说出谈论他人旅游计划时需要用的句子，这是语言形式方面的归纳。

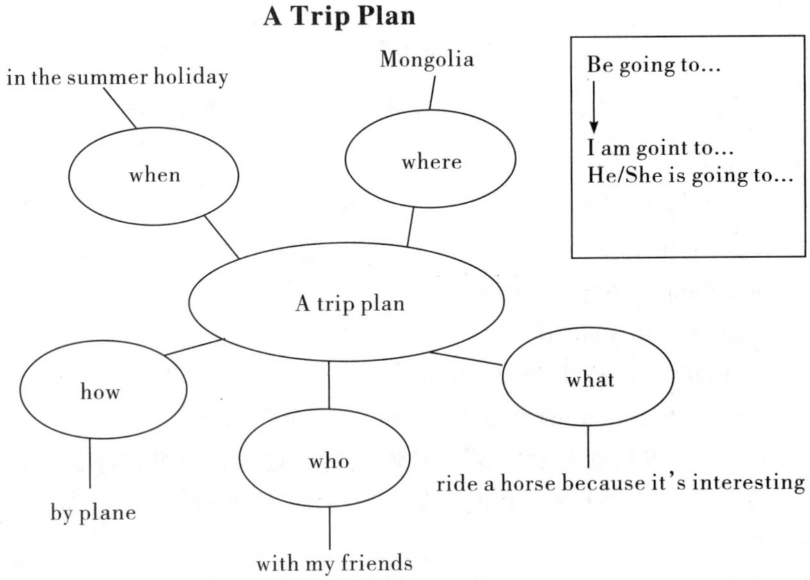

图 10

四、Apply.

（一）Task 1：Mike's trip plan.

1. Get to know the place of Mike's trip plan.

［设计意图］从导入文本到主题文本的学习。以 Mike's trip plan 为载体，通过三个层次的问题和听说读写的篇章活动，启发学生了解 Mike's trip plan 的细节，一方面巩固本节课的主要句型，另一方面活用了图式。

(1) Watch the video, ask and answer.

T: Well, you know I am going to take a trip to Mongolia. How about my friend, Mike? Where is he going? Please watch a video.

T: Where is Mike going? It's so easy, right. Let's answer it together.

S: Kunming.

T: Do you know something about Kunming? What's the food, the people, the weather in Kunming? Can you say something about Kunming?

S: The season is always spring.

T: Because Kunming is s spring city.

S: He is going to Kunming.

[设计意图] 基于文本的综合语篇听力训练，找出 Mike 的旅游目的地。这是表层性问题。

(2) Watch a video about Kunming and talk about Kunming.

T: Do you know anything about Kunming?

Let's know more about Kunming.

Kunming: Kunming is in Yunnan. It's a spring city. You can see flowers all the year. It's sunny and warm. It's famous for Stone Forest. You can see folk dances. Guoqiao rice noodles are tasty. Pu'er Tea has a big name in China.

T: Can you say something about Kunming now?

S: Yes.

T: How do you know about Kunming?

S: We can see many Stone Forest in Kunming.

T: OK. This is Kunming. (PPT 出示)

T: Look, this is Stone Forest. Can you see many trees? Can you see the forest? What can you see there? There are many stones. We call it Stone Forest. Stone Forest.

S: Stone Forest.

T: Please say it one by one. Yes, together Stone Forest.

T: (PPT 出示) Look, these are folk dances. Do you like folk dances?

S: Yes.

T: Who can say something about Kunming? What about the food? What about the weather? What about the people? Something like that? Anything else?

[设计意图] Stone Forest 和 Folk dances 是本课的两个新短语。通过追问，让学生理解石林的含义。通过追问，拓展 dances 的内涵，并与 folk dances 区分。这段富有文化特色的语篇，使学生更深入了解昆明的风土人情。

2. Read and find out the details of Mike's trip plan.

(1) T: Mike is going to Kunming. [PPT 出示表格] But what to do? When to go? How to get there?

T：Open you books，turn to page 50. Read the dialogue and you can find the answers，then write it on your books.

表 6

Where to go?	What to do?	When to go?	How to get there?

（2）Check it in class. The teacher asks，individual student answers. （让学生贴 Mike 的旅行计划在黑板板书处，替换教师自己的旅游计划）

T：Where is Mike going?

S：To Kunming.

T：What is he going to do there?

S：See folk dances and visit Stone Forest.

T：Can you help me put it in the blackboard?

T：When is he going?

S：This weekend.

T：How is he going?

S：By plane.

T：Who is he going with?

S：His parents and his sister.

表 7

Where to go?	What to do?	When to go?	How to get there?
Kunming	see folk dances and visit Stone Forest	this weekend	by plane

［设计意图］通过黑板制订旅游计划的五个范畴，引导学生找出 Mike 的旅游信息。通过三个深层次的问题，对学生进行阅读策略训练。这是深层性问题。通过让学生贴相关信息于板书处，把教师的旅游计划变成 Mike 的旅游计划，活用了图式。

3．Read the dialogue in class.

T：Now，read the dialogue after the recording. Please read like Mike and Zhang Peng.（让学生模仿 Mike 和 Zhang Peng 的语气朗读，reading for fun ）

4．Extension of the dialogue.

（1）T：When Mike makes a trip plan，what does he think first? When and where，how or who?

S：When and where.

［设计意图］基于文本，让学生根据对话的顺序，描述 Mike 制订旅游计划首先考虑的因素，when 和 where，为下面学生自己制订旅游计划和找驴友做铺垫。

（2）T：Can you imagine? Why is Mike going to Kunming?

[设计意图] 基于文本，对内容进行深层挖掘，学生根据课文的信息进行推理。学生可能会说 Mike is going to buy some folk clothes with his mother, the folk clothes are beautiful in Kunming, the food/ the weather/ the people are nice 等。通过评价性问题 why，使文化和语言有效地结合。

T：Let's stop here. Can you give me some ideas? Why is Mike going to Kunming?

S：Because he wants to see folk dances and visit Stone Forest. .

5. Retell Mike's trip plan.

T：(Using the mind map to retell) Look, this is Mike's trip plan. Where is Mike going?

S：He is going to Kunming.

T：Do you think he will be very tired?

S：Yes.

T：I think he will be very, very tired.

[设计意图] 重现主要内容，同时又是一个总结。也可以用以下引导语 You can begin like this. Shall I make a model?

(二) Task 2：Students make their own trip plans and find their trip mates.

(三) Task 3：the students make their own trip plans for themselves.

1. Assign the task.

T：Cilla is going to take a trip in the summer holiday. Mike's family members are going to take a trip, too. What about you, my children? Do you like taking a trip?

S：Yes.

T：Why? You can make a plan in Foshan. I have some beautiful places for you. They are Australia, Hong Kong, Hainan and Guilin. You can choose one, or two, if you don't, you can go to America, Canada, Xinjiang, and so on. Now, make a plan for the summer holiday first. Take out your plan notes. How many minutes do you need?

S：Five.

2. The students make their own plans by themselves.

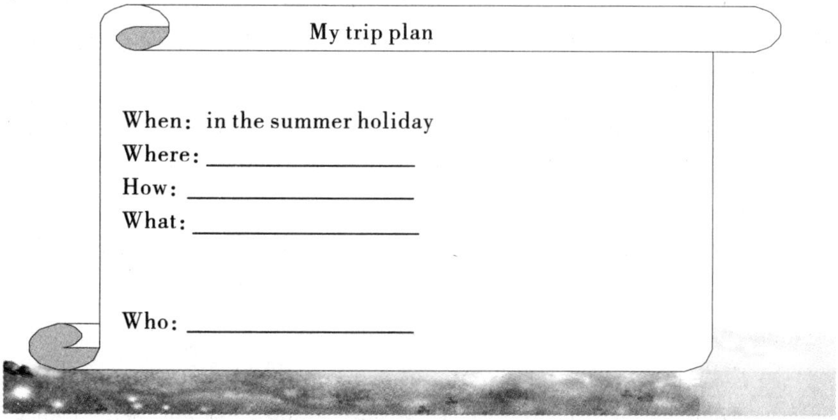

图11

［设计意图］通过阅读图文并茂的旅游小册子，做旅游计划，使学生对设计旅游计划的知识更熟练。

3. ［Projector］Share the trip plan in groups，then in class.

T：Have you finished your trip plan? Now share your trip plan in groups. Who can come here and tell us your plan? Shall I make a model?

T：Let's stop here. Who can come here and make your trip plan?

S：I'm going to America in the summer holiday. I'm going there by ship. I'm going there to watch NBA match. And visit the White House. Go to Disney there. I'm going there with some basketball fans. Thank you.

（四）Task 4：Find the trip mates.

1. The teacher tries to find a trip mate.

T：How much if you go to Australia?（老师点击团购价）

S：19，300/1. Look，if you go in 4，it is just 13，400/4 yuan for 1. If you go in 8，it is just 8998/8 for 1. It's very，very cheap. Do you want to save money? We'd better find more trip mates. Let me find a trip mate to Mongolia，first. I want to find some trip mates in my class.

（教师走到学生 A 的身边）

T：A，where are you going in the summer holiday?

A：I am going to Hong Kong.

T：Do you want to Mongolia?

S：No.

T：What about you? Where are you going in the summer holiday?

A：I am going to Hainan.

T：You know Mongolia is very beautiful. You can see many horses. Do you want to Mongolia?

S：No.

T：Helen，where are you going in the summer holiday?

S：England.

T：How are you going?

S：I'm going there by plane.

T：What are you going to do in England?

S：See the Big Ben.

T：Who are you going with?

S：With my mom.

T：Can I go with you?

S：No.

T：You say England is very beautiful. I want to see the Big Ben，too. Can I go with you?

S：Maybe.

T：Please write my name here. Cilla.

（如果找到 trip mate，把名字写在自己 trip note 相应的地方）

2. The students find the trip mates.

T：I find a trip mate，I can find more. That will be cheaper. Boys and girls，do you want to go in a cheaper price? If we go by more than 8 people，that will be cheaper. Now，go and find the trip mates.

3. Stick the names and the places on the application form.

T：At last I'm going to Australia.

S：Why?

T：People say we are going to the Sydney Opera. We can listen to very nice music. We can see the sea there and the beach.

T：Let's put our names in the application form. Team one stick it here. Team Two stick here. Team Three stick here. Team Four stick here. Boys and girl look at the application form. Which place is popular?

S：Australia.

T：How many people are going to Australia?

S：Twelve.

T：They can go there at a cheap price.

T：How many people are going to Hong Kong?

S：Nine.

T：Guilin?

S：No.

T：Have you been to Guilin?

S：No.

T：Hong Kong? Are you going to America?

S：Yes.

T：Who are you going with?

S：Mummy and daddy.

T：A is going to Hong Kong.

S：I want to go to the USA first and then go to HK.

T：How many trip mates do you have?

S：A lot of trip mates.

（老师将她的便利贴贴在"其他"这个栏目）

［设计意图］通过介绍计划、在小组内找出组员想去的地方等活动，培养学生的综合技能。通过寻找驴友，使旅游价钱更加实惠为任务，使询问计划变成有意义的活动。最后统计报名人数，询问驴友，使活动有结果，完成了一件事情。

五、Melt.

（一）Conclusion.

T：Today you did a good job. What have we learnt today?

We have learnt how to make a trip plan.

When we make a trip plan，what should we think of?

S：When，where，how，who，what.

T：If we want to do things well，we'd better make a plan first.

（PPT 出示 Slogan：有计划才能做好事情）

T：Plan well before you do things. 有计划才能做好事情。

（二）Homework.

T：Today you make your trip plan in this way. After class I want you to make the plan in this way. And then you can make the plan in the activity. This is today's homework. Just now you have made your plan in this way. Boys and girls you did a good job. Goodbye，boys and girls.

S：Goodbye，Cilla.

图 12

［设计意图］通过写旅游计划的作文，把堂上用思维导图写的作文变成正式文本，并发展学生制订各种计划的能力，重新整理话题相关知识，加深巩固。

课堂实录二

Unit 4　My Home

潘　妍

【教学内容】PEP 小学《英语》四年级上册。

【教学目标】

1. Language knowledge 语言知识。

(1) 词汇：能够听、说、读、写有关房间物品的单词：bed，sofa，table，fridge，phone；

能够在语境中正确使用以上单词描述居室的物品设施及其位置；

能够在有意义的语境中抄写以上词汇。

(2) 句子：能用有关的句型，如 It has... / The picture is on the wall. / The sofas are near the table. 描述居室的物品设施及其位置；

能在情境中就语境句 Where are the keys? / Where is the table? 做出回答。

(3) 篇章：能听、读有关居室描写的文章，用所学过的知识描述居室，并写活动房间设计的建议给青苹果之家。

2. Language skill 语言技能。

能在语境中用所学到的知识描述居室的物品及位置。

3. Learning Strategies，Affect and Culture 学习策略 、情感态度和文化意识。

(1) 以小组合作学习的方式，设计房间及谈论房间。

(2) 以 phonics 的方式认读单词。

(3) 能够主动收拾物品并摆放整齐，养成良好的生活习惯。

(4) 学生能对英语课堂活动感兴趣，积极参与各种活动。

体验佛山、中国及世界不同的房子与房间，古今房子的不同。

【教学过程】

一、Do

(一) Warm-up：Greeting and free talk. 师生谈话，引出话题，以获取古堡参观门票作为评价方式。

T：Good morning! Boys and girls!

Ss：Good morning!

T：Nice to see you，again.

Ss：Nice to see you.

T：Today we have our class in this big classroom. Look，what can you see in the classroom?

S：Lights.

T：Many，many lights.

S：A blackboard.

T：Yes，a blackboard. In this classroom，we can see desks，chairs，some windows and many teachers. Let's say hello to the teachers.

T：Now I know you study in a very good school. Right?

[设计意图] 通过和学生交流，拉近师生的距离，为顺利完成这节课打好基础；通过课件引出参观古堡的情境；通过获取古堡参观门票，分组并设立评价方式。

(二) Review：Look，guess and talk about the rooms of the castle.

1. a living room.

(PPT 出示古堡房间图的部分物品，引导学生看房间的物品，猜房间)

T：Today，we are going to study in a secret place. A castle. Look，I have a ticket for the castle. Let's see which group can get the ticket. Group 1，Group 2，you are Team A. Group 3，Group 4，you are Team B.

T：In the castle，it has many rooms. What's this room? Is it a …? Is it a bedroom?

S：It's a living room.

T：Maybe. / Any other ideas? / What's your idea?

S：A kitchen.

T：Is it a kitchen? Let's see.

Ss：It's a living room.

T：Yes，you are right. / Bingo.

T：Look at the living room. It has a picture，a table and sofas. Where is the picture?

S：It's on the wall.

T：Yes，the picture is on the wall. Where are the sofas?

Ss：The sofas are on the floor.

T：The sofas are on the floor. They are near the table. The sofas are near the table.

2. a kitchen.

T：Look at this room. Is it a living room，too? What's this room?

S：It's a kitchen.

T：Yes，It's a kitchen. A fridge is in the kitchen.

3. a bathroom.

T：Mmm，what's this room?

S：bathroom.

T：Yes. It's a bathroom. Bingo.

4. a study.

T：What's this room? Guess.

S：A study room.

T：Yes，I think so. Many books are in the study.

［设计意图］通过课件呈现古堡的各房间，为新知识的学习做好铺垫，有效地帮助学生在新旧知识之间建立联系。

（三）Describe the bedroom.

（PPT 出现一扇门，门比较旧）

T：What's this room? It's so dark. What happened? Let's take a look.

（老师拿着一个手电筒照着 PPT）

（PPT：门打开，发出［e］的声音，里面一片漆黑）

（PPT：手电筒分别照亮房间里的五个物品，每照亮一个物品，老师教该物品名称）

1. a bed.

T：What's this?

S：Bedroom.

Ss：A bed.

T：Yes，it's a bed. What colour is it?

S：Red. This bed is red. Follow me，bed，bed，it is red.

T：I want one student to come here and play scissors，paper，rock. Who wants to play with me? Who? You，come here. Bed，bed，it is red. One，two，go. Bed，bed，it is red. Oh，yes. Now，this time，you try. Together，one，two，go. One more time. Oh，you are right. So this time，play with your partner. Bed，bed，it is red.

Now，team A，who would like to come here? Team B，you please. Bed，bed，it is red. Let's help them. One，two，go. Oh，this team wins. You did a good job! In this room，it has a bed and a sofa.

2. a sofa.

（PPT 的灯放大，找到 bed 在 sofa 旁）

T：What's near the bed?

S：It's a sofa.

T：You think it's a sofa. Is he right? Yes，it's a sofa. Follow me，sofa，sofa，

T：（教师拿着小沙发的图片）What's this?

Ss：sofa.

T：Is it big?

Ss：No.

T：（教师拿着大沙发的图片）Is this sofa big?

Ss：Yes.

T：（教师把大沙发的图片贴在黑板的右上角）Sofa，sofa，it is big.

T：Let's play scissors，paper，rock again，but this time we play with our feet. Sofa，sofa，it is big. One，two，go. Now play with your partner.

3. a fridge.

（冰箱里传出声音）

T：What happens? Where is it? Oh，it's here. What's this?

Ss：It's a fridge.

T：Follow me，fridge，fridge.

（PPT 上出现单词 friend）How to say this word?

（PPT 上单词地方只剩下字母 fr）How to say this?

（PPT 上单词地方 fr 后面加上字母 i）i says /i/. How to say this? /fri/.

（PPT 上出现单词 orange）How to say this word?

（PPT 上单词地方只剩下字母 ge）How to say this?

（PPT 上 ge 前加上 d）It says /dge/，too. Follow me，/dge/.

（PPT 上把 fri 和 dge 两个部分连起来）How to say this word? Fridge.

T：Fridge，fridge. Say the word one by one.

T：What's this?

Ss：A fridge.

T：Something is in the fridge. What's in it? Let's say：Fridge，fridge，open the door. One，two，go. Let's say louder. Look，the ant！The orange！We'd better take the ant away.

Look at the fridge，it has an orange.

T：Fridge，fridge，it has an orange.

Ss：Fridge，fridge，it has an orange.

4. a table and a phone.

T：Let's continue to have a look. What's this? What's under the apple? It's a table. This is a desk. And this is a table. What else is on the table? A toy car? A teddy bear? What's your idea?

S：It's a phone.

T：Maybe. Let's see. Look，what is it?

Ss：A phone.

T：Where is the phone?

Ss：It's on the table.

T：Look at the phone，it's on the table.

T：Look，phone，phone，phone，phone，it's on the table. Quick，phone，phone，phone，phone，it's on the table.

［设计意图］通过创设古堡神秘卧室的情境，为新知识的学习增加趣味性；结合字母的发音教，教会能力；融单词于语句中教，强调语意；遵循词汇教学原则“音义先行，形随后”，关注5个核心词汇的音义，在这过程中不仅仅是机械操练，而是有意义的学习。

二、Reflect

Talk about the room in a chant way.

T：Let's turn on the light. What's this room?

S：It's a bedroom.

T：It has a…

Ss：a bed，a sofa，a fridge，a table

T：Look at the bed，it is red. Look at the sofa，it is big. Look at the fridge，it has an orange. Look at the phone，it's on the table. Can you? Now this time，let's follow the chant.

［设计意图］用有韵律的歌谣整体描述古堡的神秘卧室。

三、Epitomize

（一）Task 1：Find out the owner of the room.

T：The room is old. Whose room is it? Is it your room? Is it your room?

Ss：No.

T：Look at the pictures on the wall. Maybe it's their room. Mr. Black's or Ben's? Now let's listen.

T：Mr. Black's room or Ben's room? You please.

S：Mr. Black's

T：Do you agree with him? Yes，it's Mr. Black's room. You are so smart.

[设计意图] 通过综合的听力活动，培养学生在听力语篇中获取信息的能力。同时，在综合语篇听力中，学生的知识能进一步内化。

（二）Task 2：Finish the diagram of the castle.

T：Let's go out of the room. Look，here is the diagram of the castle. This is the living room，the kitchen，the bathroom，the study，the bedroom. It's not finished yet. Let's make it together.

What's in the living room?

Ss：A sofa. A table. /...（教师把 sofa 和 table 的图片贴在 living room 里）

T：What's in the kitchen?

Ss：A fridge. /...（教师把 fridge 图片贴在 living room 里）

T：What's in the bedroom?

Ss：A bed. / A phone. /...（教师把 bed 和 phone 的图片贴在 living room 里）

T：（教师拿出单词卡 sofa）How to say this?

Ss：sofa.

T：Why? s－o，so，f－a－fa，sofa.

[用同样的方法推理 table，fridge，bed，phone，phone（o－e 发 o）的发音]

T：Can you help me put the words near the pictures? Are they right?

Ss：Yes.

T：The diagram is finished.

[设计意图] 师生一起完成古堡结构平面图，进行单词与相应图片匹配，利用 phonics 帮助学生认读单词的形。遵循词汇教学原则"音义先行，形随后"，呈现 5 个核心词汇的形，并进行形义之间的匹配。

四、Apply

（一）Task 1：Read and find out the missing things in John's room.

T：Today we have a fun time in the castle. Look at this room. It's big and bright.

Whose room is it?

Ss：John's.

T：Oh，it's John's room. Something is missing in this room. What's missing?

Now，take out your paper. Read and tell me what's missing?

T：Boys and girls，what's missing?

S：A football. / keys.

T：Where is the football?

S：It's near the sofa.

T：Ok，the football is near the sofa.（PPT 里的 football 放进图中 sofa 旁边的位置）

T：Where are the keys?

Ss：They are on the fridge. [PPT 里的 keys 放进图中 fridge 上面的位置]

T：You did a good job. Now put your paper under your book.

［设计意图］通过 What's missing? 的活动，在综合语篇的阅读中强化单词的形，并培养学生在阅读语篇中获取信息的能力。

（二）Task 2：Put away the things in John's room and describe.

T：Look at John's room，the schoolbag is on the floor，is it good?

Ss：No.

T：The books are on the sofa，is it good?

Ss：Yes.

T：（PPT 出现整齐房间图及句子：We should put away the things.）

We should put away the things like this.

T：John's room is nice. Can you say something about it? You can say like this. It has a bed. The bed is blue. The bed is near the window. Please talk in groups of four.

Let's see which team can say more sentences? You please.

S：It has a sofa. The sofa is yellow. The sofa is near the bed.

S：The phone is on the table.

S：He has a school bag. The school bag is blue. It is on the chair.

［设计意图］在谈论 John 房间物品摆放是否合理的情境中，进行“要收拾好自己东西”的情感教育；通过口头描述 John 的房间，培养学生综合语篇口头输出的能力。

（三）Task 3：Watch a video and know the different rooms in different countries.

T：The castle is good to visit，John's room is nice. Now let's enjoy more rooms in different houses.

This is Xiguan Big House in Guangzhou，the through buildings in Hunan，the yurt in Mongolia，the tatami in Japan and the ice house.

Different people like different rooms.

The toy room，the picture room，the robot room. How amazing!

［设计意图］让学生边观看佛山、中国及世界不同的房子与房间，边听教师的解说。既增加了语量的输入，又培养学生的跨文化意识；既拓宽学生的视野，又为“青苹果之家”设计活动房间做铺垫。

（四）Task 4：Design dream rooms for the Green Apple's Home.

1. Assign the task.

T：Do you know Green Apple's Home?

Ss：No.

T：This is Green Apple's Home.（PPT 出现学生在“青苹果之家”活动的图片，并配上音乐）

Many people have fun in it.

Now it has more rooms for children. Let's help them design the room，OK?

I have some beautiful pictures for you.

They are balls，cars，crayons，books，a phone，a computer，a boat，a fridge，a box， a desk，a chair and a sofa.

If I make a dream room，I want these.（教师在实物投影处用小图片拼成一幅理想的房间图）Then write about the dream room. You can use the words here. Can you?

Ss：Yes.

T：Now，make a dream room in your group first. Group leader，take out your big paper. How many minutes do you need?

2. The students make their dream rooms by themselves.

3. [Projector] Say the dream rooms in groups，then share in class.

T：Have you finished? Now say the dream room for the Green Apple in groups. Shall I make a model?

T：This is the room for the Green Apple. It has a …. The … is on the …. The … are near the …. Now say the rooms in your groups.

T：Who can come here and tell us your room for the Green Apple? That's a good idea. Let's give it to the Green Apple's home.

[设计意图] 通过为"青苹果之家"设计活动房间这一活动，运用"P－D－WL－M"的写作模式，即pictures—discussion—word lists—model，让学生设计理想的房间，并写上建议交给"青苹果之家"。这样就给予学生一个真实的运用知识的情境，让学生把课堂学习迁移到生活实际，培养学生综合运用语言能力；通过写建议的活动，让学生进行有意义的书写，培养学生在综合语篇中写的能力。

五、Melt

（一）Conclusion.

T：Today you did a good job. What have we learnt today? We watch rooms in the castle.

We watch John's room. We design rooms for the Green Apple's Home.

When we say the words，we'd better do like this. S－o，so，f－a，fa，sofa.

And we should put away the things.

[设计意图] 对本课进行学习线索、学习内容和学习方法的总结。通过归纳总结，让学生学会学习。

（二）Homework.

T：Just now you have made your room in this way. I hope you can write your room in this way.

[设计意图] 通过让学生完成设计房间建议的便笺，使学生能根据自己的实际，进行有意义的书写。

专家点评

强调"转变学生学习方式"是《义务教育英语课程标准（2011年版）》的核心内容之一。即教师要改变过往学生"接受式"的学习方式，要引导学生采用"自主性学习"

“合作性学习”“探究性学习”等学习方式。新课程强调，学生是学习的主体，并倡导学生参与确定学习目标，学习进度和评价目标，在学习中积极思考，在解决问题中学习；教师应为不同层次的学生提供参与学习、体验成功的机会，组织学生实现互动式、交流式的合作学习，学生在合作学习中有明确的责任分工，学生之间能进行有效的沟通。在探究性学习中，教师通过设置问题情境，让学生独立自主地发现问题，通过实验、操作、调查、信息搜集与处理、表达与交流等活动，经历探究过程获得知识与能力，掌握解决问题的方法，获得情感体验。

南海区桂城中心小学从英语课程改革的需要，教学模式发展的需要与学校自身发展的需要三方面出发，创建了“Do（做事情）—Reflect（回顾与反思）—Epitomize（推理，下结论）—Apply（运用）—Melt（ 融合，发展）”五步教学法，并取其首字母，巧妙地形成了“DREAM（梦想）课堂模式”。一方面，“梦想”课堂教学模式以学生为中心，学生是学习活动的主动参与者、知识的探究者、自身价值的实现者，从而让学生在小学英语课堂中实现“我高效、我轻松”。另一方面，它以教师为主导，教师成为自主学习环境的创设者、每个学生学习优势潜能的发现者、学生学习策略的指导者，从而使教师也在小学英语课堂中实现“我高效、我轻松”。

“梦想”课堂教学模式理论体系完整严密，操作步骤清晰紧凑。更重要的是，它巧妙地融合了《义务教育英语课程标准（2011 年版）》所创导的自主性学习、合作性学习和探究性学习等三种学习方式，使学生的学习方式从原来单一的“接受性学习方式”转变为多种学习方式的综合，真正达到了课程标准关于“转变学生学习方式”的要求。

“梦想”课堂教学模式的教与学评价理念清晰先进，符合课程标准的理念要求。它能够对该教学模式的实施起到较好的诊断与激励作用，“课堂教学评价表”具有一定的可操作性。

“梦想”课堂教学模式具有丰富的研究成果，不仅有教师的研究成就，也有学生成长的成绩。其推广活动真实有效，具有一定的影响力。研究者还反思了“梦想”课堂教学模式的研究与实施过程，小结了其中的困惑，并提出了相关的解决对策。它为延伸、完善与发展该研究提供了良好的条件。

建议修改《“梦想”课堂教学评价表》，可以把“DREAM（梦想）”的五个步骤作为评价的要点，并从这五个步骤出发，研究和制定相关的评价细则。这样做，目的是使课堂评价表更有针对性，同时也为了能增加评价表的诊断与激励功能。

总的来说，“梦想”课堂教学模式是一个理念先进，能起到转变学生学习方式，实现《义务教育英语课程标准（2011 年版）》目标的教学模式。因而，它具有很好的推广价值和推广的必要性。

南海区教育发展研究中心　阳智平

基于 LearnSite 信息技术学习平台的“先学后教”教学模式

佛山市南海区横江小学　佛山市南海区盐步中心小学

主体报告

在网络环境下实施“先学后教”，具体过程该如何实施？会让课堂产生什么影响？给学生的学习带来什么变化？针对这些问题，我们开展了基于 LearnSite 信息技术学习平台的“先学后教”教学模式的研究。目前，我们已经搭建了利于学生自主学习的网络环境，即 LearnSite 信息技术网络学习平台（以下简称 LearnSite 平台），并把该平台的五大功能（课程资源整合、学案导学、合作互助、交流互动、评价检测）有效镶嵌与融合到“先学后教”教学模式实施流程的五个阶段（情境导入—问题先学—任务探究—反馈后教—评价拓展）中。一方面实现教学资源的创建与共享、学习的交流与互动、团队的建设与优化、作品的创作与展示；另一方面帮助教师更好地把握学生已有知识和技能的程度，更好地制订学习任务，并进行分层教学设计，落实多级学习目标，开展有效的学科评价。

一、教学模式的背景与理论依据

（一）背景

传统的小学信息技术课堂教学普遍存在着主客体错位现象，即过分注重教师主导作用的发挥，忽视学生主体地位的体现；在学生还没有去探索知识或是学生还没有遇到困难之前，教师便过早地给予铺垫，过早地给学生解难引路，很少给学生创造独立思考的机会。这样的教学抑制学生主动探求知识能力的培养，最终会影响学生整体素质的提高。因此，我们希望利用 LearnSite 平台，搭建利于学生自主学习的环境，并施行“先学后教”策略，把课堂还给学生，让学生乐学、会学、学会。具体而言，本教学模式提出的背景分析如下。

1. 课程改革实施背景。

《基础教育课程改革纲要（试行）》明确指出：“大力推进信息技术在教学过程中的普遍应用，促进信息技术与学科课程的整合，逐步实现教学内容的呈现方式、学生的学习方式、教师的教学方式和师生互动方式的变革，充分发挥信息技术的优势，为学生的学习和发展提供丰富多彩的教育环境和有力的学习工具。”因此，小学信息技术课程改革，呼唤新型信息技术教学工具的使用以及新型教学方式的研究。

2. 南海区开展“基于学习指导的中小学生发展指导实践研究”背景。

南海区《基于学习指导的中小学生发展指导实践研究》中指出：“基于学习指导的

视角，围绕学习指导的制度、内容、模式、机制、分层指导、学段衔接指导以及信息技术开发七个方面展开研究。”因此，利用信息技术创建网络环境，施行“先学后教”模式，正是对该“实践研究”的践行需要。

3．南海区中小学信息技术新教材实施背景。

南海区中小学信息技术新教材是一套以新课程理念为指导，以南海地方文化为依托，以技术和活动双主线贯穿，以培养学生多元能力为目标的教材，因此对教师的课堂教学提出更高的要求，需要一种能与该教材理念相匹配的教学模式。

4．学生学习状况背景。

以模仿操作为主导的小学信息技术课堂，导致大部分学生知识面狭窄，实际动手能力差，处理问题的自主能力较差，在学习与思维中常处于被动状态。课堂上，许多学生不善发言，很少主动举手回答问题，交流讨论也不积极。这些学生对上机操作很感兴趣，最大热情是可以上网、聊天、玩游戏等。要改变这一现状，必须借助新手段，实施新模式，让学生乐学、会学、学会。

（二）理论依据

理论是认知的思维，科学的理论能指导实践的方向。我们提炼了支撑本模式的相关理论，让教师充分学习，把握住模式的研究方向，把握学生的认知规律，并实施于模式研究的实践中。

1．齐默尔曼的自主学习理论。

美国学者齐默尔曼的自主学习理论认为：所有能有效地促进学生发展的学习，都一定是自主学习。它以促进学生获取终身学习与发展的能力为根本目的，以学生为教学活动的主体，引导学生在学习过程中形成创新意识和创新素质的学习。自主学习理论为学生在本模式实施下进行的自主学习活动提供了学习理论依据。

2．皮亚杰的建构主义学习理论。

瑞士心理学家皮亚杰的建构主义学习理论认为，知识不是通过教师传授得到，而是学习者在一定的情境即社会文化背景下，借助学习获取知识的过程，通过其他人（包括教师和学习伙伴）的帮助，利用必要的学习资料，通过意义建构的方式而获得。本教学模式正是基于上述建构主义的学习观和教学观指导下，逐步形成的新的教学模式、教学方法、教学设计及学习思想。

3．虚实交融理论模型。

江西师范大学远程教育研究所所长钟志贤博士在他的《信息化教学模式》一书中提出“虚实交融理论模型”，是指虚拟学习情境和现实学习情境融合在一起并作为一个整体来考虑。虚拟的学习情境是指信息技术（尤其以网络为主）支持的学习情境；现实学习情境是指物质实体的学习情境，两者能互相契合，相互交融，共同作用于学习活动。这一理论模型为LearnSite平台与“先学后教”的相互嵌套与融合提供理论的支持。

二、教学模式的研究目标

1．构建基于LearnSite平台下的“先学后教”教学模式实施流程。

2. 实现 LearnSite 平台下“先学后教”教学模式虚实双融的活动设计。

3. 提高学生自主学习的能力，培养学生勤于动脑、乐于开口、善于动手和懂得合作。

三、教学的模式和操作程序

（一）模式的基本流程

我们在设计该流程时，着力把 LearnSite 平台的五大功能（课程资源整合、学案导学、合作互助、交流互动、评价检测）镶嵌与融合到“先学后教”操作流程的五个环节（情境导入—问题先学—任务探究—反馈后教—评价拓展）中。图 1 描述的是 LearnSite 平台支持的“先学后教”虚实交融活动流程，描述了作为教学活动中的两个主体——教师和学生在各个阶段的具体任务以及相应的活动，对虚实情境以及 LearnSite 平台在“先学后教”中的作用时机和作用点进行了详细的设计。

（二）模式的运作环节

1. 情境导入（2 分钟）。

（1）教师活动：利用 LearnSite 平台上的视频、音乐、图片等教学资源通过故事、游戏、问答等形式的活动，创设虚实相融的情境，导入学习。

（2）学生活动：借助 LearnSite 平台上的媒体资源，通过观察、体验、讨论、思考等系列活动，体验虚实相融的活动情境，实现情境的自我构建，产生学习的欲望。

2. 问题先学（7 分钟）。

（1）教师活动：平台上实现教学案的设计、修改、上传、呈现；课堂上引导学生在教学案的指引下思考问题、组织讨论。

（2）学生活动：平台上浏览学案、获取自学指引（问题）、网上交流、搜索资料；课堂上研读教材、查阅资料、小组讨论、汇报交流。

3. 任务探究（15 分钟）。

（1）教师活动：平台上发布学习任务、活动指引、构建小组；课堂上两头巡视、辅助学习、支持探究。

（2）学生活动：平台上获取任务与指引、搜索资料、交流互助、合作探究；课堂上分析任务、研读教材、自主探究、兵教兵。

4. 反馈后教（7 分钟）。

（1）教师活动：平台上收集问题、分析问题、回答问题、组织学生互动交流、经验分享；课堂上巡视课堂、收集问题、分析问题、组织讨论、方法反馈、解决问题。

（2）学生活动：平台上交流、发布问题、回答问题、分享经验；课堂上讨论交流、反馈问题、分析问题、解决问题。

5. 评价拓展（9 分钟）。

（1）教师活动：平台上浏览作品、打分评语，组织网上交流、发布拓展问题；课堂上展示优秀作品、组织学生汇报交流、现场评分、总结点拨。

（2）学生活动：平台上上传作品、浏览作品、互评交流、写心得总结；课堂上展示

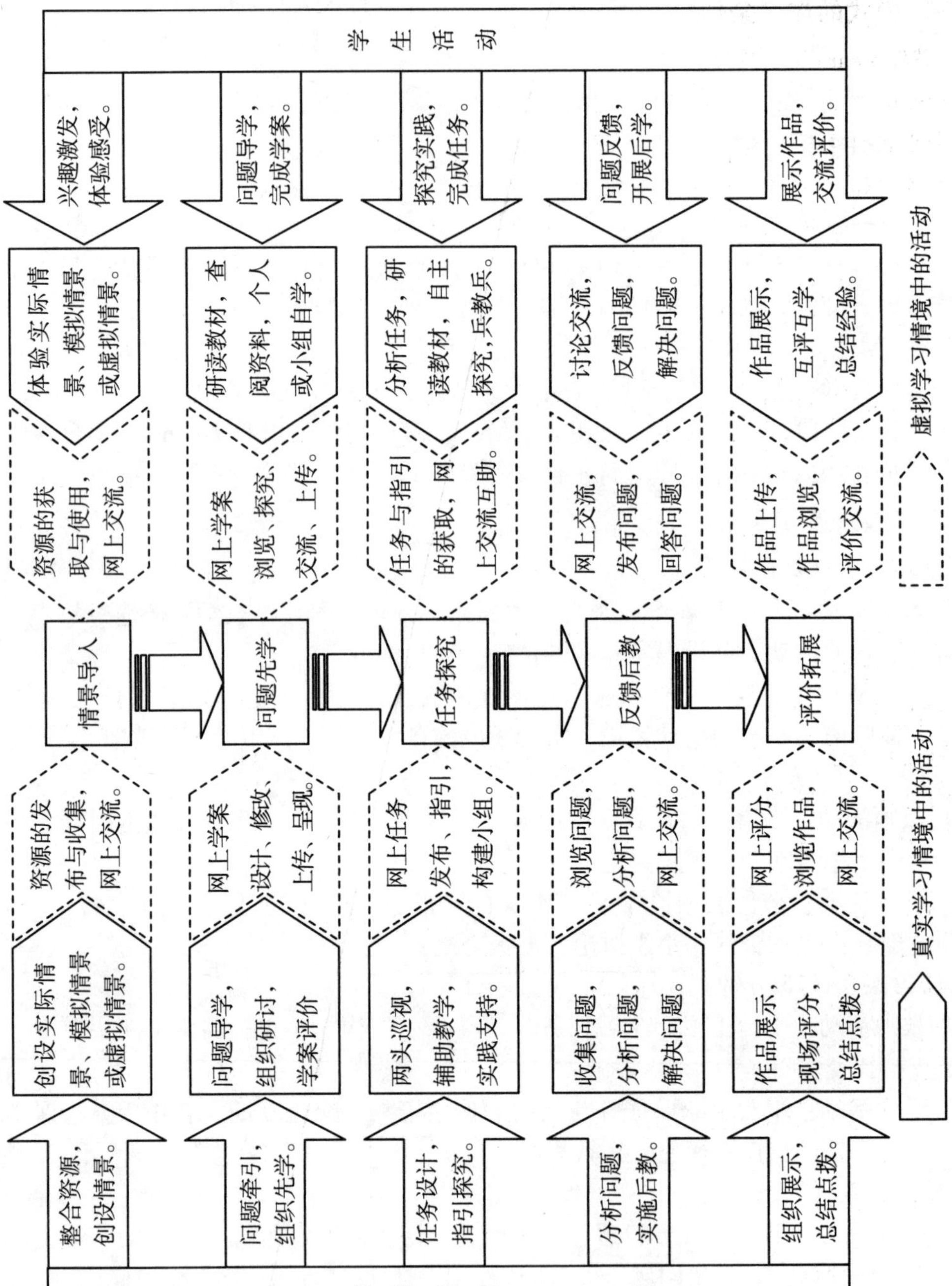

图1 LearnSite平台下的“先学后教”模式实施流程

作品、交流经验、互评互学、总结经验。

总之，五个环节相辅相成，又环环相扣，在具体操作中，会根据课堂情况的不同灵活应用，确保取得良好效果。

（三）模式的应用条件

1. 搭建 LearnSite 平台。

LearnSite 平台是我们针对基于网络环境下的“先学后教”实施需要搭建的网络平台，利用这个平台，可以降低课堂组织难度，提高教学效率和教学质量，完善教学评价。平台集成五大功能：课程资源整合、学案导学、合作互助、交流互动、展示评价。（图 2）

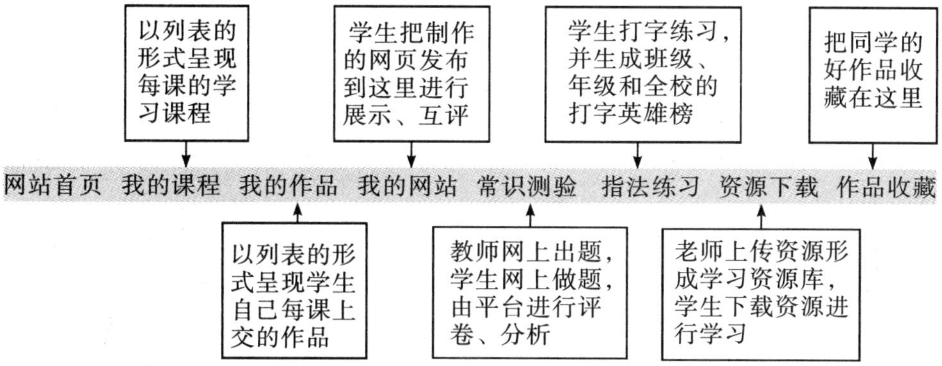

图 2 LearnSite 平台的功能

2. 设计基于 LearnSite 平台的教学案。

我们依据“先学后教”模式实施的需要，结合 LeranSite 平台的功能特点及优势，在充分分析教材内容的基础上设计了每一课的教学案，由结构内容概述、自学提纲、学习任务、问题讨论、学习评价五部分组成（如图 3），其在“先学后教”教学模式中应用的流程如图 4。

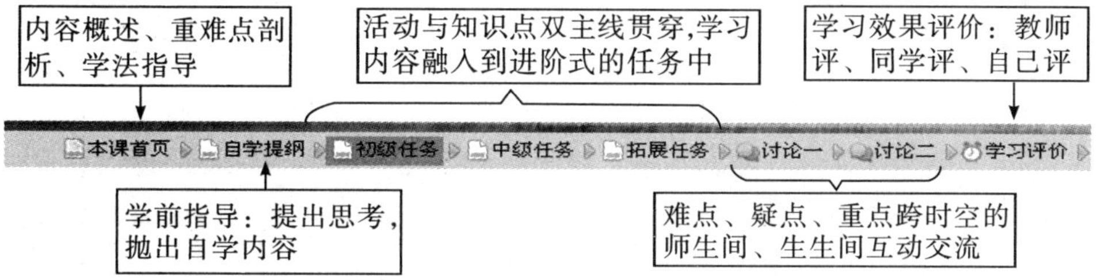

图 3 网络教学案结构

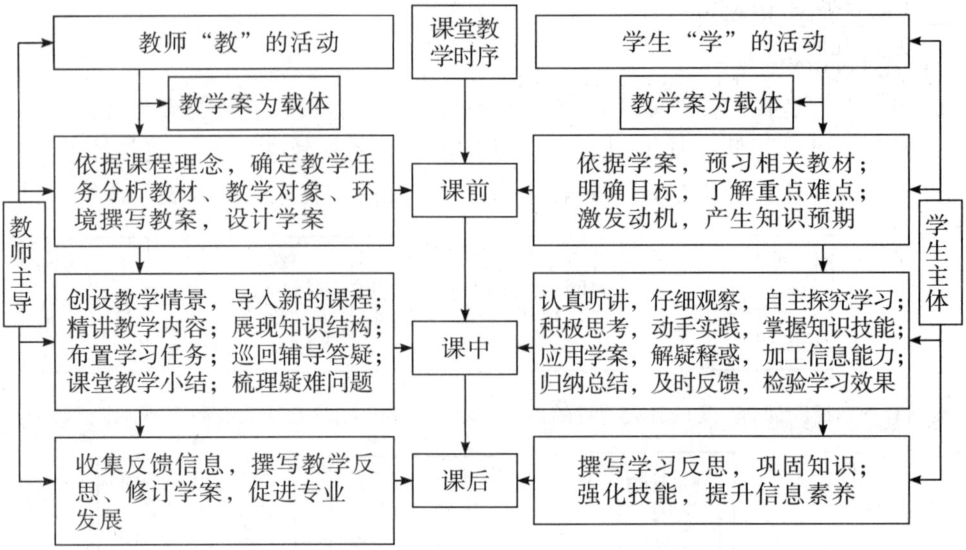

图4　网络教学案在“先学后教”模式中的应用流程

3. 分组。

“先学后教”的重要原则就是“兵教兵”。为此，我们以“同组同质、组内异质”的原则将班级学生分为几个学习小组，尽量保证各小组起到优秀生教后进生、外向型影响内向型、协调能力强的带领合作能力差的效果。组内成员的任务分工比如组长、发言者、提问者等，定期轮换，以保证每个学生各方面能力的培养。

（四）模式的应用实践

下面，以南海区小学信息技术教材《灵活避开障碍物》一课为例，具体剖析 LearnSite 平台支持下的“先学后教”模式如何应用于小学信息技术教学。

1. 情境导入阶段。

LearnSite 平台上丰富的视频、音乐、动画等多媒体资源能给情境的创设带来便利和多彩，学生甚至能在平台上自我构建情境，通过多媒体素材带来的多感官感受，在不知不觉中被带进疑幻似真的情境中。

如在《灵活避开障碍物》一课，课堂之初进行作业的回顾点评，教师指引学生进入 LearnSite 平台的“我的作品”，查看自己及同学上一课的作业情况、教师对作业的评价内容，达到温故知新。接着教师引导学生到平台上自行观看机器人避开障碍物的视频，课堂气氛一下子就活跃了起来，很好地引入了新课。

2. 问题先学阶段。

这个阶段要求学生做到四个明确：明确自学的内容与范围，明确自学的方法，明确自学的要求，明确学习时间。我们的做法是采用“问题牵引法”把“先学”的内容转化为问题并串联起来，“问题”放置于 LearnSite 平台上，方便共享与交流。

如在本课的“先学”环节，学生登录 LearnSite 平台后，依次点击“我的课程”——《灵活避开障碍物》，即可进入新课导学，了解本课所涉及的新旧知识点、学习内容、学习目标、自学要求、学法指导。

3．任务探究阶段。

这个阶段学生会通过 LearnSite 平台获取学习任务，并在学案的引导下开展探究活动。该环节成功实施的关键是要处理好三方面的问题：一是分层教学，学生能够根据自身水平选取任务，二是要把小组合作学习落到实处，三是要给学生探究学习提供足够、必要的指引。LearnSite 平台在这三个方面均能提供很好的保障。

（1）分层教学方面。我们认真分析学生的实际情况，确定课堂教学中的任务，合理安排教学内容，再利用 LearnSite 平台，引导学生根据不同层次的学习目标，有目标、可选择地进行自主学习。

如在《灵活避开障碍物》的课前，我们先在平台上根据不同学生的水平设计好分层任务（如图5），初级任务是基本知识的学习，要求学生都能完成；中级任务是知识的基本应用，要求大部分学生能自行完成，个别学生被帮着也能完成；拓展任务设计给学有余力的学生，同时鼓励学生们合作完成。

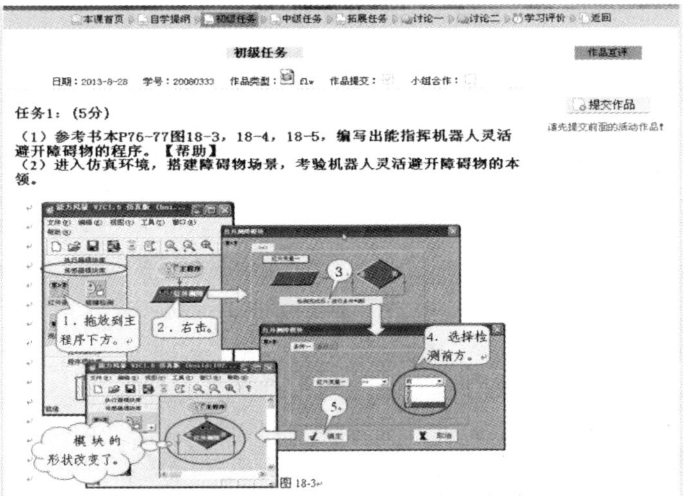

图5　不同层次的学习任务

（2）小组合作方面。和谐、有序、活泼的学习小组是“先学后教”策略得以有效实施的重要保障。我们开放 LearnSite 平台的分组功能，让学生在平台中组建学习小组，实现自我管理、协作学习和相互评价，记录到个人档案中（如图6）。

（3）探究指引方面。有了 LearnSite 平台的支持，教师只需课前花几分钟明确学习任务和激励学生主动学习，其余时间则由学生自主学习课本内容、网站视频教程（微课），利用平台提供的素材资源进行实际的操作与探索。

如：在《灵活避开障碍物》的课前，我们将可能需要用到的学习资源（程序、场景、教程）放到 LearnSite 平台的“资源下载”中。接着，利用录屏软件，将关键的操作技巧和过程录制成微课，上传到“探究帮助”（如图7），让学生点击观看，对掌握的步骤直接跳过，对未能掌握的步骤重复学习。

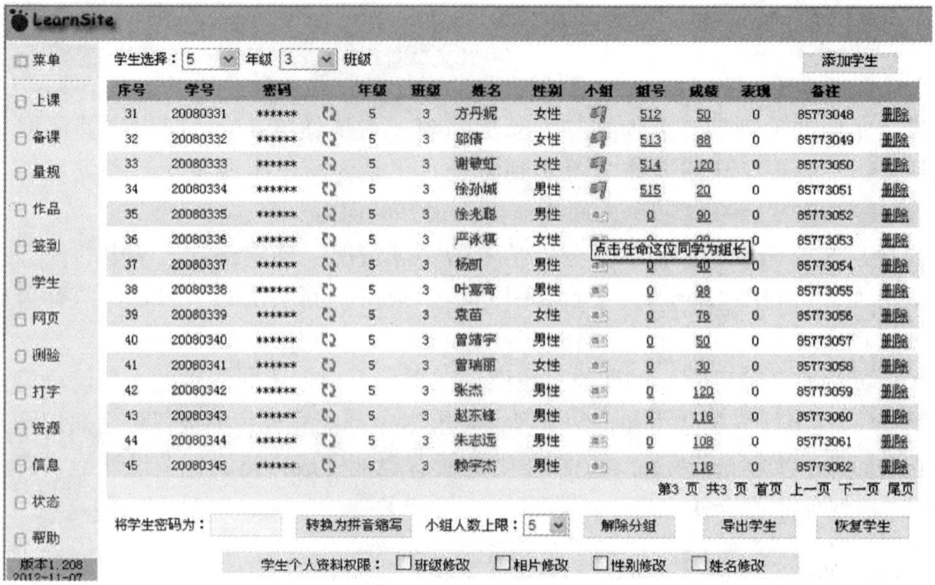

图 6 “小组管理”界面

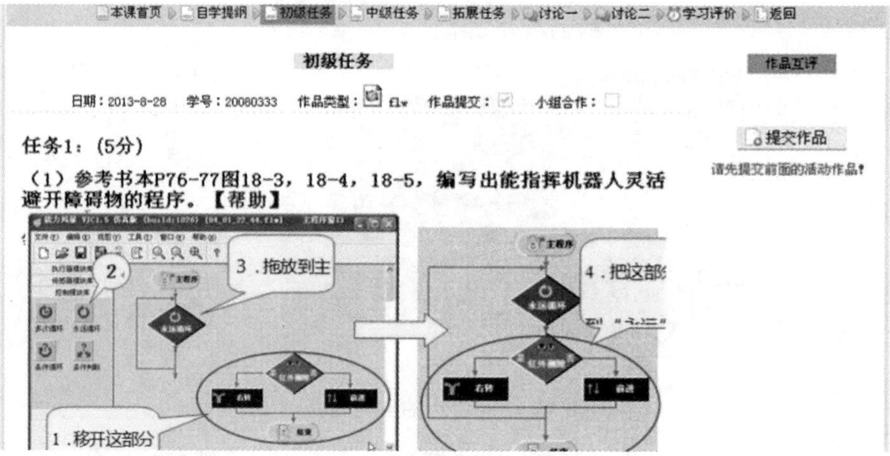

图 7 “探究帮助”界面

4. 反馈后教阶段。

利用 LearnSite 平台的调查模块，对学生进行针对性的调查，就可快速地了解到课堂的教学效果，了解每位学生的自学情况，为下一个环节有针对性地指导做好铺垫。

如根据《灵活避开障碍物》的任务设计，我们设计了下面的调查表格让学生填写。学生在平台上完成调查后，教师点击调查结果就能看到学生学习的情况反馈（如图 8）。此外，学生还可以进入“讨论”栏目，展开讨论，发表自己的看法。

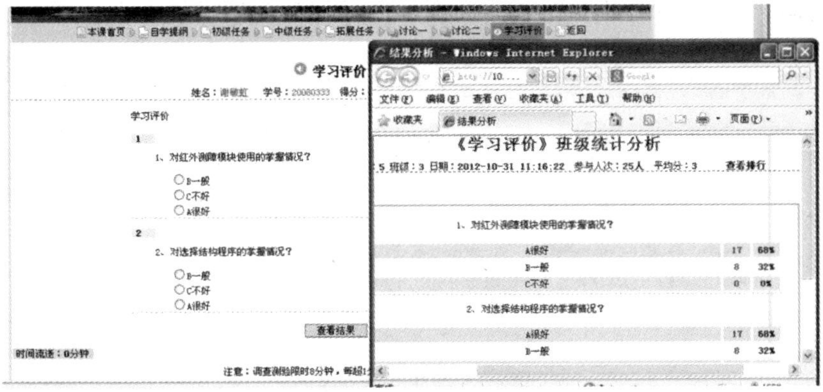

图 8　调查表界面

5. 展示评价阶段。

LearnSite 平台的强大功能在本阶段发挥得淋漓尽致，学生可以通过平台提交作品，逐步建立自己的作品记录袋。每位学生都可以对自我进行评价，对同学作品进行评价，同样教师也可以对每一位学生进行认真客观的评价。评价的内容可以是学习态度、知识水平、作品质量等，并转化为学分，记录到学生的电子成长记录袋中。

（1）实现对作品的有效评价。

我们利用 LearnSite 平台，让学生使用自己的账号将完成的作品上传到“我的作品”中，规定学生至少要完成对小组成员作品的评价。这样，所有学生的作品都会得到他人的关注和点评，让学生既收获快乐又能了解自己作品的不足（如图 9）。

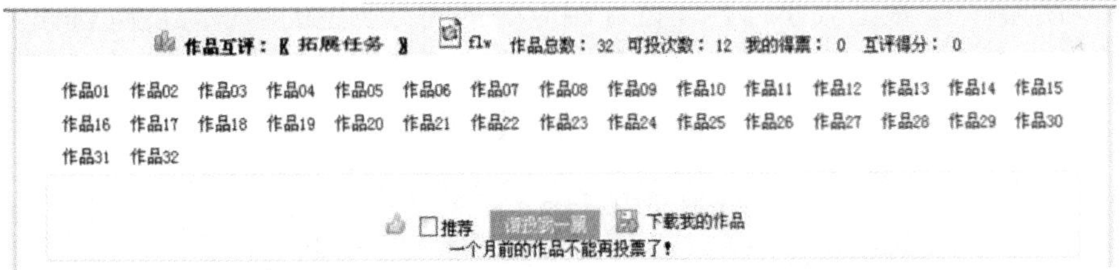

图 9　作品互评界面

（2）形成学生个人电子成长记录袋。

利用 LearnSite 平台的作品上传与用户管理功能，让学生把每次完成的作品上传到“我的作品”内（图 10），记录每课的个人学分，逐渐积累形成学生的个人电子成长记录袋。成长记录袋的建立，能让学生感受自己曾经付出的学习努力，看到自己的进步和发展同时也为教师提供了学生的成长与能力发展的信息，让教师能够较为准确地评价学生的学业水平，检查教与学过程的成效。

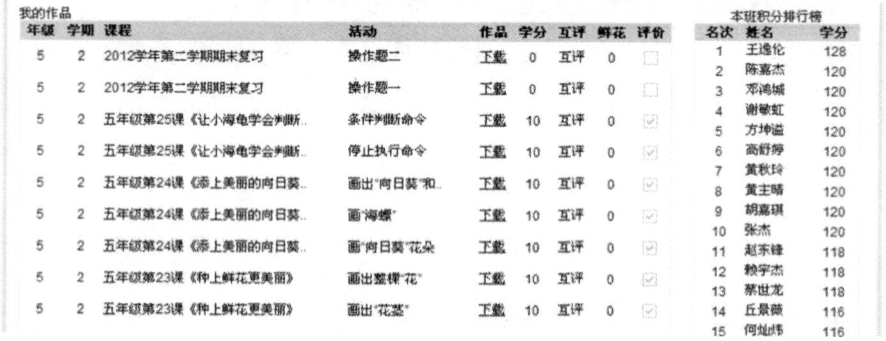

我的作品

年级	学期	课程	活动	作品	学分	互评	鲜花	评价
5	2	2012学年第二学期期末复习	操作题二	下载	0	互评	0	☐
5	2	2012学年第二学期期末复习	操作题一	下载	0	互评	0	☐
5	2	五年级第25课《让小海龟学会判断..	条件判断命令	下载	10	互评	0	☑
5	2	五年级第25课《让小海龟学会判断..	停止执行命令	下载	10	互评	0	☑
5	2	五年级第24课《添上美丽的向日葵..	画出"向日葵"和..	下载	10	互评	0	☑
5	2	五年级第24课《添上美丽的向日葵..	画"海螺"	下载	10	互评	0	☑
5	2	五年级第24课《添上美丽的向日葵..	画"向日葵"花朵	下载	10	互评	0	☑
5	2	五年级第23课《种上鲜花更美丽》	画出整棵"花"	下载	10	互评	0	☑
5	2	五年级第23课《种上鲜花更美丽》	画出"花茎"	下载	10	互评	0	☑

本班积分排行榜

名次	姓名	学分
1	王逸伦	128
2	陈嘉杰	120
3	邓鸿城	120
4	谢敏虹	120
5	方坤溢	120
6	高舒婷	120
7	黄秋玲	120
8	黄主晴	120
9	胡嘉琪	120
10	张杰	120
11	赵东锋	118
12	赖宇杰	118
13	蔡世龙	118
14	丘晨薇	116
15	何灿炜	116

图 10　学生的作品记录

四、教学模式下教与学的评价

（一）评价的内容

研究中我们把小学生在信息技术学习中的行为归纳为 10 种，即：发言、倾听、交谈、讨论、帮助、分享、思考、判断、操作、书写。这些行为的具体反映包括作品制作、小组合作、讨论交流、习题测试、学习态度五方面。因此，我们将通过对这五方面展开定量测试与比较，研究本模式下的教与学行为的有效性。

（1）作品制作。根据不同作品的制作要求制订不同评价指标进行评价。（如表 1）

（2）小组合作。从责任、活动、持续工作、交流、分享五方面进行评价。（如表 2）

（3）讨论交流。从交谈、发言、倾听、表达、评价五方面进行评价。（如表 3）

（4）习题测试。根据教学内容，设计相应的试题对学生的掌握程度进行评价。

（5）学习态度。从认真、积极、自信、合作、思考五方面进行评价。（如表 4）

表 1　作品制作评价指标（以多媒体幻灯片作品评价为例）

项目	序号	作品评价内容	优 10 分	良 8 分	中 6 分	差 3 分
作品内容	1	作品结构完整，主题鲜明突出，选材也有独特之处，能充分展示丰富的想象力				
	2	作品中含有录音、背景音乐、必要的文字介绍				
	3	故事内容健康，宣传积极向上的思想				
设计风格	4	作品设计合理，主次分明，图文并茂，文字清晰易读				
	5	作品无论是文、图都与主题有关，有利于突出主题				
	6	作品中各个元素（如文字、图片、图案、色彩等）能合理搭配，令人赏心悦目，留下深刻印象				

续上表

项目	序号	作品评价内容	优10分	良8分	中6分	差3分
技术运用	7	画面之间衔接正常、没有中断				
	8	时间长短适宜、场景布置合理				
	9	素材形象生动、效果逼真				
原创	10	图、文有创意、原创				

说明：优（9～10分）、良（7～8分）、中（6分）、差（0～5分）。

表2　合作学习能力评价指标

项目	2分	1分	0分
责任	我对自己与他人负责，我力争达到小组的目标而不是妨碍目标的实现	有提出自己的不同看法，并做出尝试	不敢提出和别人不同的问题，不敢尝试和表达自己的想法
活动	我的活动是工作所需的，我在不打扰、不接触他组的情况下，进行搜集资源与材料的活动，并对有困难的同学提供了帮助	能与人合作，能接受别人的意见	缺乏与人合作的精神，难以听进别人的意见
参考	我一直积极参考，热情参与讨论和交流，并为实现我们设定的目标而努力	有参与讨论与交流，能举手发言，并查阅相关资料	很少举手，极少参与讨论与交流，没有阅读课外读物
交流	我的发言始终紧扣主题，始终保持较低的声音，与小组的每一个成员都能够很好地交流，我没有打扰其他的小组	上课能认真听讲，作业依时完成，有参与讨论	上课无心听讲，经常欠交作业，极少参与讨论
分享	我与他人一起分享资源、材料、观点、任务与责任，我尽量平分任务，完成我所承担的那部分并对小组做出贡献	能用老师提供的方法解决问题，有一定的思考能力和创造性	思考能力差，缺乏创造性，不能独立解决问题

说明：优秀（9～10分）、良好（7～8分）、合格（6分）、不合格（0～5分）。

表3　讨论交流能力评价指标

项目	2分	1分	0分
交谈	我的发言始终紧扣主题，始终保持合适的音量，交谈的内容简明扼要，与组员实现了很好的交谈效果	我的发言基本能扣主题，说话音量合适，交谈基本能围绕中心，与组员的交谈效果较好	我的发言始终未能抓住主题，说话音量没控制好，交谈内容偏离中心，效果较差

续上表

项目	2分	1分	0分
发言	我一直积极发言，围绕主题发表自己的意见和想法	能举手发言，有参与讨论与交流	很少举手，极少参与讨论与交流
倾听	我是一个好听众，并认识到每个组员都会提供有价值的东西。我倾听并且能够概括说出每个人的贡献	会倾听组员的意见，但当意见与我的想法不同时，我会说服组员按我的想法做	很少倾听别人的意见，只按自己的想法做
表达	能有条理地表达自己的意见，解决问题的过程清楚，做事有计划	能表达自己的意见，有解决问题的能力，但条理性差些	不能准确表达自己的意思，做事缺乏计划性、条理性，不能独立解决问题
评价	我会对最终结果和自己所承担的那部分工作的进展做出评价	基本上能对最终结果和自己所承担的那部分工作的进展做出评价	不能对最终结果和自己所承担的那部分工作的进展做出评价

说明：优秀（9~10分）、良好（7~8分）、合格（6分）、不合格（0~5分）。

表4　学习态度评价指标

项目	2分	1分	0分
认真	上课认真听讲，作业认真，参与讨论态度认真	上课能认真听讲，作业依时完成，有参与讨论	上课无心听讲，经常欠交作业，极少参与讨论
积极	积极举手发言，积极参与讨论与交流，大量阅读课外读物	能举手发言，有参与讨论与交流，有阅读课外读物	很少举手，极少参与讨论与交流，没有阅读课外读物
自信	大胆提出和别人不同的问题，大胆尝试并表达自己的想法	有提出自己的不同看法，并做出尝试	不敢提出和别人不同的问题，不敢尝试和表达自己的想法
合作	善于与人合作，虚心听取别人的意见	能与人合作，能接受别人的意见	缺乏与人合作的精神，难以听进别人的意见
思考	具有创造性思维，能用不同的方法解决问题，独立思考	能用老师提供的方法解决问题，有一定的思考能力和创造性	思考能力差，缺乏创造性，不能独立解决问题

说明：优秀（9~10分）、良好（7~8分）、合格（6分）、不合格（0~5分）。

（二）评价的实施

依托 LearnSite 平台，我们对作品制作、小组合作、讨论交流、习题测试、学习态度五方面开展了教师评、组员评、自评，并转化为相应的学分记录到学生的个人档案中，各项分数累加出总分，根据总分对学生的学业水平进行评估。(如图 11)

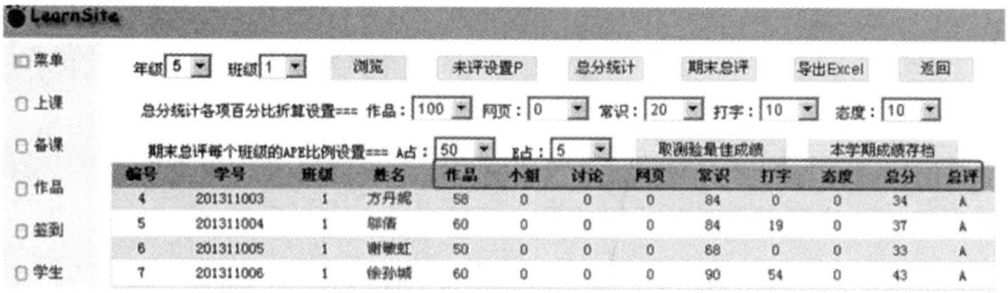

图 11　小学生信息技术学业水平的量化评估

评价的实施我们主要从创建学习小组、创设论坛、设定标准、学习评价、在线成果等五方面开展。

1．创建学习小组，互动学习。

把学生 4 ~6 人为一组进行分组，有利于孩子们小组合作学习，互评、互动。在 LearnSite 平台中，我们以管理员的身份，把同学们推选出来的组长设置为“小组长”，然后让同学们以自己的账号登录学习平台，在“个人设置”中找到“加入小组”，加入自己组长那个团队，学习小组就轻松建立了。

2．创设论坛，互动交流。

在 LearnSite 平台中创设论坛，能在交流互动中了解学生的想法，激发学生的学习兴趣，对学生进行动态的学习性评价。

例如，开学第一课，我们在学习平台小论坛栏目中创设了这样一个问题：“同学们，你们喜欢上信息技术课吗？你觉得我们怎样上课就可以轻松愉快地学到知识呢？”一开始，个别同学发表言论说喜欢，不敢提出意见。但有一个男生大胆地发表自己的意见：“我喜欢老师用玩游戏、攻关的形式来上课，这样很有挑战性。”看到这个同学发表的评论，教师及时地回复、评价他的言论：“谢谢你的宝贵建议。以后在一些课时我会参考你的建议进行备课，让大家在玩中学。”当同学们看到教师的回复后，兴趣大增，都大胆地表达自己的想法，提出了不少宝贵的建议。在这样的简单互动中，教师第一时间知道学生的想法和评议结果，了解学生的情况，及时调整、修改教学的策略。

3．设定标准，互评作品。

LearnSite 学习平台有一个突出的优点，教师可以根据每一课教学内容的特点，设定作品的评价标准。例如，三年级在画图软件中画画，可以设定成绘画的评价标准，从构图、色彩、创意等方面进行评价。而四年级制作电子报刊，可以从内容、布局、色彩搭配、创意等方面进行评价。五年级 PCLOG 的程序，可以从程序完整性、简短，图形漂亮，有创意等方面进行评价。根据评价的内容设定 A、B、C、D 四个等级，不单教师对作品进行评价，同学们也可以根据评价标准，对别人的作品进行评价。

4．学习评价，关注个体差异。

以前，学生在书本中对自己的学习情况进行评价，教师在巡视中查看同学们的评价情况，往往都有“漏网之鱼”出现，不能兼顾到全体学生。而LearnSite学习平台有一个强大的功能，让教师可以即时看到学生学习状况的自评情况，帮助教师更及时地关注不同学生的个体差异。（如图12）

5．在线成果，记录成长。

依托LearnSite学习平台，学生每节课的形成性的作品，都可以上传到对应的课时和任务中，同学们登录平台后，可以随时进入“我的作品”中，下载自己的作品进行欣赏和修改。教师管理、评价学生的作品也更方便，只要班级进入“上课”状态，就能随时进入“学生作品”选择不同课时的作品进行查阅、评价。

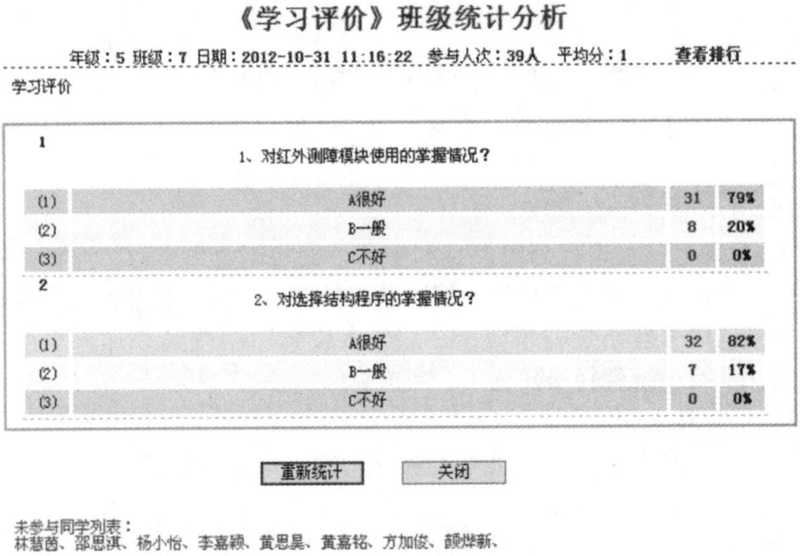

图12　学生对学习情况展开自评

五、教学模式的影响与推广情况

（一）模式的影响

基于LearnSite平台的“先学后教”模式的实施，一方面实现教学资源的创建与共享、学习的交流与互动、团队的建设与优化、作品的创作与展示；另一方面帮助教师更好地把握学生已有知识和技能的程度，更好地制定学习任务，并进行分层教学设计，落实多级学习目标，开展有效的学科评价，让学生在网络学案的指引下动脑思考问题、动口表达交流、动手实践操作和合作探究问题。其具体影响包括以下几个方面。

1．促进了学生的自主学习，提高了自主学习的能力。

我们的学生现已形成了在LearnSite平台上开展自主学习的习惯，上课之初他们会自觉打开平台上的网络学案，根据“问题导学”的指引开展自习；课中根据学案中的层级任务开展探究学习，遇到不懂的问题会到平台上寻找指引或观看微课教程；制作作品时会到互联网或平台上搜索素材；作品完成后会自觉发布到平台上展示并互评；课后会把自己的学习心得和疑惑发布到平台上分享与交流。课堂上我们不仅真真切切感受到学生的学习变化，而且在2013年3月及2014年3月的两次调查中，数据分析（表5）再次证明了学生自主学习的喜人变化。

表5　学生自主学习的情况调查

在信息技术课堂上，你快乐吗？	前测	后测	对比
很快乐	68%	85%	+17%
较快乐	32%	15%	-17%
没感觉	0%	0%	0
不快乐	0%	0%	0
你认为哪种学习方式最能提高你的学习效果？	前测	后测	对比
老师引导，自己和同学合作完成	54%	78%	+23
跟着老师一步一步做	43%	18%	-25
老师不用讲，我和同学合作完成	4%	2%	-2%
自己一个人完成	10%	2%	-8%
你更喜欢老师哪种教学方式？	前测	后测	对比
老师先引导，再由我们尝试做	52%	87%	+35%
老师不用讲，由我们自己做	0%	2%	+2%
老师边讲，我们边做	47%	10%	-37%
LearnSite 学习平台对你学习有什么帮助？	前测	后测	对比
有很大帮助	68%	97%	+29%
有一些帮助	25%	2%	-23%
没有帮助	7%	0%	-7%

2．培养了学生的合作意识，养成了良好的合作习惯。

随着"先学后教"模式下"兵教兵"策略的深入开展，我们发觉学生在学习知识的过程中，学会了关心同学，增进了同学友谊，逐步树立起正确的合作观和竞争观，有利于集体凝聚力的形成。

3．拓宽了学生的知识视野，促进了学习能力的发展。

在"先学后教"模式下，学生都想使自己成为合作中的主动者，因而大家都积极、自觉地投身到学习活动中去。他们认真阅读教科书，查阅参考书，查找、搜集文献资料，写读书笔记，养成了良好的读书习惯和学习方法，因而大大丰富了自己的知识，拓宽了知识视野。2013年3月及2014年3月我们分别对实验班和对照班进行学习情况、学业水平和学习的满意度进行调查，从中统计出数据分析，情况是喜人的，效果是明显的。（见表6）

表6　实验班与对照班前测、后测对比表

内　　容	前测/%			后测/%			对比值增幅/%
	实验班	对比班	对比	实验班	对比班	对比	
1. 你对信息技术课感兴趣吗	84.7	85.3	-0.6	100	88.5	11.5	15.3
2. 能掌握信息技术课上所学知识	72.3	71.5	0.8	92.4	76.1	16.3	15.5
3. 能运用信息技术解决遇到的问题	67.4	66	1.4	91.5	75	16.5	15.1
4. 喜欢老师先引导，再由我们尝试做的教学方式	61	58	3	92	78.9	13.1	11.6
5. 完全掌握要学习的知识	80.3	76.8	3.5	93.5	83.4	10.1	4.2
6. 自己能独立完成学习任务	78	72	6	96.7	87.3	9.4	4.2
7. 老师能对你及时进行指导，效果好	71	67.5	3.5	87	74	13	8.5
8. 在课堂上能主动参与学习	67	59.4	7.6	100	82.4	17.6	13.4

4. 增强了课堂教学的活力，提高了教师的业务水平。

模式中的课堂，师与生、生与生的全方位合作，使课堂气氛始终处在和谐、民主、自由、活跃的状态之中。大家平等对话，相互交流，热烈讨论，激烈争论，学生在愉悦中感知了新知识，而教师们的教育科研意识和能力都得到加强，新的课程观、质量观、教学观逐步形成。

（二）模式的推广

“一滴水只有融入大海才不会干涸”，我们的模式也只有被更多的老师使用，让更多的学生受惠，才更加有生命力。为此，我们确立了“课题引领，协同研究，共享成果”的推广思路，即以课题研究为平台，以“协同研究”的方式，会聚“志同道合”的老师，群策群力地合作研究，共享智慧的成果。具体措施包括以下几个方面。

1. 课题引领。

我们成功立项了南海区“十二五”课题“基于LearnSite信息技术教学平台下的‘先学后教’模式研究”。借助南海区课题管理的平台规范教学模式的研究工作，促进成果的总结及推广。研究组顾问南海区发展研究中心教研室陈茂贤老师和大沥镇教育局金培星校长，在本模式推广的策划、组织与宣传等方面给予了我们行政上的支持。

2. 协同研究。

以协同联动的方式开展研究，组成由研究负责人牵头、骨干教师为主干、学科中心组教师为主力、全镇小学信息技术学科教师参与的研究团队。研究团队的主干包括区、镇信息技术骨干教师：横江小学何国星、黄岐小学陈志峰、大沥城区小学蔡炳雄、黄岐中心小学杜灿基、盐步中心小学冯碧玲和麦敏枝。他们发挥名师的引领和辐射作用，叠加智慧，以点带面，以名师的知名度和号召力推广模式，让研究的面不断扩大，参与的学校不断增多。我们的活动包括以下内容。

（1）协作备课。组织课题组成员利用 LearnSite 平台进行跨时空的集体备课，根据教学内容合理设计“先学后教”的教学模式，分层次、分任务、分课内课外备课。所有学案均可以在线阅读，打包分享，为教师更好地交流和学习提供帮助。

（2）协作磨课。开展研究课，研究组成员听课，然后再集体评议。相互听课，相互切磋，课后及时评课讨论。

（3）公开教学，共赢互惠。建立共赢互惠的教学研究制度，拓展互惠的内涵，积极主动、坦诚无私地公开自己的教学与思想，充分发挥每一位教师的潜能，开展研究课，研究组成员听课，然后再集体评议。

3. 共享成果。

我们把本模式应用于其他学科的经验提炼为“搭平台、定流程”。“搭平台”即要充分发挥信息技术的优势，构建有利于教与学的信息化平台，实现课程资源整合、学案导学、合作互助、交流互动、展示评价，为学生营造理想的学习环境和学习氛围；“定流程”即要制定与信息技术环境相适应的教学模式流程，才能激发学生主动探求知识的兴趣，才能发挥学生的主动性与创造性，才能优化教学过程和学生的学习过程。

六、教学模式研究与实施过程中的“差异性”思考

（一）本教学模式对于不同年龄段学生的适用性与应用效果存在差异

我们认为三年级的信息技术课程暂不宜使用 LearnSite 平台开展学习，只能应用“先学后教”教学模式培养学生良好的信息技术学科学习习惯。因为三年级学生有知识基础薄弱，理解能力、动手和思维能力较弱，注意力难集中的特点。因此，在三年级开展基于 LearnSite 平台的学习无形中加大学习的难度。

（二）本教学模式对于不同内容的适用性与应用效果存在差异

南海区小学信息技术教材，从内容类型划分上可大致分为以下三种。

第一种是像电子报刊、幻灯片、网页等制作类的课程内容。这些教学内容比较直观，教材的步骤指引十分清晰，教学的内容延展性比较好。对于这类课程内容，运用 LearnSite 信息技术学习平台的“先学后教”教学模式可以取得很好的学习效果。

第二种是像 VJC 、PCLOGO 这种程序类课程。这类教学内容更注重对学生的思维能力的培养，所以，在运用 LearnSite 信息技术学习平台进行“先学后教”时，在平台的学案中，除了设置任务要求和自学指引外，还可以提出一些问题让学生进行思考。在实践中，也取得相当好的效果。

第三种是像打字这类纯技能的课程。这类课程更注重培养学生的操作技能和习惯，所以运用 LearnSite 信息技术学习平台进行学习时，教师可以在学案中设置一些正确指法的视频、小窍门等课外知识，并利用平台中的“打字宝典”功能进行练习和比赛，效果不错。但在小组合作探究方面相对比较少，而且每节课生成的作品较少或者没有，所以

很少在平台中去呈现。在分享评价环节，更多只能是谈感受式的。

总体而言，本模式对于第一种课程内容的适用性和应用效果最好，第二种次之，最后是第三种。

执笔人：何国星　冯碧玲　麦敏枝

课堂实录一

小海龟建小桥

冯碧玲

【教学内容】

《小海龟建小桥》是南海区教育发展研究中心教学研究室编写的《信息技术》五年级第22课内容。本课以小海龟画小桥的活动为例，首次带领学生领略Logo语言中循环结构程序的魅力，感受循环结构程序是怎样轻松快捷帮助我们解决问题的。

【教学目标】

1. 知识与技能：使学生掌握重复命令的书写格式，弄懂重复命令的执行过程；掌握画正多边形的方法。

2. 过程与方法：知道小海龟画正多边形、画拱桥的过程和方法。

3. 情感态度与价值观：培养学生学好本领、用好本领、服务社会的意识。

【教学重难点】

重点：懂得用重复命令编写程序画图。

难点：学会分析问题，理清编程思路，合理编写命令控制小海龟绘出小桥。

【学情分析】通过前面的学习，学生已经掌握Logo语言中15个基本的命令，懂得编写顺序结构的程序。在前一单元机器人的学习中，已经接触过循环程序结构。学生对LearnSite学习平台操作非常熟悉，基于平台的学习模式已经成为习惯。

【教学环境】LearnSite信息技术教学平台是一个专门用于信息技术课堂教学的网络平台，实现了教师备课、课程打包、作品展示、作品评价等功能的整合。教师在课前精心准备设计学案，学案分为“问题导学”“任务”“小论坛”“评价栏”等板块，学生以自己的账号登录，就能进入相应的课程开展学习。

【教学模式实施思路】

在小学信息技术教学中，LearnSite信息技术学习平台在“先学后教”策略中分为五个阶段实施，分别是情境导入、问题先学、任务探究、反馈后教、评价拓展。这种教学模式从根本上改变了传统教育重教师“教”、轻学生“学”的做法，突出学生的主体地位，培养学生自主学习能力。教学过程中实现教师和学生在教与学方面的两种转变（先学后教——变“被动”为“主动”；以学定教——变“学会”为“会学”），在转变过程中达成小学信息技术高效课堂的创建，实现小学信息技术新教材的有效实施。

【教学过程】

一、课前问题导学

师：请同学们登录学习平台，进入 22 课的“问题导学”，根据问题，阅读书本。

图 13

请阅读教材 99～103 页，思考下面问题：

1. 你能找出重复命令 repeat 的用法和作用吗？

2. 你能找出画任意正多边形的命令吗？请用横线画出来。

3. 你能找出画圆弧的命令吗？请用横线画出来。

（学生启动电脑后都会自觉登录学习平台，打开问题导学，看书自学。这已经成为一个学习的习惯）

二、创设情境，导入新课

（课件出示小海龟的家，小动物们想去做客的情境）

师：前几节课，我们和小海龟一起建了房子，添上了流水和绿树，小动物们很想到它家做客，但小河挡住了它们的去路，怎么办？

生：坐船去做客。

师：可以，请坐。还可以怎么办？

生：建一座桥。

师：对，要想所有动物都能安全过河，建一座小桥是最方便的。我们一起来帮小海龟建一座桥，好吗？

（黑板上出示课题：22 小海龟建小桥）

（课件出示小桥，分析小桥的组成部分）

师：这座小桥由两部分组成，这是台阶，这是桥拱，你觉得哪部分最难画？

生：桥拱最难画。

师：是啊，桥拱是一个半圆，比较难，我们从易到难，先画台阶。

三、小组合作，探求新知

任务一：画台阶。（出示任务一）

师：画台阶。模仿小海龟画第一级台阶，然后试着把程序补充完整，思考怎样用 repeat 命令画台阶？

师：请同学们打开学习平台中的任务一，根据活动提示，一步一步开展活动，先在教材第 100 页填写好命令，然后在 PCLOGO 软件输入命令，检验自己是否成功，并把你

22. 小海龟建小桥

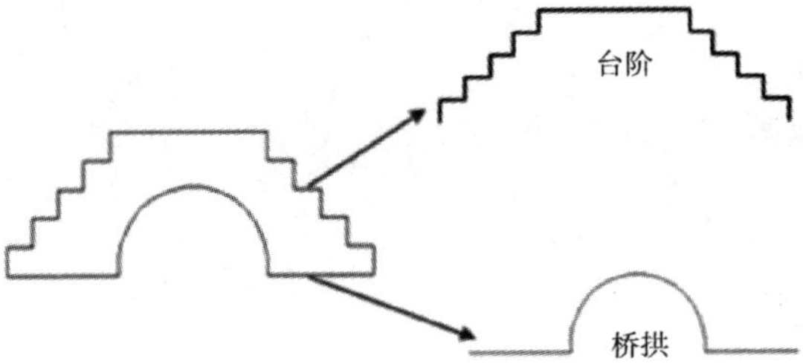

图 14

的做法在小组内进行进交流，全组都顺利画出台阶，上来黑板升级，音乐停止，活动结束，准备好了吗？开始！

（小组合作，开展活动，教师巡视指导）

师：请同学们回到自己的座位上。老师发现刚才同学们做得非常认真，各个组的同学都能相互帮助。我们一起来看，第 1、3、6、8 组都完成了任务，非常好。现在请同学来说说活动过程中遇到的困难和疑惑。

师：好的，你来说说。

生：我输入命令后，什么图形都没有画出来。

（播放该生出现的问题）

师：谁能帮他解决这个问题？请你来帮帮他。

生：他 repeat 命令打错了，把 e 写成 a，这里少了空格。

师：你观察得真仔细，使用 repeat 命令最容易错的地方，你都能发现并纠正。表扬他！

（生鼓掌）

（师板书 repeat 命令的格式和作用）

师：repeat 命令不能写错，命令与数值之间要有空格隔开，这行命令的意思是重复执行中括号里的内容 n 次。要用好 repeat 命令，关键要找出重复的内容和重复的次数。

（师板书画台阶程序）

师：像这个台阶，重复的内容是画一级台阶和画完后要转的方向和角度，重复了 5 次。

师：如果要画 100 级台阶，你能画出来吗？试试！

（未能画出台阶的学生再试，能画出的同学试画 100 级台阶）

（由于学生知道了怎样用 repeat 命令画台阶，所以他们都勇于去试画 100 级，甚至 1 000 级的台阶）

师：画台阶就这么简单，大家都学会了吗？

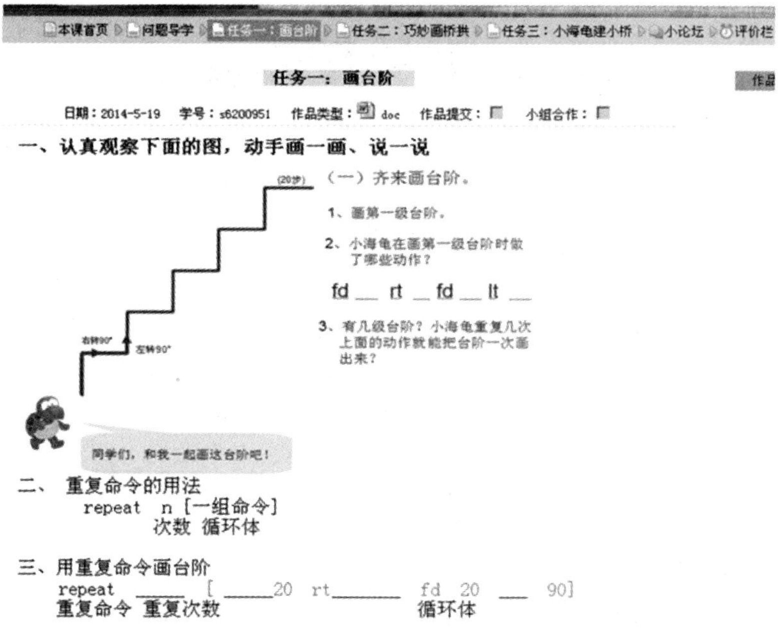
本课首页 | 问题导学 | 任务一：画台阶 | 任务二：巧妙画桥拱 | 任务三：小海龟建小桥 | 小论坛 | 评价栏

任务一：画台阶

日期：2014-5-19　学号：s6200951　作品类型：doc　作品提交：□　小组合作：□

一、认真观察下面的图，动手画一画、说一说

（一）齐来画台阶。

1、画第一级台阶。

2、小海龟在画第一级台阶时做了哪些动作？

fd __ rt __ fd __ lt __

3、有几级台阶？小海龟重复几次上面的动作就能把台阶一次画出来？

二、 重复命令的用法

repeat　n [一组命令]
　　　　次数　循环体

三、用重复命令画台阶

repeat _____ [_____20　rt_______　fd　20　___　90]
重复命令　重复次数　　　　循环体

图 15

生：学会了。

师：下面我们马上进入活动二——巧妙画桥拱。

任务二：巧妙画桥拱。（出示任务二）

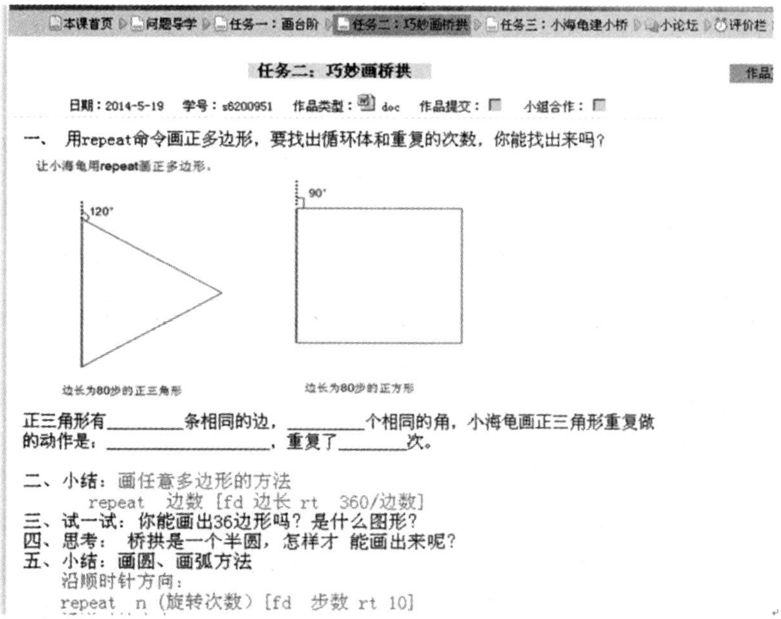
本课首页 | 问题导学 | 任务一：画台阶 | 任务二：巧妙画桥拱 | 任务三：小海龟建小桥 | 小论坛 | 评价栏

任务二：巧妙画桥拱

日期：2014-5-19　学号：s6200951　作品类型：doc　作品提交：□　小组合作：□

一、 用repeat命令画正多边形，要找出循环体和重复的次数，你能找出来吗？

让小海龟用repeat画正多边形。

正三角形有________条相同的边，________个相同的角，小海龟画正三角形重复做的动作是：_________________，重复了_______次。

二、小结：画任意多边形的方法

repeat　边数 [fd 边长 rt　360/边数]

三、试一试：你能画出36边形吗？是什么图形？

四、思考：　桥拱是一个半圆，怎样才 能画出来呢？

五、小结：画圆、画弧方法

沿顺时针方向：

repeat　n（旋转次数）[fd　步数 rt 10]

图 16

师：用 repeat 命令画正多边形，首先就要找出重复的内容和重复的次数，大家一起看看正三角形有几条相同的边，几个相同的角？

生：3 条相同的边，3 个相同的角。

师：小海龟画正三角形重复做的动作是？

生：前进 80 步，右转 60 度。

师：大家同意他的说法吗？

生：不同意。

师：请说说你的想法。

生：小海龟画正三角形重复做的动作是前进 80 步，右转 120 度。

师：要重复几次？

生：三次。

师：好，现在请大家验证一下刚才两位同学说的，哪个是对的。

（全体学生试画正三角形，指名上教师机画）

师：现在知道是右转 60 度，还是右转 120 度了吧？

生：右转 120 度。

师：左转 120 度，行不行呢？

生：行，只是画的方向不同。

师：对，右转是顺时针画，左转是逆时针画。

师：根据刚才的规律，你能画出正方形、正五边形吗？

生：能！

师：快试试！

（全体学生试画正方形、正五边形）

（同学们都非常兴奋，都很努力地在原来的命令上修改重复的次数和转的角度，画出不同的图形，感受着 repeat 命令的魅力）

师：我在巡视的过程中，不少同学问我，正五边形要转多少度，谁来说说要转多少度？

生：72 度。

师：你是怎样知道是 72 度？

生：我在教材 101 页小锦囊中知道了转的角度是用 360 除以边数，360 除以 5 就等于 72。

师：这位同学在问题导学时，看书真仔细，表扬她！

（生鼓掌）

师：请同学们阅读 101 页小锦囊。

（全体同学阅读小锦囊）

师：重复的次数是？

生：边数。

师：重复的内容中要转的角度是？

生：360 除以边数。

师：请大家用笔画出这些关键字。

（生在书上画出关键字）

师：大家都掌握了画正多边形的命令了，你能画出一个边长是20步的正36边形吗？

生：行！

师：开始！

（全体学生画正36边形，指名上教师机画）

师：大家都画出来了吧，是一个什么图形？

生：是一个圆。

生：我的不是圆，是一些凌乱的线。

（师控屏出示学生画出来不是圆的情况）

师：请同学们都来做做小老师，观察一下他为什么不能画出圆？

生：他前进的边长和我的不同，我的是fd 20，他是fd 80，我想问题就在这里。

生：对！边长是80的36边形屏幕显示不出来！

师：这两位同学都找出了他画不出圆的原因了。的确，当边数越多，我们的边长就不能太长。一般在10步至20步之间就差不多了。

师：刚才画出来的是一个真正的圆吗？

生：是一个圆。

生：难道不是吗？

师：大家别急，等会你就知道。先想想，桥拱是一个半圆，怎样才能画出来？

生：重复的次数减少一半就行啦！

师：你真聪明，没错！大家快试试！

（生试画桥拱）

（学生在刚才画圆的命令中，把重复次数改为18，马上就看出刚才的圆到底是不是真正的圆）

生：正36边形不是一个真正的圆，还差一点点呢！

师：对，正36边形只是一个近似的圆。现在我们一起来小结一下画圆或圆弧的方法。请大家打开教材102页小锦囊，用笔画出来。

师：刚才还没能画出桥拱的可以继续画，整个小组都能画出桥拱，请组长到黑板上升级。已经画出桥拱的同学可以试试改变重复的次数和边长画不同大小的圆弧。

（全体学生画桥拱或圆弧）

（只要掌握了画圆的方法，画圆的一部分是一件很简单的事，学生不断尝试，不知不觉中会画出许多漂亮的图形）

师：大家看看黑板，8个小组都顺利升上了第二级，表扬自己！

（学生鼓掌表扬自己）

师：现在我们一起欣赏一些同学的作品。

（展示1~2个画出漂亮圆弧的学生作品）

师：这个同学画的图形漂亮吗？谁愿意点评一下。

生：很有创意，像一朵花。

生：很漂亮，很有立体感。

师：请看这个同学的。

生：哇！好漂亮的花瓣啊！我喜欢！

生：非常漂亮，我也想画。

师：repeat 命令充分展现了 PCLOGO 语言的魅力，大家只要大胆尝试，一定能画出很多有创意的图形！

师：利用 repeat 命令，我们很容易就画出了台阶和桥拱，这座小桥有没有信心画出来呢？

师：我们马上进入活动三，小海龟建小桥。

任务三：小海龟建小桥。（出示任务三）

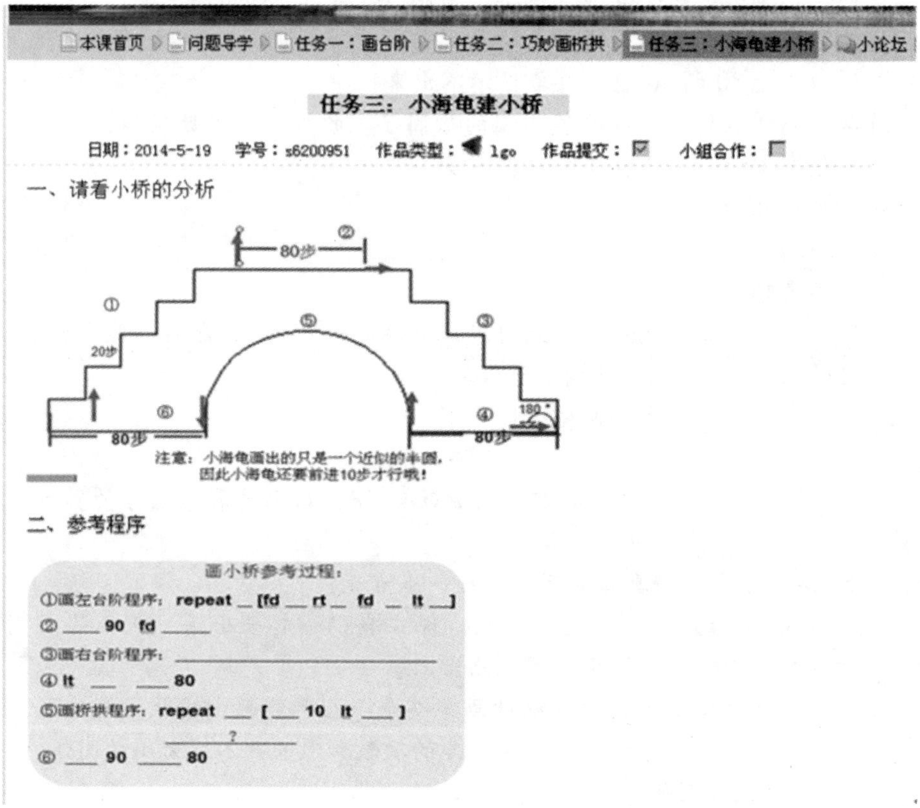

图 17

师：我们编写程序要养成好的习惯，先要分析图形，你打算从哪里开始画？分几部分完成图形？画完一部分后，还要注意小海龟的方向，调整好方向再画另一部分。

师：请大家看着小桥分析图，假设从左边的台阶开始画，把小桥细分为 6 个小部分。你们觉得这样分析能看得懂吗？

生：很清楚，能看懂。

师：以后你们分析图形也可以参照老师的方法哦！

师：下面请大家把画小桥的程序补充完整，完成后小组内交流。全组完成了就可以上黑板升级。

（生补充程序，并小组内交流，教师巡视指导）

师：好，请同学们停下来，表扬第 2、4、5、6、8 组，已经补充完整程序。

师：谁愿意展示自己的程序？

（学生自己投影编写的程序，并讲解）

师：现在大家都清楚怎样画小桥了吧，下节课我们再动手画小桥。现在请同学们打开学习平台中的评价栏，评价自己的学习。做完评价栏，就做小论坛。

四、分享评价

（全体学生评价自己的学习、做小论坛，学习平台中反馈学生评价情况）

《评价栏》班级统计分析

年级：5 班级：2 日期：2014-5-4 7:13:50 参与人次：42人 平均分：0 查看排行

1	1. 你对重复命令repeat书写格式的学习情况是：		
(1)	好	31	73%
(2)	一般	11	26%
(3)	差	0	0%
2	2. 你对重复命令执行过程的学习情况是：		
(1)	好	34	80%
(2)	一般	8	19%
(3)	差	0	0%
3	3. 你对画正多边形方法的掌握程度是：		
(1)	好	33	78%
(2)	一般	9	21%
(3)	差	0	0%
4	4. 你对话圆弧方法的掌握程度是：		
(1)	好	25	59%
(2)	一般	17	40%
(3)	差	0	0%

图 18

师：我们一起来看看学习评价情况。看来大部分同学都掌握了今天的学习内容，但×××同学还是不太会画圆弧，×××同学画正多边形有困难，请同组的同学关注、帮助一下他，也可以下课来找老师。

（展示点评小论坛中的评论）

五、总结延伸

师：今天这节课马上就要结束了，谁来说说自己的收获？

生：我学会了 repeat 命令，能用它来画出各种图形。我还知道小桥怎样画。

生：我学会了画台阶、正多边形和桥拱。

生：repeat 命令很好玩，我希望用它画出美丽的图形。

师：大家的收获可真多。下节课我们一起画小桥，用 repeat 命令画漂亮的图形。

师：这节课上到这里，下课！

【教学反思】

在本节课的教学活动过程中，学生积极参与各个探究任务的活动，顺利完成了本节课的教学目标。回顾本节课，做得比较成功的环节有以下几个。

1. 本课我在 LearnSite 信息技术学习平台中注重利用直观、明了的图形提示学生找出正确的循环体。更巧妙的是画桥拱，桥拱是一个半圆，怎样才能画出来呢？我带领学生从画正多边形演变出画圆、画弧，得出桥拱来。这时，学生都掌握了寻找循环体的方法，难点在画正多边形要转的角度是多少的问题，引导学生观察画正三角形和正方形的角度得出要转的角度是：360/边数。以上的做法，让学生弄清楚了台阶和桥拱的画法，突破了建小桥的难题。

2. 整节课以闯关的形式进行，我从学生的经验出发，创设了有趣的学习任务，满足学生的“发现”需要和创造的“成就感”，学生在玩中学习，充满挑战性，同时也充分调动了学生的学习积极性。

3. 整个教学过程都是在小组合作探究中进行。这样做，尊重学生学习的独特体验，放手让学生自学，实现教学的有效性。小组内成员互相帮助，互相学习，教师从旁指导，学习气氛宽松、融洽。各小组形成你追我赶的氛围，哪个组都不甘落后。

4. “兵教兵”的教学策略比较成功。学生出现问题，教师不急于讲解，而是要“精兵”边演示边讲解操作，达到以强扶弱的效果。“精兵”示范操作，能对操作掌握得更牢固，其他同学看了他的示范，解决了问题。这样做达到了双赢的效果。

5. 利用平台的优势，小论坛以自由评论的形式出现，让学生发表自己的见解，然后提交，在全班分享自己的见解，思想交流。学习评价也是基于平台的实时评价，能即时看到哪位同学需要帮助，有多少人参加了评价。

本节课存在的问题有以下几个方面。

1. 预留给学生探究活动的时间不够充分，学生探究完还没充分地小结和互动。

2. 个别小组的成员要微调，能力较弱的同学要得到有效的帮教。

3. 教学的语言要更精练，个别环节的小结表达不够精练。

课堂实录二

拼出漂亮版面

麦敏枝

【教学内容】

本课是南海区小学信息技术教科书四年级第 21 课内容。本课内容很多，分 2 课时，这是第 1 课时，是在学生对版面进行总体规划布局及页面设置的基础上，学习自选图形的运用，要求学生掌握自选图形的绘制、填充、旋转、叠放次序及组合等操作，为下一步整个版面的设计打下基础。

【教学目标】

1. 知识与技能。

(1) 利用自选图形拼图。

(2) 图形的旋转操作。

(3) 为图形填充颜色。

(4) 图形的叠放次序。

(5) 图形的组合。

2. 过程与方法。

综合运用所学知识拼出图案。

3. 情感态度与价值观。

(1) 培养学生的美感，让他们追求美、创作美。

(2) 培养学生一方有难、八方支持的民族正义感和守望相助、互助互爱的民族精神。

【教学重点】

1. 利用自选图形拼图。

2. 为图形填充颜色。

【教学难点】

1. 设置图形的填充效果。

2. 一次“选定”多个图形。

【学情分析】

在此之前，学生已经掌握了 Word 的文字处理、图片处理、页面设置等一些基本操作，对 Word 的界面有一定程度的了解，而且有三年级画图工具的基础，在这些基础上学习 Word 的自选图形的使用，很符合学生的认识规律。另外，学生已经熟练掌握在 LearnSite 信息技术学习平台上开展学习，养成课前自觉登录学习平台、根据“问题导学”的问题展开预习以及根据各个任务的要求和提示进行小组合作学习的习惯。

【教学环境】

1. LearnSite 信息技术学习平台及学案。

2. 多媒体课件。

【教学模式实施思路】

在小学信息技术教学中，基于 LearnSite 学习平台下实施“先学后教”模式，从根本上改变了传统教育重教师“教”轻学生“学”的做法，突出学生的主体地位，培养学生自主学习能力。本教学模式注重引导学生去自学、去尝试、去探究、去发现、去解决，然后教师根据学生的自学情况进行点拨引导，从而在过程中实现教师和学生在教与学方面的两种转变（先学后教——变“被动”为“主动”；以学定教——变“学会”为“会学”），在转变过程中达成小学信息技术高效课堂的创建，实现小学信息技术新教材的有效实施。

【教学过程】

（学生进入课室后，自觉登入 LearnSite 平台，根据“问题导学”的问题开展自学，在学习过程中，针对重点的问题做好笔记，并把一些疑问记录下来，然后对重点的问题

先进行反馈）

一、创设情境，导入新课

师：同学们，你们知道4月20日在四川雅安发生了什么事？

生：大地震。

师：你从哪里知道这些信息的？

生：电视新闻。

生：上网。

生：我看报纸了解的。

师：真棒，你们了解信息的渠道还真多。

（教师出示课件）

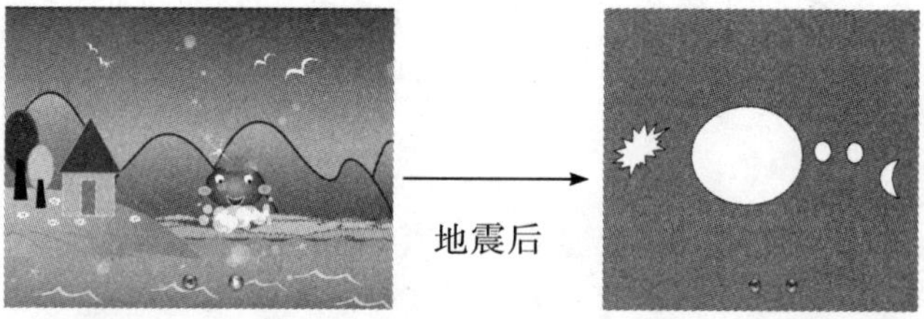

图19

师：我的精灵朋友小吉也生活在雅安，在这次地震中，房子塌了，树倒了，它自己也支离破碎，失去了生命的颜色。这节课，我们一起来拯救小吉，帮它重建家园，好吗？

生：好！

师：这节课我们就一起来学习第21课《拼出漂亮版面》。

（教师板题）

二、小组合作，探求新知

任务一：拼装小吉。

（展示LearnSite平台任务一的要求与提示）

师：请看任务一，拼装小吉，请同学们观察一下，这个小吉由哪些图形组成？

生：圆形、爆炸形、新月形。

师：观察得真仔细，这些图形可以在哪里找到？

生：绘图工具栏上的自选图形。

师：对，它们就藏在这。接下来，请同学们仔细根据任务一的要求和提示，小组合作一起完成任务，把小吉拼出来。完成任务的小组上台升级。

（播放5分钟音乐）

（学生小组合作利用自选图形把小吉拼出来，并填充上颜色，在活动的过程中，小组合作的气氛很好，很多同学自己完成后都能主动帮助小组内的同学以及邻近小组的朋友。遇到问题能及时提出来各组员研究解决，这个任务学生遇到最多的问题有几个：爆炸形的头发在脸的下面；新月形不会旋转成嘴；填充不了颜色。5分钟过后，10个小组当中有5个小组能准时完成）

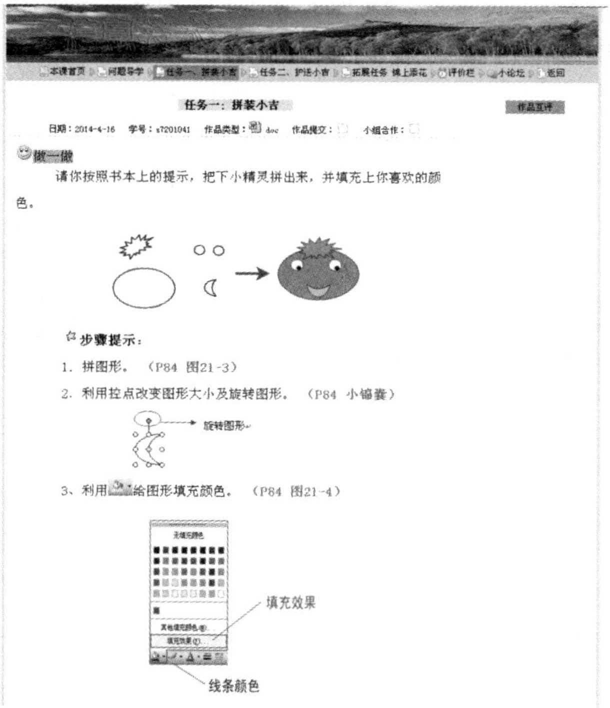

图 20

师：同学们真了不起，已经有 5 个小组完成了，现在请同学们说一说，你在刚才的尝试过程中遇到了什么困难或发现了什么问题？

生：我的头发跑到后面去了？（展示当前学生屏幕，全班学生笑）

师：曾经遇到过这个问题的请举手。

（较多学生举手）

师：看来还是挺多的，谁能帮大家解决这个问题？

生：先选定爆炸形，再按右击，选择叠放次序，把它置于顶层。（学生一边操作一边说出步骤）

师：真是个好办法，你是怎样从哪里知道的？

生：从教材第 85 页图 21 –5。

师：你真会学习。

生：老师，我还有其他方法！

师：还有方法，请你来展示！

生：先选定爆炸形，把它先剪切，再粘贴。（学生一边操作一边说出步骤）

师：原来还有这种方法？你是怎样知道的？

生：我是自己想的。

师：真了不起！看来方法是多种多样！

（板书叠放次序）

师：其实这就是图形的叠放次序问题，你们都有交作业的经验吧！第一个交的本子会在最下面，后交的本子会在上面，以此类推。图层的叠放次序也是一样的道理，在有需要的时候可以进行灵活的调整。

师：还有没有遇到其他困难？

生：那个嘴巴不知怎样旋转？（展示当前学生屏幕，学生笑并马上举手想要回答）

师：都这么积极，好，有请这位同学回答。

生：选中图形，找到这个绿色的点就可以旋转了。（学生一边操作一边说出步骤）

师：你真细心，这都让你发现！关于这些控点，你还有什么发现？

生：我还发现这个黄色的点可以变形。（学生一边操作一边说出步骤，其他学生发出惊讶的声音）

师：你真了不起，掌声送给他。

师：拼好了图形，我们要给它填充上颜色，但刚才有几位同学总是填不上颜色，我们一起来看看究竟出现了什么问题？

（遇到问题的学生演示步骤）

师：谁知道问题出在哪？

生：他没有选中图形再填充。

师：对，请你先选中图形试试看！

（学生尝试按提示操作，成功选择颜色）

师：成功了！同时感谢这两位同学。也就是说，在填充颜色前，要先选定图形。其实填充颜色还有不少的学问，请看。

（展示两个图形的对比图）

图21

师：请仔细观察脸的颜色有什么不同？

生：第2个图形是有两种颜色过渡的。

师：对！这就是图形的填充效果。（板书填充效果）里面有双色等过渡效果，想不想再试一试？

生：想！

师：好，请你们按提示再一次装扮小吉，让它的颜色更丰富、更可爱。

（遇到问题的学生根据刚才总结的方法，再一次尝试拼出小精灵并用上填充效果，其他同学尝试改变填充效果、线条颜色装饰小吉，还有些同学给小精灵添上了小花、大板牙等）

（展示学生作品）

师：经过同学们的努力，各式各样的小精灵出现了，请看。

（学生欣赏，发出惊叹声、笑声）

任务二：护送小吉。

师：同学们的想象力可真丰富，但小吉还不安全，请看！版面的右下角是最安全的地区，请你把小吉像这样整体移动到安全区。

（课件展示）

图22

师：呀！问题出现了，当我们想要移动小吉的时候，它又散架了，究竟我们还差哪一步没做呢？

生：组合图形。

（板书组合图形）

师：对，那究竟要怎样才能组合图形并移动呢？请同学们按照任务二的要求和提示，小组合作完成任务，把小吉组合起来并移动到安全区域，小组完成任务上台升级。

（播放5分钟音乐）

（学生按任务二的提示尝试用多种方法组合图形并移动，其中出现最多的问题是学生很难同时选中多个图形进行组合。最后有部分学生干脆把小吉一块块地移动到安全的区域权作完成任务，小组长看到这种情况也上去升级了，所以5分钟不到就已经全部完成）

师：从结果上看，你们都完成任务，很了不起。请同学说说，你在尝试的过程当中遇到了什么问题？

生：按右键组合选项是灰色的，组合不了。

师：谁知道为什么？

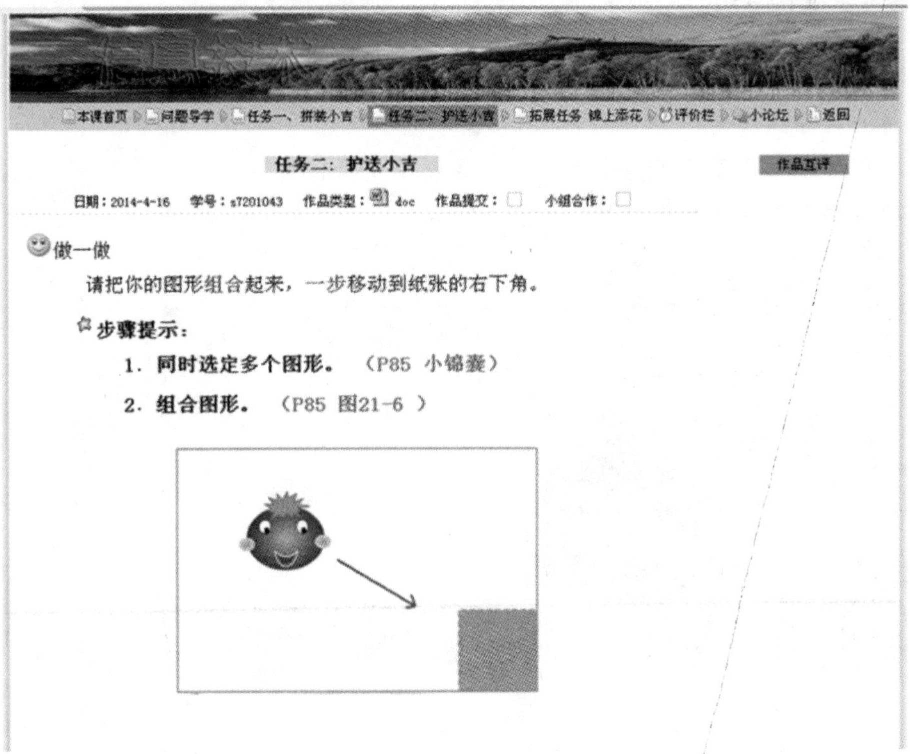

图 23

生：他没有选定多个图形。

师：对，这是组合图形的关键，谁来试试！

生：按住 Shift 不放，逐个点击选定，再按右键组合。（学生一边操作一边说出步骤）

师：真棒，你是怎样知道这种方法的？

生：我是从教材第 85 页小锦囊找到的方法。

师：你真会学习，还有其他方法吗？

生：用这个箭头工具，在图形外面这样拖出一个虚线框就可以选中整个图形，再右击进行组合。

师：这种方法可真方便，掌声送给他。

（学生鼓掌，有学生举手，表示有疑问）

师：这位同学有疑问，请说。

生：我不需要组合，我是用箭头工具选中全部图形后也可以直接移动，更快。

师：这位同学说的也有道理，那究竟为什么要组合呢？我们一起来做个小实验。（演示对选中小吉进行整体缩小，整个小精灵的各个元件都分离了，但组合后，无论怎么放大、缩小和移动都不会分离）

师：所以当我们把图拼好后，一般都要把图形进行组合，方便我们对它进行整体的放大、缩小、移动。

任务三：重建家园。

师：好了，小吉终于安全了，接下来的任务就是齐心协力，帮小吉重建家园。请同学们讨论一下，你打算为小吉画些什么？

（小组讨论）

师：谁来说说？

生：我想为他们画房子。让他们可以安全地住在那里。

师：你真有爱心。

生：我想画大树和花，让他们的环境越来越好。

师：你想象力真丰富。

生：我想画个机器人陪小朋友玩。

师：真有创意。看来同学们还有很多想法，请你们马上开始试一试。请看任务三，请你们按照自己的学习情况选择其中一个任务来完成。

（展示 LearnSite 任务三的要求和提示）

图 24

（这是一个分层任务，第 1 个任务是装饰小吉，前面的知识掌握得还不是很牢固的学生可以选择这个任务；第 2 个任务是画出其他物品，为小吉重建家园，那些前面知识已经掌握得比较好的学生可以选择这个任务大显身手。在这个过程中，学生们不但对自选图形的使用有更深一步的熟练与巩固，创意力和想象力也得到了充分的发挥。有的学生给小吉画上了头发，有的学生画了房子，还创意性地用了大理石纹理的填充效果）

（播放 10 分钟音乐）

三、分享评价

1. 评价作品。

师：请各个小组相互欣赏和讨论，选出 1 份作品，把作者的姓名和学号写在这张心形的便利贴后，贴在黑板上。

（组员在组长的带领下欣赏各个同学的作品，并相互讨论，评出最优秀的作品，气氛非常热烈）

师：同学们都把作品选好了，我们一起来欣赏一下。

（展示第 1 份学生作品）

师：谁来评一评这份作品？

生：我觉得他做得很好。

师：好在哪？谁能说得更具体？

生：我觉得它的颜色非常丰富，这个小吉的大板牙画得很搞笑，如果能改变一下线的颜色就更好了。

师：这个建议非常好。

（展示第 2 份学生作品）

师：谁来评一评这份作品？

生：我喜欢他的房子，它的颜色很特别，好像真的石头一样，我想知道他是怎么做出来的？

师：你观察得真仔细。请作者来说说，你是用什么方法做出这种效果来的？

生：我是用了填充效果里面的纹理。

师：真有创意，掌声送给他们。

（展示第 3 份学生作品）

师：请同学们看看这份作品，看他又画了些什么？

生：他画了好多房子和小树。

师：你们猜猜看，他是用了什么方法可以短时间画出这么多房子和小树的？

生：复制。

师：对！这位同学懂得灵活运用所学知识，真棒！

2. 完成评价栏和小论坛。

师：请同学在学习系统中对本节课学习情况进行忠诚的评价。

（学生在 LearnSite 里完成评价栏和小论坛）

师：我们一起来看看这节课的学习情况。

（展示 LearnSite 学生自主评价的结果）

师：从结果上看，大部分同学已经掌握了本节课的知识，其中有几位同学对组合图形还不是很熟悉，请同小组的同学更多地关注他和帮助他们，下课后，你们还可以继续请教老师。

师：再来看看小论坛，这是关于地震时我们应该如何保护自己的，很多同学都能在小论坛上留言发表自己的意见，其中这位同学的方法最详细，也很正确，非常好！

四、总结延伸

师：同学们，通过这节课的学习，你有什么收获？

生：我学会了用自选图形拼出一些图案。

师：还有吗？请说。

生：我学会了用填充效果让图形看起来更漂亮。

生：我学会了调整图形的叠放次序。

生：我学会组合图形。

师：除此之外，在小组合作学习过程中，你还感受到了什么？

生：我明白了在学习中要相互帮助。

生：我懂得了小组同心协力最重要。

师：非常好，大家不但有爱心，而且想象力还非常丰富，看看小吉怎么说？（展示课件，小吉："谢谢你们，再见！"然后融合在《语言园地》报刊里面）

师：下节课，我们将要用这节课所学的自选图形知识拼出一个漂亮的版面，这节课就上到这里，下课！

【教学反思】

1. 简要分析及亮点。

本节课需要学生掌握自选图形的绘制、旋转、填充、调整叠放次序、组合等操作，为下节课拼出漂亮版面打下基础。具体有以下几个亮点。

（1）运用了 LearnSite 学习平台实施"先学后教"策略，注意引导学生去自学、去尝试、去探究、去发现、去解决，然后教师根据学生的自学情况进行点拨引导，从而在过程中实现教师和学生在教与学两方面的转变。

（2）情境教学，关注学生的情感体验。创设三个相互联系的情境，让学生在有情感的任务中进行探索学习，不但让学生掌握了具体的知识，还让学生在学习过程中感受到爱的教育，学生的民族正义感及互助互爱的精神在这节课得到了升华。

（3）环节设计巧妙。在三个任务中巧妙隐藏了本节课的知识要点，如任务二护送小吉，这个任务要求学生把拼好的图形整体移动到具体的位置，学生在实际情况与任务要求的矛盾冲突中发现组合图形这个知识，从而能更积极主动地进行研究学习，解决问题。

2. 有待解决的问题及困惑。

（1）在相互评价的过程当中，学生对于评价的标准还不是十分明确，有些小组评价出来的作品以完成度为标准，不是十分的客观。所以，在以后指导学生进行评价时，应引导学生从具体的几个方面来评价，如主题创意、色彩搭配等等。

（2）这种放手给学生学习的模式，培养学生多方面的学习能力，但在学习过程当中，学生会出现许多意料不到的问题。教师如何更好地活用教材对学案进行优化，为学生提供更多有价值的学习资源？如何对学习任务进行合理分层？……这些都是很值得探讨的问题。

专家点评

2011 年，根据《教育信息化十年发展规划（2011—2020 年）》的基本精神，教育部组织修订了义务教育各学科的课程标准，提出要重视学生学习能力、实践能力和创新能力的培养。“先学后教”是将“教”与“学”的进程进行翻转的一种模式，这一翻转为教学带来两个本质性的变化，一是学习进程自主化，学生变“被动”为“主动”，自定步调进行学习；二是学习内容个性化，以学定教，教授内容体现个性差异，满足学生个性化发展的需求。这一模式将教学目标定位由传统的“学会”变为“学会与会学并重”，对于培养学生的学习能力和创新能力起着积极的促进作用，有利于实现学科课程标准的目标。

基于 LearnSite 信息技术学习平台（以下简称 LearnSite 平台）的“先学后教”教学模式，是研究者将信息技术与课堂教学深度融合的一种创新尝试。研究者首先利用网络技术，成功搭建具有课程资源整合、学案导学、合作互助、交流互动和评价检测五大功能的 LearnSite 平台。然后，研究者在小学信息技术课程教学内容中选取了不同类型的教学内容，结合 LearnSite 平台五大功能，设计开发基于“先学后教”教学模式的学案和资源。最后，研究者选取了一些不同年龄段的学习者作为实践对象，基于 LearnSite 开展“先学后教”教学实践，师生共同亲历“情境导入—问题导学—任务探究—反馈后教—评价拓展”。实践结果表明，对于已经具备信息技术基础知识和良好学习习惯的学生而言，该模式能有利于促进学生培养合作意识，激发学生的探索精神，提升自主学习能力和探究能力，也有助于增强课堂教学活力，促进教师专业发展。同时，实践研究结果也表明，相比较而言，这一模式更适于教学内容延展性较好的内容，对于程序编制类内容的教学和纯技能训练的教学内容，其教学效果要逊色些。

基于 LearnSite 平台的“先学后教”教学模式，是网络技术支持下教学改革的一种创新模式。它注重学生学习能力、合作意识、创新能力和实践能力的培养，对于落实课程标准的“自主、合作、探究”理念，提升小学生的信息素养和综合素质有着重要的价值，研究者在这一领域做了非常可喜的创新尝试，取得了一定的成果。建议研究者在此基础上继续努力，从三个方面进一步深化研究：一是基础理论研究，深入研究学生的学习动机、学习风格类型与思维发展；二是实现技术研究，结合人工智能技术的新发展，实现教学过程智能化；三是拓展应用领域，将这一模式推广到不同年龄段不同学科 的课程教学中，不断总结完善，形成系列化的学案。

华南师范大学　况姗芸

自主式探究　提高实践能力

佛山市南海区大沥中心小学

主体报告

一、综合实践活动课堂教学模式建构的背景

（一）建构综合实践活动教学模式的意义

“教学模式”作为一个正式的科学概念是由美国学者乔伊斯和韦尔正式提出的。乔伊斯和韦尔在《教学模式》一书中认为，教学模式就是学习模式，是构成课程（长时间的学习课程）、选择教材、指导在教室和其他环境中教学活动的一种计划或范型。随着教学模式的深入研究，我国教育教学界普遍认为：“教学模式”是在一定教学思想和教学理论指导下建立起来的在教学过程中比较稳固的教学程序及其方法的策略体系，它是教学思想与教学规律的反映。教学模式把比较抽象的教育教学理论化为具体的可操作性策略，是师生双方教与学活动的指南。由此可见，有了教学模式，将使教学具有更强的可操作性，能大大提高课堂的教学效率。

综合实践活动课程虽然与一般学科课程有着本质的区别，具有实践性、开放性、自主性、生成性等特点，但综合实践活动课程开设的最终目的与其他学科是殊途同归的：培养学生的创新精神，提高学生的实践能力。综合实践活动实施过程与其他学科都同样以“课堂”为最重要的活动阵地。因此，综合实践活动有需要，也有必要像其他学科一样建构具有自己学科特色的教学模式，使综合实践活动课程的教学具有更强的可操作性，使综合实践活动学科的教研活动有明确的主题，形成教研活动专题化、系列化，使教师们形成合力，有效地开展教研活动。

（二）“四步导引”教学模式的概述

在实践中，我们发现：课堂内“开展什么活动”“如何开展”“先做什么，后做什么，先怎样做，后怎样做”是小学综合实践活动高效课堂模式的关键所在。

同时，小学综合实践活动的课型形态丰富、多样。按活动不同阶段，可分为选题指导课、方案制订课、方法指导课、中期汇报课、成果展示课、成果评价课；根据实践活动方式不同，又可分搜集资料课、资料整理课、社会调查课、实验指导课等。经过实践，我们发现，每个主题活动基本都按照“三阶段”（准备阶段、实践阶段、成果汇报阶段）组织实施，主要经历发现并提出问题、组建活动小组并制订活动方案、开展实践活动、成果展示、评价与反思等几个主要步骤。为了促使活动能顺利、高效开展，我们根据综合实践活动学科的特色，探索出如下的教学模式：准备（导入、回顾、质疑）—导学

（启思）—自主探究（实践）—成果汇报（评价）四大模块，简称“四步导引”。“四步导引”教学模式的建构，目的在于探索、归纳适合小学综合实践活动课堂的教学模式，在实施过程中优化课堂教学，提高课堂教学质量。

二、综合实践活动高效教学模式建构的目标

1．建构“四步导引”综合实践活动教学模式。

2．归纳“自主探究”的教学方式、模式，优化课堂质量，提高教学质量。

三、综合实践活动教学模式建构的基本内容

（一）“四步导引”教学模式框架图

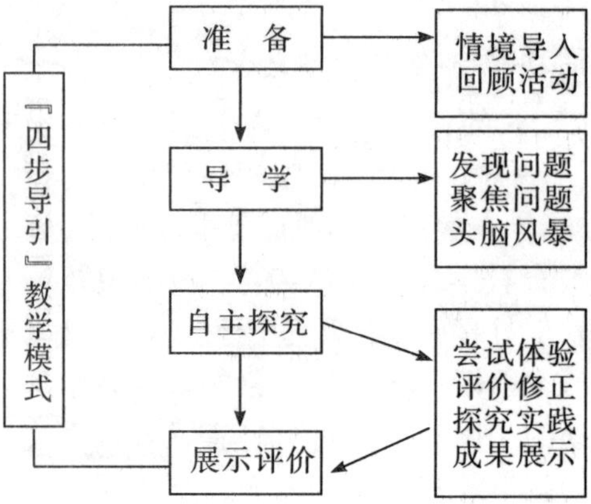

图 1

（二）“四步导引”教学该模式的优势

1．明确教师角色。

“四步导引”教学模式，明确教师在综合实践活动课堂的角色——学生开展活动的组织者和引导者。活动实施过程中，教师放权给学生，与学生共同开展活动，是学生开展活动的引导者、策划者、合作者，做到导学、导思、导练。

2．突出学生主体地位。

该模式把重心放在了自主学习、探究的环节上。教学过程中，教师给予学生充足的时间进行探究、实践，让学生动口、动脑、动手，或个人实践，或小组合作，从中发现实践方法，达到对学生进行能力培养的目的。

3．模式执行灵活。

综合实践活动的课型丰富，按活动不同阶段，可分为选题指导课、方案制订课、采访方法指导课、中期汇报课、成果展示课、成果评价课；根据实践活动方式不同，又可分搜集资料课、资料整理课、社会调查课、实验指导课等。但不论哪种课型，哪个年级，只要根据阶段的目标、学生的特点、主题活动的重难点、课型的特点，适当调整各个环节的具体操作方法和时间，就能灵活实施“四步导引”教学模式。

（三）具体操作

1. 准备。

教师可以通过展示学生在日常生活中所看到、听到的事物、视频或回顾上一阶段的活动内容导入，引导学生发现本节课所要开展的活动与上一阶段的活动或生活情境之间的联系，激发学生的学习兴趣。

此环节的设计，使学生产生要探究的愿望与兴趣。

2. 导学。

教师抛出问题或引导学生发现问题，产生运用已有知识、经验解决问题的愿望，并进行头脑风暴，思考、交流解决问题的方法。

此环节中，让学生明确要解决的问题是什么，引导学生通过小组合作探讨解决问题的方法。

3. 自主探究。

学生开展小组活动，按照上一阶段研究的思路进行实践。

在此环节中，一定要为学生提供充足的时间，引导学生通过观察、操作、交流等形式开展自主探究活动。

4. 展示评价。

活动小组在教师的引导下，展示实践的过程；其他同学聆听、观察活动小组的实践过程。学生可以与教师或同学分享自己成功实践的好方法、好经验以及实践中的困惑或不足，进而树立反思、总结意识。

（四）不同课型的操作程序

1. 选题指导课。

（1）基本框架。

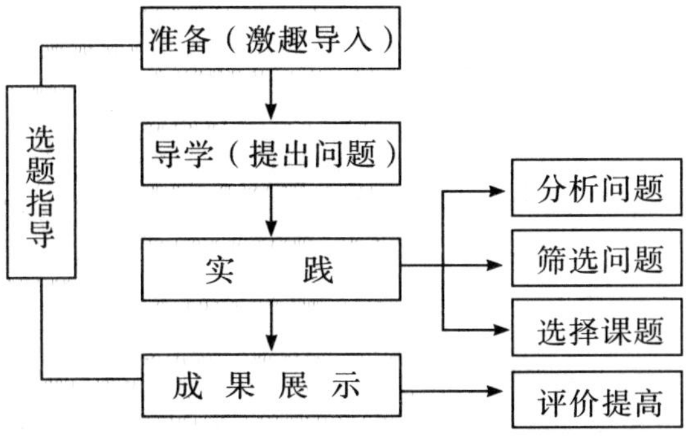

图2

（2）实施策略。

创设情境，导入主题——头脑风暴（扶放结合）；提出问题——分析、筛选、整合，形成课题；成果展示——评价提高。

（3）案例分析。

以南海区义务教育课程改革实验用书三年级第一单元“人与自然”的第二课“水果

家族”主题来说，这是一节选题课，目的是引导学生学习如何围绕主题提出问题。

第一步，创设情境，引入问题。首先出示介绍水果的图片、视频，然后让学生谈感想，拟订本次活动的主题，最后通过交流确定本次活动的主题——水果家族。第一步要8～10分钟。

第二步，头脑风暴，提出问题。教师提出启发性问题：关于水果你想了解什么？先让学生围绕主题提出自己想研究的问题；然后以此为例，让学生交流：你觉得同学的问题提得怎么样？（问题是否具有可操作性、与主题有没有关系、有没有研究的价值、表述是否正确等）这一环节要10分钟左右。

第三步，小组实践，提出问题。在明确怎样提问以后，学生在组长带领下，自己提出两个问题写在纸上，然后交流：提出的问题是否符合提出问题的原则。

第四步，交流展示。选出一个小组的同学展示提出的问题，巩固关于提出问题的方法。这一环节要5～8分钟。

最后根据同学的交流修改自己的问题。

这几个环节，根据学生的学习能力和活动内容的重难点，按照“四步导引”教学模式开展，侧重于“如何提出问题”的方法导引。通过这样的模式开展教学活动，优化了课堂的教学，提高了教学质量，使学生在活动中有效地掌握了提出问题的方法。

2. 方案制订课。

（1）基本框架。

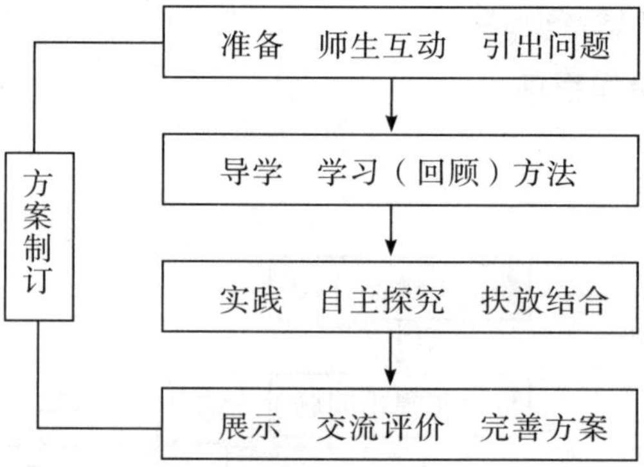

图3

（2）实施策略。

在指导学生制订方案中，教师要引导学生了解为什么要制订方案，而且要了解方案结构，制订活动方案时要遵循“研究的内容要紧扣研究主题、研究过程始终指向问题解决、活动设计要充分利用身边资源、研究方法要多样化、成果表达力争丰富性”等基本原则。教师在方案制订课中，可以根据学生年龄、学习能力和教学活动实际需要灵活实施“四步导引”教学模式。例如：三、四年级的学生能力相对不高，引导学生制订方案时先扶后放，以范例导入，归纳制订方案的方法，然后让学生开展小组活动，自主探究，最后开展展示、评价活动，提高学生拟订方案的能力。随着能力的提高，五、六年级的方案表可适当开放，多一些文字表述，可以先让学生自主构思、设计，然后通过展示、评价，让学生在交流中完善方案。

（3）案例分析。

教材：南海区义务教育课程改革实验用书
年级：三年级
活动主题：水果家族——制订方案
活动片段：自主探究（扶放结合）

1. 让学生在小组内交流，学生了解到哪些研究方法，接着说说是怎么选用这些方法的。再出示具体研究的方法：上网调查、问卷调查、采访、查阅书籍、实地考察、实验法，让学生选择打“√”。

2. 制订活动方案（见表1）。

表1 “水果家族”活动方案

<table>
<tr><td>活动小主题</td><td>关于西瓜的调查和分析</td><td>组名</td><td colspan="2">大西瓜 顶呱呱</td></tr>
<tr><td>组长</td><td>小宜</td><td>组员</td><td colspan="2">小瑜 小炜 小媛</td></tr>
<tr><td>活动时间</td><td colspan="4">6月份</td></tr>
<tr><td>研究方法</td><td colspan="4">上网调查、问卷调查、采访、查阅书籍、实地考察、实验法（购买、品尝）（在相应的选项旁打“√”）</td></tr>
<tr><td rowspan="9">活动过程</td><td>具体时间、地点</td><td colspan="2">具体安排</td><td>负责人</td></tr>
<tr><td>3—6日（电脑室、自己的家）</td><td colspan="2">各成员上网调查西瓜的来历、故事、食用的好处、图片</td><td>小瑜</td></tr>
<tr><td>7—8日（自己家、图书馆）</td><td colspan="2">查阅与西瓜相关书籍，了解西瓜的来历、故事、种植方法、图片等</td><td>小炜</td></tr>
<tr><td>10日（课室 综合实践活动课）
10—11日（放学后）</td><td colspan="2">设计调查问卷，向周围居民进行调查，了解他们对西瓜的了解程度，是否喜欢等（小组合作）</td><td>小媛</td></tr>
<tr><td>13日（综合实践活动课、星期六、星期天）</td><td colspan="2">整理活动资料</td><td>小宜</td></tr>
<tr><td>14—15日</td><td colspan="2">采访种瓜的师傅，了解种植方法、销售情况、营养与健康、发展趋势等</td><td>小炜</td></tr>
<tr><td>17日（综合实践活动课）</td><td colspan="2">小组内交流材料，汇总到调查问卷上反映内容并作简单分析</td><td>小瑜</td></tr>
<tr><td>18日（各自在自己的家）</td><td colspan="2">观察品尝西瓜、拍照片</td><td>小缓</td></tr>
<tr><td>19日（学校）</td><td colspan="2">写简单的调查报告</td><td>小宜</td></tr>
<tr><td>汇报交流成果展示</td><td colspan="4">日记、调查报告、小品、PPT、演唱、诗歌朗诵、快板、小论文（在相应的选项旁打“√）”</td></tr>
</table>

3. 评价修改。

（1）交流方案中的内容，还有哪些需要补充的地方。

（2）师生假设该组成员的特长，进行方案完善。

（3）发放空的表格，让学生小组合作，完成活动计划。

上面的案例中，教师指导学生制订方案时，根据三年级学生刚开始学习制订方案、能力不强的特点，采取扶放结合的方式，引导学生开展小组实践活动。教师指导的时候引导学生从人力、物力、财力、能力、时间等进行审视，尽可能使方案重点突出、切实可行。这样的设计，既灵活运用了“四步导引”的教学模式，又体现了综合实践活动的核心——自主探究。

3．采访方法指导课。

采访方法指导课是教师通过引导，使三、四年级的学生初步了解有关采访的方法、步骤、技巧和注意事项，并通过模拟初步学习如何开展采访活动；五、六年级的学生则要求能够运用采访法开展简单的访谈活动，并通过分析得出结论。

（1）基本框架。

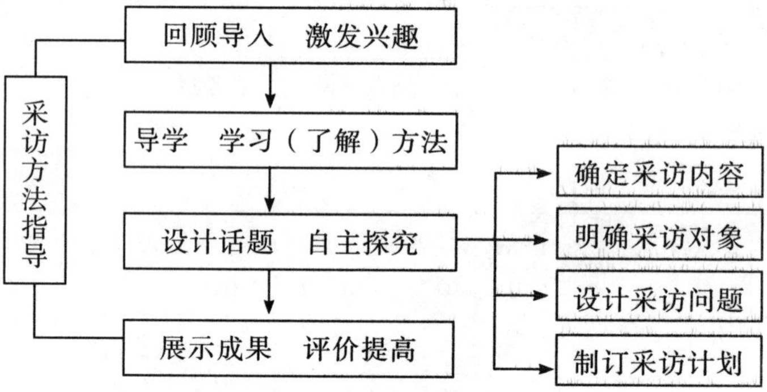

图4

（2）案例分析。

活动主题：幸福创文　我们行动——采访方法指导

年级：四年级

活动片段：导学

1．发现问题。

师：看到同学们那么踊跃进行实践活动，老师感到很欣慰。就请大家谈一谈自己在实践过程中得到了哪些收获？

学生谈自己的收获。

师：看来同学们在前一阶段的活动中收获挺多，那大家还有哪些困惑？

学生谈自己遇到的困惑。

教师适时给予点评。

2．头脑风暴。

师：下一阶段我们将会以采访的方法进行实践活动，今天我们就共同“学习采访”（板书课题）。怎样采访呢？

学生设想采访的方法、过程。

3．范例导引。

师：观看一段采访。要求：一边看一边思考，比较自己之前的想法，视频中的采访是怎样做的？

学生观看同学采访视频。一边观看，一边记录。
4. 交流汇总。
（1）各小组就观看的采访，交流自己的看法。（是否符合创文主题，问题是否明确，被采访人是否容易听明白，采访时小组分工是否明确，问题是否涉及个人自尊等）
（2）指名回答，教师适当归纳采访流程。

上面的案例是“四步导引”教学模式中的导学片段，教师预设“发现问题、头脑风暴、范例导引”引导学生了解、掌握采访的方法和技巧。本活动片段，教师灵活运用模式，使“导、引”和学生的“学”融合在一起，高效地开展课堂活动。

4. 资料整理课。

（1）基本框架。

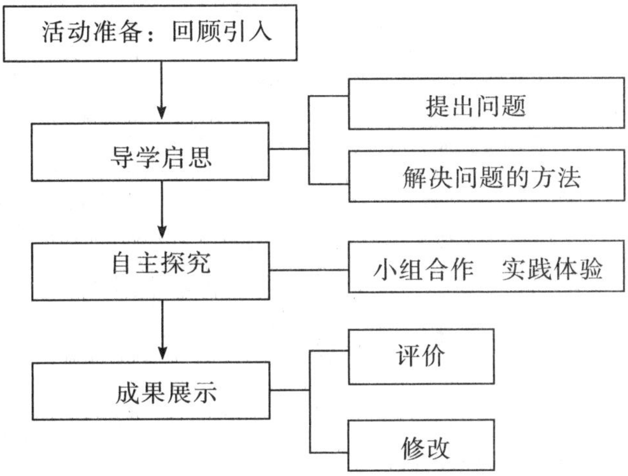

图 5

（2）实施策略。

首先，组织学生交流，回顾导入。学生交流课前搜集的关于活动主题内容的相关资料，通过交流，实现资源共享，迅速投入课堂。

然后，引导学生就目前开展的活动提出问题，思考解决问题的方法。

创意构思，实践体验。这是课堂中最重要的环节。

接着，引导学生在交流的基础上开始自主实践。

在交流与评价环节中，学生展示自己的成果，师生多元评价。教师引导学生学会反思，并组织学生在交流与反思的基础上二次实践。

5. 成果汇报课框架图。

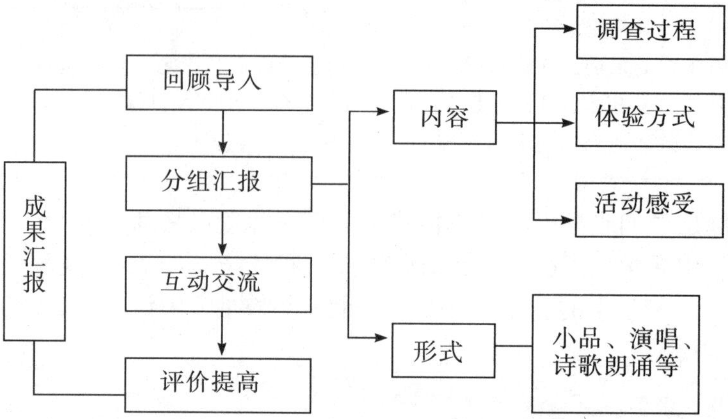

图6

上述五种课型，课堂模式都离不开准备阶段（导入、回顾、质疑）—导学阶段（启思）—实践阶段（自主探究）—成果汇报阶段（提升）四大模块。活动过程中，教师根据活动主题和学生的需要创设情境，激活学生的思维；通过范例引导学生探究实践的方法；把握课堂的生成，指导学生归纳方法；开展小组活动，锻炼学生的实践能力。虽然活动主题不同，课型不同，侧重点有所不同，但都围绕“四步导引”教学模式开展。

当然，不同年级的学生能力会有差异，教师可以根据学生的能力灵活处理实际操作的方法，合理分配导学与实践、展示阶段的活动时间。三、四年级的学生由于学习能力较高年级的学生低，要通过范例学习，以先扶后放的形式引导他们开展探究活动；五、六年级的学生有了一定的实践经验，我们让学生借鉴以往的经验开展小组探究活动，在成果展示时进行评价与分享，在交流中解决遇到的困难，从而达到高效地开展课堂教学的目的。

四、教与学的评价

在“四步导引”教学模式中，我们根据小学综合实践活动课程的性质和课程评价的理念，重活动的过程，重学生的参与。下面是我校综合实践活动“四步导引”教学模式的课堂评价表。

表2

评价要点	评价标准	满分	得分
活动目标	1. 符合情感、态度与价值观，过程与方法，知识与技能三个维度的目标 2. 目标的表述明确，可测性强	10	
活动内容	1. 来源于学生真实的生活，基于学生的兴趣，具有可研究价值 2. 活动内容适当，有可操作性 3. 难度适当，突出实践性	10	

续上表

评价要点	评价标准	满分	得分
教师活动	1. 指导方法、形式适当，为学生创设自主学习空间，为学生开展活动提供平等参与的机会 2. 教师的导引恰当，贯穿于活动的各个环节；教学评价积极、到位 3. 合理利用现代信息技术辅助学生开展活动	25	
学生活动	1. 能积极、热情参与课堂活动，主动开展实践活动 2. 能认真倾听，根据活动内容发表个人见解 3. 开展小组活动时团结协作，配合默契	25	
活动效果	1. 课堂气氛融洽，师生、生生交流平等 2. 教师关注学生的活动行为，学生在教师的引导下能自主思考、实践 3. 学生参与面广，能通过活动获得实践锻炼，学生有不同程度的收获 4. 全面达到活动目标，完成活动任务	30	
总分	85～100分优秀，75～84分良好，74～60分及格，60分以下不及格		

五、探索教学模式取得的成果

“一分耕耘，一分收获”，在研究的过程中，师生共同成长。在师生的共同努力下，我们的“四步导引”高效课堂模式建构收到一定的成果。

1. 学生和教师的获奖情况。

近三年来，我校学生能积极、主动参加镇、区、市举办的各项综合实践活动成果评比，共有80多份作品获区级奖励，10多份作品获市级奖励，获奖学生人次逾500人。科组的教师能认真钻研教材，学习学科理论，所撰写的案例、论文分别获得区、市、国家级奖励。

2. 研究课展示情况。

经过近年来的探索，我校综合实践活动“四步导引”教学模式在镇、区内产生了一定的影响，我校展示的研讨课受到了各校领导、老师的好评。具体展示情况如下表。

表3

时间	活动主题	课型	级别
2011年12月	果色添香	成果展示课	校级
2011年	幸福创文　我们行动	采访方法指导课	市级
2012年	绿色食品	选题课	镇级

续上表

时间	活动主题	课型	级别
2013 年 5 月	防震减灾知多少	中期汇报课	镇级
2013 年 9 月	绿色出行　低碳生活	采访方法指导课	区级
2014 年 9 月	喜、怒、哀、乐	选题课	镇级

六、教学模式研究与实施过程中的困惑、反思及对策

（一）我校进行高效课堂模式建构以来存在的部分问题

1. 个别学生的问题意识和探究能力有待提高。由于学生群体素质参差不齐，个别学生养成了依赖教师指点的习惯，还没适应这种学习模式，自主探究的意识和能力还要教师不断引导和帮助提高。

2. 教师需要进一步培训。有个别教师角色转变不到位，对综合实践活动课程没有深入理解。为了进一步实施对综合实践活动“四步导引”教学模式的研究，必须对教师进行有针对性的培训，从思想到行动给予综合实践活动教学模式研究高度的重视。

3. 课程特色如何体现。综合实践活动课作为一门课程，怎样在“四步导引”教学模式上体现出它的课程特点、学科性质，我们还需在课堂教学中进一步思考和探索。

（二）下一步改进的措施

抓教师观念转变的同时更要抓学生学习观念的转变。

1. 加强学习，加快教师转变观念的速度。

在高效课堂模式建构中，理念是行动的先导和灵魂，有什么样的观念就有什么样的思维方式，就有什么样的行为方式。因此，我们的教师需要利用各种机会加强学习、交流，建立起与综合实践活动“四步导引”教学模式相适应的教学观念。

2. 继续探讨“四步导引”模式的成效。

综合实践活动的课型丰富，我们在探究的过程中，研究的课型还是有限的。在下一阶段里，我们要扎实开展研究，以理论指导实践，用实践检验理论，用更多的课型检验“四步导引”教学模式的成效。

实践证明，我校综合实践活动课建构的“四步导引”教学模式，教师在对其研究的过程中转变了教学的思维，提高了自身的素养。教师运用“四步导引”教学模式教学，优化了课堂的质量，在有限的时间里高效地指导学生开展活动，有效地提高了学生的实践能力。

执笔人：叶健萍

课堂实录一

与情绪交朋友

许 洁

【教学目标】

1. 通过开展活动，激发学生的探究兴趣，培养学生提问题的意识与分析问题的能力。

2. 引导学生围绕活动主题发现问题并根据自己的兴趣提出研究的问题，引导学生在小组活动实践中学会提问题的方法。

3. 通过活动了解生活中的不同情绪，培养学生在活动中与人合作的精神，大胆发言，勇于表现。

【教学重难点】引导学生学会运用提问题的方法提出问题。

【教学准备】课件，心情涂鸦板，卡纸。

【教学过程】

一、创设情境，生成主题

（一）谈话导入主题，了解学生心情状态

师：同学们，今天那么多老师来听我们的课，你现在的心情是什么样的？

生：心情很紧张。

生：很兴奋，很开心。

师：紧张、兴奋、开心是大家的心情，那我们一起来看一段视频，感受一下视频中的人物有什么样的心情。

（二）视频展示，激发兴趣

（播放视频）

师：在视频中，我们感受到的人物心情有哪些呢？每个同学来回答一种，我们要让每个孩子都有机会去展现自己。

（三）游戏展示，引出情绪

师：是啊，从视频中和生活中我们感受到了有那么多的心情，下面我们就来玩个小游戏，这个游戏叫作我说你做。比如，我说哈哈大笑，那么大家应该怎么做？

（学生哈哈大笑）

师：再大声点。

（学生哈哈大笑）

师：你们准备好了吗？开始吧！

（教师列举一些情绪词语，如喜出望外、闷闷不乐、怒气冲冲、开怀大笑、忧愁不安等）

师：同学们已经表现得很不错了，如果能把这些心情都用我们的面部表情来表现，那就更好了。

师：同学们的演技都可以进军好莱坞了，那同学们，还想不想继续做游戏？

生：想！

师：那接下来这个游戏叫作“心情带”。游戏规则是：一组中有四种颜色的头带，红色绿色橙色粉色分别代表喜怒哀乐。请同学们在组内轮流戴上“心情带”，根据颜色的不同，做出相应的表情。在一个同学开始做表情前，请其他组员齐喊：“黑色代表忧伤，戴上去看看会怎样？”现在我们请一个小组来给我们展示一下这个游戏该怎么玩。

（学生模拟游戏情境）

师：同学们，我们全班一起用拍拍子的方式来为这个小组助兴。掌声谢谢这个小组给我们展示游戏的玩法。请就坐吧！现在，请同学们在组内开始做游戏吧！

师：老师看到第3组的同学表演得入木三分，我们请他们来表演一下好不好？

师：表演得真传神，奖你们组一朵小红花。我们把游戏升级一下，现在我们每一大组派一位代表上台表演，再请班里最高个子的这位女同学在他们背后帮他们戴上心情带，全班一起齐喊口号并拍拍子，提示这位同学做表情。看看哪个小组做得最好！大家听清楚了吗？那么，哪一个小组来展示展示？

（学生活动展示）

师：同学们，你们都非常积极投入游戏，老师也情不自禁被你们感染了。刚刚我们所说的这些心情就是情绪了。今天我们就围绕“与情绪交朋友”这个主题来开展实践活动吧。

二、导学：提出问题

展示视频，学习提问题方法。

师：同学们，在还没开始活动前，先来看一段时常发生在我们身边的小视频。边听边想，视频中的主角有哪些情绪？

生：生气，伤心，愧疚。

师：那你能围绕生气、伤心来提问题吗？

生：为什么生气？为什么伤心？

师：这些问题的答案能不能从故事中找出来？

生：能。

师：那能一目了然就知道答案的，就没有必要去研究了。如果你是故事中的Joy，你会怎么做？

生：接受道歉，不摔坏他的小木船。

师：好，就说明这个时候，Joy情绪已经怎么样了？

生：得到控制了。

师：围绕我们刚才所交流的，可以提什么问题？

生：怎么样控制情绪。

师：你们觉得他提得怎么样？好在哪里？

生：表述清晰。

师：这是一个优点。

生：能根据视频提问题。

师：对，老师刚刚说，我们的视频来源于生活，那这位同学提问题的方法就是观察什么来提问题呢？这种方法就叫作观察生活提问题。此外，有价值的问题还有什么特点？

生：对身心有帮助。

师：你已经概括出这个问题的价值所在。同学们啊，我相信你们在日常生活中时常会遇到这种情况，这说明研究这个问题，与我们生活是密切相关的，同时，它又对我们身心有帮助，那么这样的问题，就具有研究的价值了。

（没有人回答）

师：你们在日常生活中，经常遇到这种情况吗？

生：经常。

师：那这个问题提出来，经过我们的探究，你们觉得对你的身心有帮助吗？

生：有。

师：是啊，与我们生活密切相关，又对自身有帮助的问题，就具有研究的价值了。还有人提出不同的问题吗？

生：情绪是不是真的那么难控制？

师：她提得怎么样？

生：好，有价值，我们又很想去研究。

师：那她表述上有问题吗？同学们看看，这个问题的答案是什么？答案是“是”或“不是”，那研究就不具开放性了。那我们该怎样去表述，才能让我们的问题更具开发性呢？

生：为什么情绪那么难控制？

师：同学们，经过修改，这样对吗？

生：对。

师：我们发现这里用了“为什么”这个词去表达，包括，刚刚同学所提的第一个问题，怎么样控制情绪中用“怎么样”这个词，像这些词，就把我们的研究方向放在了探究这个问题的原因上面，更具开放性。那他提问题的方法是什么？

三、自主实践

师：老师相信同学们也有相似的经历，不知道同学们有没有遇到影响你情绪的事情呢？可以是自己的体验，也可以是通过观察身边人的事例。现在请同学们在小组内先讲故事，给心情涂鸦板画上你当时的心情，再根据自己所讲的内容提出有价值的问题。

（学生分小组开展活动，提出问题）

四、成果展示

师：请哪个小组来展示一下你们的成果呢？

生：人的情绪与周围有关吗？

师：提得怎么样？表述上有问题吗？那这个问题的答案是什么？问题具有开放性吗？我们该怎样正确表述，才能让我们的问题更具开放性呢？

师：在没开始正确表述前，我们先问问这位同学，从你的故事中，你认为人的情绪与周围有关吗？

生：有。

师：那就是说，人的情绪与周围有关。那现在你们能正确表述这个问题吗？

生：为什么人的情绪这么容易受到周围事物的影响？

师：同学们，对吗？为什么？

师：同学们，我们发现他用了“为什么”去表述，这个词就把我们的研究方向放在了探究这个问题的原因上面，更具开放性。那他提问题的方法是什么？

生：根据身边人的事例提问题。

师：同学们，你们有跟他一样是根据观察身边人的事例这个方法来提问题的吗？

生：为什么人们的情绪能变化得那么快？

师：提得怎么样？那他提问题又是用了什么方法？

生：根据自身经历提问题。

师：同学们，你们有跟他一样是根据自身经历这个方法来提问题的吗？

生：人的情绪会给人带来什么影响？

师：提得怎么样？他提问题的方法是什么呢？

生：根据身边人的事例。

师：刚刚还有好多同学是根据这个方法来提问题，我们再请一位同学来展示一下他的故事和问题。

生：面对同一件事情，为什么人的情绪表现得那么不同？

师：他提问题的方法是什么？这个故事中，有谁的情绪，还有谁的情绪？面对同一件事情，他把他们俩的情绪进行了对比，所以提问题的方法是什么？

生：根据情绪对比来提问题。

师：我们掌声送给这个小组，给我们分享了他们小组活动的成果。

师：现在，我们已学习了提问题的方法，下面同学们就在小组里修改你的问题，让你提的问题更有探究的价值。

（学生修改问题）

师：老师相信，大家已经把问题修改好，那现在请同学们按座位顺序把手中的心情涂鸦板都寄存到老师的心情箱中，然后安静有序地回到座位坐好吧。（请还没投寄心情涂鸦板的同学下课后再继续投寄）

师：同学们，通过刚才的活动，我们学习了提问题的方法。那下一阶段，我们再来研究怎样筛选这些问题，怎样给课题命名吧。这次活动就上到这里。下课。

课堂实录二

绿色出行 绿色生活

——分析文字资料

叶健萍

【教学目标】

1. 通过活动学习围绕主题如何分析文字资料的研究方法，提高信息处理的能力和解决生活中实际问题的能力。

2. 激发学生积极研究，主动参与实践的热情。

【教学重点】通过活动学习围绕主题如何进行分析文字资料的研究方法，提高信息收集和处理的能力。

【教学难点】通过活动学生提高信息处理的能力和解决生活中实际问题的能力。

【教学准备】学生围绕主题搜集相关的文字资料。

【教学过程】

一、回顾导入，激发兴趣

师：同学们，这段时间我们开展的综合实践活动的主题是什么？

生：绿色出行，绿色生活。

师：活动主题确定后，同学们都纷纷行动起来，从不同方面搜集活动资料，那么现在来看看我们的活动剪影。看能不能在里面看到你自己的身影。

（播放学生活动照片以及活动视频）

师：同学们，有趣的活动带给我们收获。下面请同学们汇报一下，在活动中搜集到哪些材料呢？下面先从这个小组开始。

生：我们的主题是“绿色出行 低碳生活”。在本次活动中，我们通过网络搜集许多有关绿色出行的资料，例如，有关城市拥堵、城市污染、噪声污染等问题的资料，还有我们搜集到了什么叫作绿色出行，我们应该怎样才能够绿色出行等资料。

师：你们这个小组真会想办法。好，下面请第二组的同学来汇报。

生：我们的主题是“绿色出行齐参与”，我们的组名是“绿色总动员”，这些是我们调查的时候做的调查问卷，是同学们一起在网络上搜集的资料，还有图片和视频，存到了电脑里。

师：下面请这个小组的同学来汇报。

生：大家好，我们的主题是“促进人们参加绿色出行的因素”。我们从各种渠道搜集了各种信息。例如，我们在阅读报刊中搜集到了“什么是绿色出行？”在网上查找到“绿色出行的原因”，还有通过阅读书籍搜集了许多资料。我们的资料都放在老师的电脑里，这就是我们的资料，还有调查问卷。

师：真不错！这个小组的实践能力很强。下面请这个小组的同学来汇报。

生：大家好，我们的主题是“汽车尾气危害大　绿色出行靠大家”。我们通过网络、采访，还有派发调查问卷调查“大沥汽车尾气排放问题”。我们这个调查问卷里总结出人们绿色出行的意识不强，有待加强。环保的措施，比如：会不会为还地球一片蓝天而放弃开车，共有15人参加，有4个人表示会参与。我的发言完毕，谢谢大家。

师：下面请这个小组的同学发言。

生：大家好，我们的主题是“小手牵大手　绿色出行添风采”。我们通过上网、阅读书籍、采访等方式调查了小学生能为绿色出行做什么？我们还制作了宣传单和调查问卷。这就是我们的宣传单和调查问卷，谢谢。

师：真不错。下面请这组同学来汇报。

生：我们是“绿色环保特工队”，我们的主题是“汽车尾气危害大”。我们从各个渠道搜集了很多资料。例如，在街上派发宣传单，在家中采访家人，还有上网搜索。我们搜集到的资料都存到了老师的电脑里。这是我们搜集到最有用的资料，谢谢大家。

师：这组同学的积极性很强。下面请这个小组汇报。

生：大家好，我们小组的主题是“绿色出行 大家行”，我们的组名是“环保先锋队”。我们通过派发传单和调查问卷，了解绿色出行的含义，还有在网上寻找资料。这是我们的宣传单，这是我们的调查问卷，这是我们在网上寻找的文字资料，从这些得出绿色出行是指采用相对较环保的出行方式爱护环境，改善环境，是我们每个人的事情，谢谢。

师：很好，下面请这个小组来汇报。

生：我们的主题是“绿色出行　美在大沥”。我们为这次活动制作了一个计划，这是我们的计划。还有我们制作了调查问卷，访问了很多街坊，他们都很有绿色出行的意识。我们还从网上查找到了绿色出行的定义，还有人们的具体行动，还有“低碳节能倡议书”“世界无车日”，这是我们的资料，谢谢。

二、问题导出，方法指导

师：这个小组的同学真会想办法。从刚才几个小组同学的汇报中，我们发现同学搜集到的资料很丰富，有文字资料、图片、音像资料。那么活动开展了一段时间了，就要接近成果展示阶段，我们是不是要把搜集到的资料全部展示出来呢？

生：不是。

师：我们来看，大家桌面有一大沓一大沓的文字资料，既然不是把它全部展示出来，那该怎么办呢？谁来说说？

师：请你来。

生：我们可以把一些有用的资料留下，一些没有用的资料删除，还可以把一大段都是一个意思的概括起来。

师：你真会想办法，我们要对搜集到的资料进行整理、分析。（板书：分析文字资料）刚才有同学说了我们要把有用的留下，没用的删去，也就是说与主题无关的就删除。（板书：与主题无关　删除）意思相同的内容就进行概括。（板书：概括）还有同学想到其他办法吗？请你来，想到什么办法？

生：找出关键词句进行归纳总结。

师：很好，把关键词提炼出来进行归纳（板书：归纳　找关键词概括）

生：我们可以用自己的话来概括。

师：要是一段，可以用什么办法，请你说说。

生：找中心句。

师：如果这个段落是有中心句，可以用找中心句的方法来分析。（板书：分析）大家再来想一想，在分析之前，要把所有资料怎么样？

生：整理。

师：整理之前要怎么样？

生：读。

师：熟读一下。（板书：熟读）

三、实践体验

师：同学们，我们来看大家想到的点子，先是要熟读，然后分析。那么，刚才大家想到的办法有没有用，能不能在处理资料中用上？大家搜集了很多文字资料，我们挑出了一份资料，请大家用刚才想到办法，分析这份资料，看我们想到的办法能不能用上？下面请看要求（出示要求）选择资料中的一个内容，用刚才想到的办法进行分析，在实践的过程中，可以用笔画出关键语句或做简单批注，下面请在小组内用刚才大家想到的办法分析这个例子。好，现在开始。

（学生分小组讨论分析材料，教师巡视）

四、交流反馈，评价提高

师：好，同学们先停下来。

师：刚才各小组开展了交流讨论，试着用我们想到的方法来分析手头上的三份资料。那么，下面请你来汇报一下，你们刚才挑了哪一部分的内容，是怎样分析文字资料的？你们组选择了哪一部分？

生：我们选择了资料2，是绿色出行给我们带来了很多。在交流过程中运用了“找关键词”和“找中心句”的方法。我们在第一段中找出了中心句是“经济实惠，性价比高”，而下面的确说了乘坐公共汽车可以用很少的钱去很远的地方，还可以享受冬暖夏凉的空调，这就是经济实惠。第二段的中心句是“绿色出行可以减少二氧化碳的排放”，减少小汽车的使用，可以降低城市空气的污染，而下面则是分述了小汽车对城市的污染非常严重。第三段的中心句是“绿色出行能有效减少能源和资源的消耗和浪费”。我从乘公共汽车和开小汽车能耗相差20倍左右，就发现乘坐公共汽车消耗的能源比小汽车少很多。从这三个段落中，我知道找关键词和找中心句都是可以用来分析文字资料的。我的汇报完了，谢谢！

师：同学们，你们桌面都有个笑脸，如果你认为他分析得合理的，请送上笑脸。很多同学都给他送上笑脸，请你说说你举起笑脸的理由。

生：因为他找得很准确，他运用了刚才板书的内容，他讲得很对，讲得合理，所以我给他送上笑脸。

师：其实，这位同学就是用上“找关键词和找中心句”的方法去分析资料2的内容。

大家都给他送上笑脸，肯定了他分析得很合理。其他组的同学，你们选择了哪一部分的内容。这位同学，请你来。

生：我们小组也是分析资料2的，我们也是用刚才说的找中心句的方法，但是，我们还加上自己的语言，比如说资料2中的第2点绿色出行可以减少二氧化碳的排放，这里就是说节约能源，所以我们就加上自己的语言“能有效节约能源，保护环境，减少对大气的污染，使环境更加美丽”，所以我觉得加上自己的语言也是概括资料的一种方法。

师：这也是分析资料的一种方法，很好，请坐。那么，如果有需要的话，你可以在文字资料中加上自己的理解，这种方法不错。有没有同学选择了第一部分的呢。嘉豪，你们这小组选择了哪一部分？

生：我们选择了第三部分，我们知道机动车尾气排放对中国城区的空气危害非常大，对人体的健康损害非常严重，比如对幼儿的生长、发育影响非常大，对人体会引发肺癌等疾病，我们用了删除和概括的方法。

师：怎么删除？

生：删除一些没有用的资料，用自己的话来概括。

师：好，谢谢，他用自己的话去概括，那么大家认为他分析得怎么样，如果你认为好的、合理的，请给他送上笑脸。有同学犹豫的，那么，请你说说你的意见是什么，请你来。

生：我觉得刚刚他们小组说是用删除的方法，你可以在汇报的时候讲一下删除了什么部分，是根据什么来删除的。

师：你的意见是删除了哪些，这一部分的内容，可能大家有不同的想法，来看这一部分，我们发现这部分有三个段落，它们的意思都是怎么样的，都围绕着……

（学生七嘴八舌地说）

师：围绕着一个内容去讲，所以，我们可以用上了概括段意这个方法去概括这三个段落的内容。谁可以概括这三个段落的内容。

生：我们汇报的是资料3，目前中国城市空气中可吸入颗粒物的来源为机动车尾气排放，汽车尾气会引起头痛、头晕、恶心等症状，对幼儿的生长发育影响更大。由于汽车尾气的排放通常在0.3至2米之间，正好是人体的呼吸范围，对人体的健康损害非常严重，这三段都讲了汽车尾气对人体健康的影响非常大，同时也告诉我们不要多次使用机动车。

师：很好，谢谢！也就是说我们可以用一句话来概括这部分的内容，就是……

生：（跟着老师说）汽车尾气含有有害物质，对人体健康危害很大。

师：好，资料1又怎样去分析呢？请你来！

生：我可以概括资料1。资料1主要讲了在办公室内种植一些净化空气的植物，可以吸收甲醛，也可以分解打印机、复印机排出的废气。我还概括到我们不能浪费广告宣传单，不一定丢进垃圾桶，可以再次使用，再生纸印传单，因为白白浪费，实在令人心疼。我们还可以做到废物利用，把原本没用的东西制成精美的小制品。

师：好，谢谢！如果你认为他分析合理的，请送上笑脸。有的同学没有送上，那是什么原因呢？

生：我觉得资料1不符合我们的主题，我们的主题是“绿色出行 低碳生活”。这里讲了废物利用，并没有关系到我们今天的主题。

师：对，因为这一部分资料内容与我们今天的“绿色出行 低碳生活”这个主题无关，因此，直接把它删除就行了。好，同学们，我们用刚才想到的办法对三部分的文字资料进行分析。那么，你能不能把资料2和资料3的内容连贯起来说一遍？

生：老师，我先说资料3，因为乘坐小汽车对人体的健康影响比较大，所以我们要绿色出行。可以乘坐公交车，因为公交车性价比高，而且它的排放量很少，减少对城市的污染，还有它耗费的资源不多，一点都不浪费。

师：好，谢谢，你认为刚才她有没有把资料2和资料3的内容连贯起来说出主要内容？你来说！

生：我觉得资料2和资料3的意思是绿色出行，能给我们带来许多好处，还有能减少能源，减少消耗和浪费，我们就不应该乘坐机动车，因为机动车不仅对人体有害，还会消耗大自然很多石油。这就是资料2和资料3的段意。

师：你刚才说不要乘坐机动车，其实这两段的内容，一方面告诉我们，绿色出色，能带来……

生：好处。

师：同时也告诉我们，机动车尾气含有很多……

生：有害物质。

师：呼吁我们……

生：少坐机动车。

师：少开机动车，注意是少。刚才这位同学把资料2和资料3的内容连起来复述了一遍。复述也是我们分析文字资料的方法之一。大家学得很认真，活动开展得很积极、很投入。下面我们来看看，拿出你自己搜集到的文字资料，先熟读资料，然后判断文字资料是否与主题有关，进行归纳。下面，挑出文字资料一份。好，开始。

（学生小组分析资料，老师巡视）

师：好，停。老师看了一下，同学们都能用上刚才我们想到的办法进行实践。请小组代表汇报一下，下面请你来。

生：我们小组采用了提炼关键词找中心句，还有加入自己的想法，给段之间进行概括，然后把段与段之间进行串联，最后再复述。我们的资料是汽车工业的发展为人类带来了快捷和方便，但同时也引起能源消耗和空气污染，对环境、对人体的危害都很大。爱护环境、改善环境是我们每个人的事情，所以你我都需要绿色出行。节约能源、提高能效、减少污染、有利健康的出行，称之为绿色出行。绿色出行是采取相对环保的出行，所以我们每个人都要绿色生活，绿色出行。

师：我们来看一下这个文字，你认为他分析得合理的，请送上你的笑脸。

（学生都举起了笑脸）

师：你看看，他能够用上提炼关键词找中心句的方法，合理地分析他搜集到的文字，大家都给他送上了笑脸，谢谢！那么，同学们，下一阶段，我们还要分析你搜集到的其他资料，如果你现在还没有分析完你搜集到的文字资料，我们在下节课继续完成。这节课就上到这里。

附：课堂活动资料

资料一：

办公室内种植一些净化空气的植物，如吊兰、非洲菊、无花观赏桦等，主要可吸收甲醛，也能分解复印机、打印机排放出的苯，并能吸收尼古丁。

我们每天都会收到商家发来的广告宣传单，大多数人对这些垃圾广告的处理方式就是将它们丢进垃圾桶。要知道，为了节约成本，很少有商家会使用再生纸印制宣传单。每天都有那么多木材制成的纸张白白地被当成垃圾一样扔掉，着实让人心疼。我们无法让商家少发广告宣传单，就应充分地利用这些宣传单。例如我们可以用它们做成小的装饰品，既环保又不失时尚，从而真正地做到废物利用。

资料二：

经研究发现，目前中国城市空气中可吸入颗粒物的主要来源为机动车尾气排放，占总量的29.4%，而从可进入人体肺泡（对人体健康影响较大）的可吸入颗粒物（PM 2.5）分析来看，机动车尾气占到了40.5%，是最大来源。中国城市空气中二氧化氮的最主要来源也是机动车尾气排放，占总量的48.7%。而且机动车尾气排放靠近人群呼吸带，对人体健康影响也最大。

汽车尾气中的一氧化碳与人体血红蛋白的结合能力是氧的250倍，因而能阻止血红蛋白向人体组织输送呼吸到的氧气。当空气中一氧化碳的浓度在50 UL/L以上时，冠心病患者就会感到胸痛，并使心电图发生变化，还可以引起头痛、头晕、恶心、动脉硬化、脑溢血和末梢神经炎等症状，对胎儿和幼儿的生长发育影响更大。

由于汽车废气的排放主要在0.3米至2米之间，正好是人体的呼吸范围，对人体的健康损害非常严重——刺激呼吸道，使呼吸系统的免疫力下降，导致暴露人群慢性气管炎、支气管炎及呼吸困难的发病率升高、肺功能下降等一系列症状。尾气中所含的强致癌物质——苯类物质，会引发肺癌、甲状腺癌等。

资料三：

绿色出行给我们带来了很多好处：

第一，经济实惠，性价比高。乘坐公共交通，可以花很少的钱坐去很远的地方，充分体会到这几年政府在公共交通方面做出的成绩；还可以享受到冬暖夏凉的空调，真正做到物美价廉。

第二，绿色出行可以减少二氧化碳排放，减少小汽车的使用可以降低城市空气污染。据相关资料显示，在交通高峰时段，公共交通每人每公里排放的一氧化碳、碳氢化合物、氮氧化物三项污染物，分别只是小汽车的17.1%、6.1%、17.4%，污染物排放相差5到10倍。调查表明，南方许多城市机动车尾气已经成为大气污染的首要来源。

第三，绿色出行能有效地减少能源和资源的消耗和浪费。相关资料显示，我国每年机动车能消耗国内石油总量的85%。据估计，今年我国汽车保有量将超过7 000万辆，石油总量缺口将达2.5亿万吨。乘公交和开小车，能耗相差20倍左右。驾驶小汽车出行的人，如果有1%转乘公交车或出租车，仅此一项，全国每年就可节省燃油0.8亿升。

【教学反思】

在“绿色出行 绿色生活”的综合实践主题活动中，学生按照活动方案开展了调查访问、资料搜集、拍照等实践活动。通过实践，每个小组都搜集了大量的资料，有文字、图片、视频、数据等。当进入汇报阶段时，教师指导学生筛选资料，准备汇报。本课的活动内容是指导学生筛选文字资料。

在本节课中，最大的亮点有以下几点。

1. 在活动中培养了学生与人合作、交流和动手的能力。如小组在讨论中，就很好地锻炼了他们的交流和口头表达能力。尤其是在小组合作加工资料、准备成果的展示过程中，更是提高了学生的合作能力和动手能力。

2. 体现学科知识的综合运用。在本次实践过程中，学生要用到语文、生活等方面的知识，学以致用，达到了综合实践活动课程的目的。

3. 本次活动体现了学生的自主性、选择性和实践性。由学生自由选择需要筛选的资料，自行确定选择方法筛选资料，为学生提供开放的个性发展空间。

4. 当学生进行互相评价时，对学生的评价能及时引导，使学生能够很好地、正确地看待自己和别人的成果与收获。如让学生聆听同学的发言后，以“笑脸”作评价时，教师能及时让不同意见的同学表达自己的观点。这样的互评促进了生生、师生之间的互动，能高效地实施评价。

专家点评

综合实践活动是新课程改革的重要组成部分，以培养学生社会责任感、实践能力和创新精神为根本目的，具有整体性、实践性、开放性、生成性和自主性等特点。因此，综合实践活动是一门必修课程，也是一门开放性的课程，更是一门全新的课程。探索课程常态化、规范化、高质量实施的方法和策略，是全面实施综合实践活动课程重中之重的工作。课堂教学是综合实践活动课程实施的关键环节，大沥中心小学抓住该课程课堂教学模式展开研究，对推进该课程有效实施具有积极的意义。

大沥中心小学在研究与实践基础上建立的“四步导引”课堂教学模式，是由“准备→导学→自主探究→成果汇报”四个环节构成，每个环节又包含了情境导入、回顾活动、发现问题、聚焦问题、头脑风暴、尝试体验、探究实践、成果展示、评价修正等一系列活动。该模式紧紧抓住了综合实践活动的实践性、开放性、生成性和自主性等特点，突出体现了学生的主动体验、合作探究和自主建构，充分关注到了学生实践能力和创新精神的培养。

特别是，在统一的“四步导引”课堂教学模式的框架下，还充分考虑到了综合实践活动的过程性，根据不同阶段活动开展的特点，将活动过程不同阶段划分成不同课型，分别为选题指导课、方案制订课、方法指导课、中期汇报课、成果展示课、成果评价课等课型，并建立了这些不同课型的个性教学模式。在统一的课堂教学模式下建立不同课型的个性化教学模式，存大同求小异，既符合教学方法论思想和规律，又使教学模式在实施时更具操作性。

大沥中心小学建立的“四步导引”综合实践活动教学模式历经多年的实践，不断打磨、完善、成熟，事实证明该模式在综合实践活动教学中是可行且有效的。报告在相应的课型教学模式分析中均有生动、典型的案例支撑，能看到学生在实践活动学习中精彩纷呈的发展，而且还建立了与该模式相对应的教学评价标准，形成了一个完整的课程教学实施系统，较好地推进了综合实践活动课程的有效实施。

反思大沥中心小学在综合实践活动教学模式上的探索，觉得还有以下几个方面的积极意义。

1. 具有开创性的意义。由于综合实践活动课程是课改后新开设的一门必修课程，课程内容、课程资源、课程组织、课程教学和课程评价等都是开放性的，没有任何经验和范式，靠摸索、尝试和实践去寻找一条出路。大沥中心小学构建的综合实践活动教学模式，就是第一个去尝试吃螃蟹的人，需要勇气、胆略和智慧。他们用事实说明，综合实践活动课程实施需要这种开创精神，同时开创性的探索也会给课改带来一片蓝天。

2. 具有示范性的意义。大沥中心小学在综合实践活动教学模式上的探索，令他们成为南海、佛山甚至全省探索路上的先行者，他们积累的经验、提炼的成果必然为同行们带来借鉴和启发。事实也确实如此，“四步导引”教学模式在自我探索过程中，同时也带动着周围的学校一起研究，他们用实际行动影响着周围更多的人。基于在综合实践活动探索上所取得的成绩和产生的影响，2012 年他们被授予佛山市首届综合实践活动“示范教研组”荣誉称号。

3. 具有开拓性的意义。综合实践活动课程既有学科的独特性，又有与其他各学科的融合性。特别是综合实践活动追求，让学生在学习活动体验中自主构建知识，培养学生的实践能力和创新精神，促进学生主动的发展，这些与其他学科课堂教学的目标和要求是一致的。因此，“四步导引”教学模式不仅适合综合实践活动课程的教学，也适合其他学科课程的教学。深化“四步导引”教学模式实施的研究，将该模式拓展应用到其他学科教学，是实现教育成果效益最大化的追求，也是一种崇高的、开拓的教育科研精神和态度。

在这里，我愿意为该课堂教学模式提出推介建议，希望它能给更多的实践探索者带来帮助和启示。

佛山市教育局教研室　张海洋

小学数学"非线性"小组合作学习课堂模式

佛山市南海师范附属小学

主体报告

一、研究概况

（一）研究的意义和背景

1. 研究范围的界定。

（1）研究对象和内容。

研究对象：以小学中高年级为主，这部分学生数学思维基本形成，具有初步的表达能力、合作能力与讨论意识，适合小组合作学习的开展。至于低年级的学生，也鼓励教师进行初步的合作意识的培养。

研究内容：以现行数学教材及日常生活素材为主要内容，以小组合作学习为载体，以"非线性"教学策略为指导，开展小组合作学习运作机制的研究。具体包括探索小组合作学习的小组建设（分组原则、编组规模、小组合作学习方法与要求的培训等）、运作模式（课堂上小组合作学习的实施要求、操作流程、控制过程）、支撑条件（预习导航的编制、小组合作学习的评价等）。

（2）对关键词的界定。

非线性："非线性"是与"线性"相对的教学策略，通过实施有引导的自主、有序的合作、有选择的探究，打破传统教学中"线性"教学，把有效教学建立在"自主、合作、探究"之上，用有效的预习、预练和预设来训练学生的思维，用有效的课堂小结来提升学生的学习积累程度和归纳能力，来提高学生课堂学习中的"有效思维量"（包括思维容量、思维流量、思维能量等三个维度），让有效看得见（小组合作的形式）、摸得着（有效"三预"的结合）、做得到（学生各尽所能地发展，特别是大面积转化数学"学困生"）。

小组：一般是4～6人组成，每个小组中成员应各具特色，能够相互取长补短。这样的学习小组主要是由性别、学业成绩、能力倾向、学习品质等方面不同的成员构成，各人承担明确的职责，相互信任促进，相互扶持配合，承担在完成共同任务中的责任。

合作学习：它是目前世界上许多国家都普遍采用的一种富有创意和实效的教学理论和策略体系，被誉为是"近十年来最重要和最成功的教学改革"。合作学习是以合作学习小组为基本形式，利用教学中动态因素之间的互动促进学生的学习，以团体成绩为评价标准，共同达成教学目标的教学活动。

2．研究的意义。

“非线性”小组合作学习是对传统大班教学的扬弃，是一种在理论上能以较小的学生组织、较真的信息互动、较快的信息反馈达到较显著的学习效果的学习方式。我们开展小组合作学习的运作机制的研究，通过课堂上师生、生生间的有序互动、深度互动，提高全体学生的参与度、学习目标的达成度，从而激活教材、激活学生、激活课堂、激活思维，使课堂教学从有效逐步走向高效。

3．研究的背景。

（1）新课程的需要。小组合作学习是对现行以知识本位、教师中心和传授、灌输为主要特征的课堂教学模式进行改造，使教学过程真正建立在学生自主活动、主动探索的基础上，通过学生全面、多样的主体实践活动，促进他们主体精神、实践能力和多方面素质的专题发展。

（2）提高课堂效率的需要。多向交往，除了师生讨论外，允许学生互相学习，这样有利于形成积极的课堂氛围，有利于各类信息的沟通，有利于学生间的互帮互学、相互启发，有利于学生思维的发展。同时教学由师生的双向交流变为师生、生生的多向交流，形成网状立体的交流。

（3）学生发展的需要。学生是学习的主体，在民主、开放的教育环境中，学生所焕发的潜能和展现的差异，令人吃惊。这就要求在较短的课堂时间内给予学生较为充裕的活动时间，包括动手操作与相互交流、相互启发、探索创新的时间，而小组合作学习就较好地解决了这一矛盾。因此我们以课题研究为契机，探索一种科学的学习指导模式，全面提高我们的教学水平和教学效率。

（4）教师发展的需要。为了达到《国家中长期教育改革和发展规划纲要（2010—2020年）》提出的目标，就必须建设一支高素质的教师队伍，不断加强教育科研，提高教师的综合素质，加强教师创新意识和创新能力的培养。通过本课题的研究，期望带动大多数教师投入教育科研，提高自身的教育科研水平。

（二）研究的理论依据和方法

1．理论依据。

（1）建构主义理论。

建构主义理论认为人类的理性是社会集体的产物，强调学习伙伴的重要性，提倡小组合作学习的学习模式。

（2）动机激发理论。

动机激发理论认为，激发动机的最有效手段是在课堂教学中建立一种“利益共同体”。小组合作学习就是创设了这样一种情境，促使每个成员在小组合作学习中尽力做出自己最大努力，积极主动地学习、探讨知识，以促进课堂、班级共同体的整体发展。

（3）新课程理念。

新的小学数学课程标准指出：“学生是数学的主人，教师是数学学习的组织者、引导者与合作者。”新课程理念关注学生的发展，重视学生数学学习的历程，强调学习方式的多样化。

2．研究方法。

（1）文献研究法。

广泛搜集、查阅与本课题相关的文献资料，学习、研究相关的教育教学理论和先进经验，以提高思想认识，借鉴他人成果。

（2）行动研究法。

坚持理论和实践相结合，将研究制定的实施方案贯彻落实到具体的教学工作中去，有计划有步骤地在教学工作中开展行动研究，并边工作边研究，不断调整方法，修改实施方案。

（3）经验总结法。

在实验探索过程中不断分析总结，通过对成功经验的理论分析和科学总结，既指导和带动广大教师深化教学改革，又推动本课题不断深化研究。

二、研究内容和目标

（一）研究内容

1．小组合作学习的小组建设（分组原则、编组规模、小组合作学习方法与要求的培训等）。

2．小学数学“非线性”小组合作学习的课堂各环节运作的策略。

（1）小组课前合作探究学习的内容设计的研究——预习导航的设计及落实。

（2）小组课堂合作探究的时机的研究——导学反馈的运作。

（3）课堂中小组合作探究学习活动的整理研究——归纳积累的落实反馈

小学数学“非线性”小组合作学习的支撑条件。

（二）研究目标

1．探索形成一套有效的小组合作学习的小组建设规程。

2．完善小学数学“非线性”小组合作学习的运作模式。

3．夯实小学数学“非线性”小组合作学习的支撑条件。

三、实施方案和具体操作过程

（一）研究实施方案

本模式的研究从2011年3月到现在。

表 1

阶段	时间	工作安排
准备阶段	2011. 3—2011. 7	1. 查阅资料，学习国内外有关小组合作、探究教育方面的理论和成功经验，做好了充分准备工作 2. 调查研究形成方案，进行课题申报 3. 建立研究制度，明确课题组成员的职责和任务 4. 培训实验教师，组织教师学理论，学方案
初步研究阶段	2011. 9—2013. 7	1. 教师方面 （1）召开课题研究开题会。 （2）根据研究方案，启动课题研究。 （3）加强理论和先进经验的学习，请专家对参与研究的教师进行辅导 （4）及时收集研究信息，注意调控，不断完善实验研究过程 （5）尝试上研究课，探讨基本操作模式 （6）定期召开反思研讨活动，及时调整研究方向 （7）搜集、整理本阶段研究相关资料 2. 学生方面： （1）学习如何进行分组，确定责任，落实做法 （2）在课堂学习的过程中不断完善、磨合小组的合作，争取更大的进步
中期评估	2013. 9—2014. 1	1. 召开中期评估动员会 2. 初步总结“非线性”小组合作学习课堂模式的各环节操作策略 3. 迎接中期评估，召开中期评估报告会，邀请总课题组专家指导 4. 开展全区课题研究推广活动，扩大课题研究影响力 5. 定期召开反思研讨活动，及时调整研究方向 6. 搜集、整理本阶段研究相关资料
深化阶段	2014. 2—2015. 1	1. 召开课题阶段研讨会，探讨深化课题研究方向 2. 课堂模式各环节操作策略的细化研究 3. 继续开展“非线性”小组合作学习课堂模式的实操性研究，并在一定范围内进行推广 4. 搜集、整理本阶段研究相关资料
总结阶段	2015. 2 至今	1. 召开课题结题动员会，制定结题方案 2. 汇总、整理课题研究成果，撰写课题结题报告，邀请专家论证 3. 完善课题结题报告，聘请总课题专家验收鉴定 4. 整理、总结课题结题相关的资料，筹划课题结题会的方案 5. 召开课题结题现场交流会，邀请总课题专家对课题研究进行评审验收 6. 搜集、整理本阶段研究相关资料 7. 争取在总课题组内进行交流，邀请各子课题研究学校现场指导

（二）小学数学“非线性”小组合作学习模式的运作和操作策略

1. 小学数学“非线性”小组合作学习的课堂模式。

小学数学“非线性”小组合作学习的课堂模式分为以下四大环节。

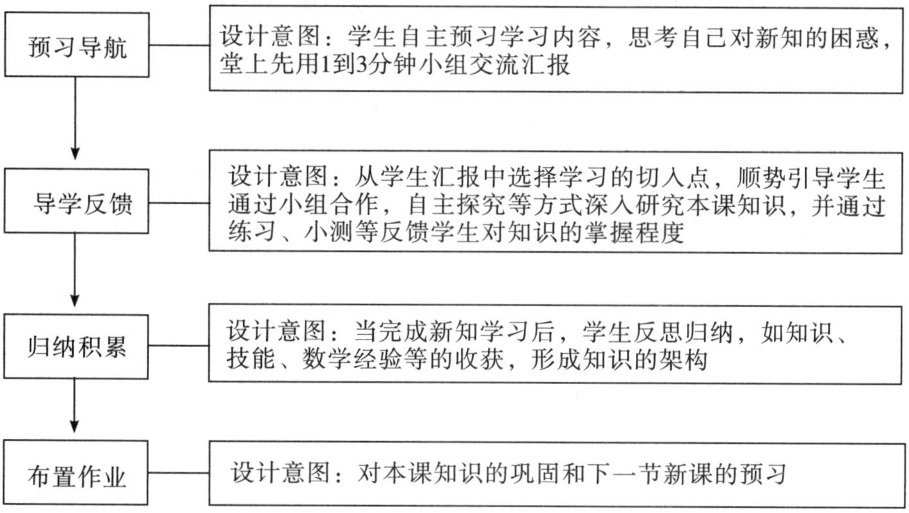

图 1

2. 小学数学“非线性”小组合作学习课堂模式各环节操作策略。

（1）“预习导航”板块。

① 设计预习导航，为课前预习和堂上的小组合作学习导航。

一节课的时间有限，把学习内容前置，让学生有充分的时间去观察、思考，带着自己的理解、疑问、猜想进入课堂讨论、交流，教师适时点拨，就能增加课堂的有效思维量。在设计预习导航的过程中，我们认为有效的预习不能停留在简单的复习、阅读书本上，而要加强预习提纲的针对性和指导性，凸显预习的作用：唤起学生已有学习经验；通过探究活动引导学生自主探究新知；控制题量，减轻学生的学习负担；设置“我的思考—我的发现和困惑”这一环节，让教师更准确地把握学生真实起点，使教学更有针对性。

② 预习导航的使用方法。

a. 课前自主完成，考虑不超作业的总量的情况下，作为作业的一部分。

b. 每天课前组长检查完成情况，并向老师汇报。

③ 预习导航环节的操作步骤。

a. 利用课堂前 1 ~ 2 分钟，先让学生自主回顾预习情况，接着在小组内进行互相交流，由组内互帮互助解决学困生的学习困难。

b. 由小组用 5 分钟左右进行汇报，把学生的理解、发现、猜想、困惑等与大家分享。

（2）“导学反馈”板块。

导学，就是教师根据学生预习出现的困惑并结合教学的重难点切入新课教学；反馈，就是根据新课进行相应的练习，巩固新知，反馈学习效果。我校课题组通过多次的课例研究，形成了导学反馈环节的操作步骤。

① 关于导学。

在“非线性”小组合作学习课堂模式中，由于学生已在课前对新课内容进行了预习，并相应进行了习题的演练，课堂上教师应该如何组织教学呢？新知的学习是讲授还是直接练习？这个部分的具体操作步骤如下。

借助汇报、找准起点：一是利用课堂前 1 ~ 2 分钟，让学生自主回顾自己的预习情况；二是在小组内互相交流预习情况，组内互帮互助解决学困生的一些学习困难；三是以小组为单位用 3 ~ 4 分钟进行汇报，把学生的理解、发现、猜想、困惑等与大家分享。

善用资源、择机切入：“非线性”教学，课堂教学环节可以变得更灵活、更简洁。在预习导航（检查、梳理学生的预习）时往往会生成许多精彩，作为老师要及时把握，有效采撷，盘活生成，择机切入。

巧抓疑难、适时点拨：在“非线性”小组合作学习的课堂教学中，教师需遵循“凡是学生能自主学会的老师不教，凡是能通过小组合作学会的老师不教或少教，老师主要是针对学生的困惑、疑难问题介入导学”等这些原则。

深度互动、完善预习：学生的年龄特征、思维特点以及个体差异，决定了他们在预习时存在局限性，他们对学习内容可能是知其一不知其二，知其然而不知其所以然。根据“非线性”教学策略——改进师生单维交流的互动模式，我们可以通过课堂上师生、生生间的深度互动，进一步完善小组合作学习，使数学课堂上成让学生交流个人学习成果、丰富数学认识与思考、廓清认识误区与盲点的课。

捕捉亮点、大胆拓展：根据“非线性”教学策略，课堂教学中必须改进教学内容的呈现方式，使教学过程更具弹性，教学方法和内容更具选择性。我们可以根据学生的实际加工教材，对教材内容进行适当的增、删、补、调，使其更符合学生的需求。

② 关于反馈。

反馈的目的是为了及时了解学生的新课学习情况。教师针对教学内容和重难点所设计的课堂练习，为此要把握以下几点。

反馈练习的设计：题型要与新课对应。题量不宜过多、过难，拓展性题型可作为选做题，用以发展学生思维。练习时间控制在 5 ~ 8 分钟。

反馈的方式：先由学生自主完成，小组交流后互帮互学、互批互改，教师巡视检查，最后由小组汇报。

把握反馈尺度，及时调控课堂：通过当堂练习，巩固所学知识。练习的形式可以多样化，要紧扣学习目标，突出重点，具有典型性、层次性和针对性。反馈的方式可以是集体讨论批改、组内批改等。但是发现学生的共性错误要及时讨论，研究。

（3）归纳积累板块。

归纳积累是对课堂知识进行梳理，形成完整的知识结构，以便学生对本堂知识进行整体把握。这个环节是学生的收获环节，培养学生的总结、反思能力。

① 指导课堂小结的方法。

在进行归纳积累的时候，我们引导学生从以下几个方面进行自我小结：归纳时不能脱离教学内容，信口开河；最好先让学生自主看书、小组交流，这样有助于学生对所学知识的理解和巩固；教师不能包办代替，但是可以和学生共同回顾学习内容、板书设计等，梳理出知识的脉络，串联相关的问题并得出结论；不仅要从知识方面小结（包括知识的重点和难点，还有知识的技能、技巧，以及知识的易错点，也包括从中学到的数学思想和实践经验、甚至对某些知识的质疑等），还要从情感方面小结（包括学习中成功的喜悦、遗憾，以及对同伴的帮助的感恩等）。

② 归纳积累环节的操作步骤。

独立总结，小组交流：首先是学生独立归纳总结本节课的所得或者疑问；其次是以小组为单位用 3 ~ 5 分钟进行汇报，组长把同学的归纳以及疑问收集整理、准备汇报。

全班交流、归纳：教师可以选择 1 ~ 2 个小组进行汇报，如果另外的小组有不同的意见或者疑问的再请组长汇报。

教师引领，内化提升：教师在学生汇报的基础上再引领学生深入思考，或者解决质疑，或者总结规律、思想方法等，达到知识的内化、提升。

四、对小组合作学习的评价研究

开展“非线性”小组合作学习的课堂模式的研究也促进了我们建立相应的评价方法。

（一）教师方面

在课堂教学评价方面，我们在评价时着重关注教学模式的落实，教师的教学行为和教学效果方面。下面是数学教师教学评价量化表。

表 2　南师附小数学高效课堂教学评价量化表

<table>
<tr><td colspan="2">教师</td><td></td><td colspan="3">班级</td><td></td></tr>
<tr><td colspan="2">课题</td><td></td><td colspan="3">时间</td><td></td></tr>
<tr><td colspan="2" rowspan="2">评价项目</td><td rowspan="2">评价要点</td><td colspan="3">权重</td><td rowspan="2">评价结果</td></tr>
<tr><td>A</td><td>B</td><td>C</td></tr>
<tr><td rowspan="9">『非线性』小组合作学习课堂教学模式教学行为评价</td><td rowspan="3">预习导航（20 分）</td><td>1. 教师设计的预习导航合理，能承上启下，符合教材要求</td><td>5</td><td>3</td><td>2</td><td></td></tr>
<tr><td>2. 学生的预习能自主完成，小组长组织检查及总结</td><td>5</td><td>3</td><td>2</td><td></td></tr>
<tr><td>3. 小组交流汇报有序，能提出有价值的问题</td><td>10</td><td>6</td><td>4</td><td></td></tr>
<tr><td rowspan="3">导学反馈（45 分）</td><td>1. 教师善于捕捉学生的真实起点，适时导学，组织小组进行有效的合作探究，引导学生主动学习，指导到位，评价恰当，全面关注学生的课堂学习</td><td>15</td><td>10</td><td>6</td><td></td></tr>
<tr><td>2. 学生以小组为单位进行观察、实验、猜测、验证、推理与交流等数学学习活动，学习活动生动活泼、富有个性</td><td>15</td><td>10</td><td>6</td><td></td></tr>
<tr><td>3. 课堂反馈以小组为单位有序汇报，小组互评，纠错</td><td>15</td><td>10</td><td>6</td><td></td></tr>
<tr><td rowspan="3">归纳积累（10 分）</td><td>1. 以小组为单位，自我回顾学习过程，在小组内交流收获，组长归纳总结</td><td>4</td><td>2</td><td>1</td><td></td></tr>
<tr><td>2. 组长汇报条理清晰，数学语言精练准确</td><td>4</td><td>2</td><td>1</td><td></td></tr>
<tr><td>3. 学生能在教师的引导下归纳出知识结构，并能质疑问难 2</td><td>1</td><td>0</td><td></td><td></td></tr>
</table>

续上表

评价项目		评价要点	权重			评价结果
			A	B	C	
『非线性』小组合作学习课堂教学模式教学行为评价	布置作业（5分）	1. 题目体现以巩固本课知识为主，能照顾全体学生	3	2	1	
		2. 有下节课的预习作业，培养学生的自主学习能力	2	1	0	
	教学效果（20分）	1. 大多数学生在原有的基础上获得知识、技能、思维能力、情感态度等方面的发展，体现学生是学习的主人地位	10	6	4	
		2. 教学多维目标达成好	5	3	2	
		3. 在学习过程中能正确地进行师评、生生评、小组评等有效评价活动5	3	2		
综合评价			总分			
			等级			

（二）学生方面

我们的评价宗旨是以学生的发展为首要目的，把学生学会学习、学会合作、学会做人作为主要的评价指标。只有关注学生学习的过程、方法以及相应的情感态度和价值观等方面的发展，才能培养出身心健康、有知识、有能力的创新人才。

其次，在评价指标方面，我们既关注学生的知识技能方面，又关注学生的态度、学习品质、能力等，从单一向多元发展。

再次，在评价的时候，我们摒弃以往只关注结果的评价，转向关注过程的形成性评价，把重心转移到学生求知的过程、探究过程和努力过程。

最后，评价的方式也从单一的教师对学生评价，改变为师评、自评、生生互评。下面是学生的评价表格。

表3 "非线性"小组合作学习教师评价情况表（第____周）

小组名称	课前准备（预习）	小组讨论	课堂展示	倾听	做题情况	完成作业	综合评价（基础分为10分）
	A很到位 B不充分 C没预习	A 积极发言 B不积极 C不发言	A 积极主动 B比较积极主动 C 不积极主动	A 认真听同学讲 B 有时不认真 C 不想听、没有听	A认真，效果好 B 比较认真，效果一般 C 不认真，效果差	A 独立完成 B 中等认真 C 有时抄作业	

注：一个A计2分，一个B计1分，一个C计－1分。

表4 "非线性"小组合作学习学生自我评价表

我学习，我能行，我可以！ 班别：________ 姓名：________

学习内容	学习目标	我预习情况	我参与小组讨论	我倾听情况	我练习情况	总评价
		A很到位 B不充分 C没预习	A 积极发言 B不积极 C不发言	A认真听同学讲 B有时不认真 C 不想听，没有听	A独立完成 B 有些不懂，勉强完成 C完全不懂	A表扬自己 B批评自己 C自我警醒

表5 小组组长评价表

我们一起努力，我们一起成功（第____周）组名： 组长： 副组长：

	预习情况	小组讨论	倾听情况	完成作业情况	课堂练习	综合评价
小组成员	A很到位 B不充分 C没预习	A积极发言 B不积极 C不发言	A 认真听同学讲 B有时不认真 C 不想听，没有听	A独立完成 B中等认真 C 有时抄作业	A好 B较好 C不好	
本周本组表现最佳的同学： 进步之星： 学习标兵：						

注：一个A计10分，一个B计5分，一个C计－5分。

五、影响与推广情况

（一）课题研究取得的初步成效

1．我校的数学课堂教学初具高效课堂特征。

自从参加了广东省教育科学“十一五”规划课题的子课题“小学数学‘非线性’小组合作学习运作机制的实践研究”以来，我校积极参与南海区、桂城街道构建“高效课堂”教学改革活动。经过几年的实践研究，我校的数学课堂教学已从以前单纯重视“双基”，逐步转变为重视培养“四基”、发展“四能”，已初具“高效课堂”的特征。

特征一：先学后教、以学定教。根据课题的研究，我们的教学模式是预习导航—导学反馈—归纳积累—布置作业。每节课前老师精心布置预习作业，让学生对新课内容有充分的时间去思考、去观察，然后带着自己的思考和困惑回到课堂。老师在课堂中，找到学生的真实起点介入导学。在导学中我们的老师做到凡是学生能自主学会的老师不教，凡是能通过小组合作学会的老师不教或少教，老师的导学主要是针对学生的困惑、疑难问题开展的，把更多的空间让给学生，实现真正的高效。

特征二：学生真正实现有效的小组合作学习。我们的课堂改变了传统的接受式学习，学生通过课前的自主预习、复习，课堂的自主交流汇报，反馈测评的自主订正纠错，对全课知识的自主归纳、质疑积累等方式尝试学习，更加突出了学生自主、合作、探究的学习方式，体现了从单纯注重结果到注重学习方法的转变，全面关注到每个学生的个体学习，体现了为学生终身学习和发展奠定基础的指导思想。

特征三：数学学习更注重积累活动经验，形成数学思想。这也是附小数学教学的一个特色。数学活动经验的积累是提高学生数学素养的重要标志。数学活动经验需要在“做”的过程和思考的过程中积淀，是在数学学习活动过程中逐步积累的。我校的数学课堂模式中的“归纳积累”环节，每节课最后用几分钟让学生思考自己的所做所获，注重让学生在“做中学”“做中思”“做中悟”。

此外，我们还把课堂延伸到课外，鼓励学生积极参与社会实践，让课堂教学再次回归生活，使学生在生活中发现问题，利用掌握的知识指导自己解决问题，使画句号的教学变成画逗号的教学！

2．我校的数学课堂教学促进了师生的共同成长。

（1）促进了教师教学观念的转变，提高了教学教研能力。

通过课题研究，教师们更新了教学理念，课堂教学变得更科学、更高效，提高了教师的教学水平。在课题研究的引导下，教师教科研意识蔚然成风，教师的论文、数学技能比赛、优质课比赛等频频获奖。学生的学科成绩也十分突出，在各次的街道教学状况调查中，我校数学科各年级的平均分分别超出街道平均分3～10分，在同类学校中名列前茅。

（2）小组合作学习模式，营造和谐的学习研究氛围。

自从开展小学数学“非线性”小组合作学习的运作机制的课题研究，学生的角色定位从学习上的被动接受者转变为自主学习主动建构者，教师的角色定位也随之改变，实现了师生的共同成长。

（二）课题研究成效的影响和推广

我校数学科组从2011年开始进行课题研究，围绕"以'非线性'小组合作学习构建高效课堂"这一主题，以陈小杏、李伟芬、杜雪颜、邹林华、蒙碧霞、陈琰、何丽华等老师为骨干的课题小组，积极开展课堂实践、积累经验，写教学日记、论文，收到了较好的成效，并多次在区、街道的教研活动中交流汇报，产生一定的影响。

几年来，我校数学科组勤奋耕耘，下面是其开展高效课堂研究对外交流情况。

表6

时间	数学科组开展高效课堂研究对外交流案例	佐证材料	活动级别
2011.11	我校数学科组承办了"桂城街道百位名师风采展示月"活动（分会场）组织工作，南海区教研室卢慧仪老师、张洁雯校长亲临现场指导。我校杜雪颜、李伟芬老师分别承担现场作课	报道稿	桂城街道教育办公室
2011.12	我校作为广东省中小学教师培训实践基地接待了来自汕头、河源、梅州、茂名等地的9位老师进行为期两周的跟岗培训学习，其中数学科组接待了6位学员。在科组的共同努力下，培训工作取得良好的效果	报道稿及获奖证书	广东省教育厅
2012.2—5	我校数学科组开展全员高效课堂教学视导工作，特别邀请南海区教研室卢慧仪老师现场进行听课和评课指导	评课资料及图片	南师附小
2012.11	杜雪颜老师参加桂城街道小学数学说课比赛获特等奖	报道稿及图片	桂城教育局
2013.4	李伟芬老师到西樵第一小学参加南海区名师送课活动，执教的课例为《同分母分数相加减》	报道稿及图片	西樵镇教育组
2013.4	我校数学科组积极参加中小学"微课"作品比赛	报道稿	南海区教育局
2013.5	我校数学科组承办桂城街道教研共同体教研活动，由张美娟执教《数学思考》一课，为研讨活动提供了很好的范例，来自桂江一中、桂圆小学、花苑小学、东二小学、夏东小学的数学老师展开了热烈的研讨，活动取得圆满成功	报道稿及图片	桂城街道教育局

续上表

时间	数学科组开展高效课堂研究对外交流案例	佐证材料	活动级别
2013. 11	我校数学科组承办了南海区小学数学名师展示研讨活动暨省级课题“‘非线性’小组合作学习课堂模式的操作策略”的中期评估工作，来自南海区各镇街的主管数学教学领导及南海区名师约150人参加本次活动，佛山市教研室钱云涛老师、南海区教研室卢慧仪老师亲临现场指导	报道稿及图片	南海区教育局
2014. 1	我校杜雪颜老师参加佛山市小学数学说课比赛获一等奖	报道稿及图片	佛山市教育局

六、反思及对策

小组合作学习是新课标理念下的一种新的教学方式，对当今课堂教学改革而言，其意义是很大的。通过学习和研究发现，合作学习在小学数学教学实践中之所以还没有取得理想的效果，是因为存在一些有待进一步研究和改进的问题。

问题一：如何更好地利用“非线性”小组合作学习后所得的资源，达到课堂的高效？

按照课题的设想，我们的课堂教学不再是只有教师预设好的课堂，还有学生学习的需要。那么面对课堂的“多线”组合，教师如何在错综复杂的资源中捕捉有效的资源进行教学，以达到课堂的高效？

对策：这对教师的要求越来越高，所以我们将在教师的能力方面进行加强。例如对教材、新课标的深度解读等。

问题二：如何实现学生课堂合作参与度的最大化？

我们的设想很美好，每次的小组活动都能人人参与，人人发展。但在实际的操作中，因能力、个性的差异、兴趣等，一些学生会成为小组中的领导者、执行者，但也有一些学生游离于小组活动之外。因此在后续研究中，我们会研究如何让领导者发挥特长，执行者各展其能，游离者迎头赶上。

对策：学生的个性以及能力千差万别，个个不同，所以我们后续的研究重点是减少学生间的差异，例如课堂探究活动的设计如何关注大多数学生，让人人都参与，等等。

问题三：如何拓展学生小组合作学习的深度和效度？

小组合作的学习中，仍然存在着一些很表面、很浅层的探究。有些学生会把别人的探究成果当成自己的，或者只知其然而不知其所以然，令学习的深度和效度大打折扣。因此，后续的研究中，我们将在探究方法、问题解决策略等方面进行尝试。

对策：小组合作学习模式的研究还只是比较单一，以后我们会加大实践探索的力度，开展案例研究。

有思考就有动力和方向，我们会在以后的研究中加大研究的力度，力求有所突破。

执笔人：陈小杏　李伟芬

课堂实录一

平行四边形面积的计算

李伟芬　陈小杏

【学习内容】义务教育课程标准实验教科书《数学》（人教版）五年级上册第 80 ~ 81 页，平行四边形的面积。

【学习目标】

1. 经历探索平行四边形面积计算公式的推导过程，掌握平行四边形的面积计算方法。

2. 能应用平行四边形的面积公式解决相应的实际问题。

3. 培养观察操作能力，灵活运用知识解决实际问题的能力；发展空间观念，感悟转化的数学思想和事物间相互联系的辩证唯物主义观点。

【学习重点】探索并掌握平行四边形的面积计算公式。

【学习难点】平行四边形的面积计算公式的推导。

【教学过程】

一、预习导航

1. 创设情境，设疑引入。

图 2

师：同学们，这是我们走出校门经常看到的情境，你能发现哪些我们熟悉的图形？

师：你会计算哪一种图形的面积呢？

生：长方形的面积 = 长 × 宽。

生：正方形的面积 = 边长 × 边长。

生：我还知道平行四边形的面积 = 底 × 高。

师：你是从哪里看到的？（生：书上）哦，我们学习不但要知其然，还要知其所以然。我们从书上知道平行四边形的面积 = 底 × 高，还要知道这公式是怎样得来的。这节课我们就来探讨这个问题。（板书课题：平行四边形面积的计算）

［评析］从学生熟悉的情境入手，复习旧知，为后面的学习做铺垫。当学生说到平行四边形面积的计算公式，老师没有遮遮掩掩，而是向学生提出学习的要求：不但要知其然，还要知其所以然，让学生带着新的要求投入学习中去。

2．交流预习情况。

独立回顾，组内交流（附预习提纲）。

师：请同学们看看这幅图中的两个花坛，比较它们的大小其实是比较它们的什么呢？

生：面积。

师：对，那平行四边形面积怎样计算呢？请小组交流预习收获。3 分钟后汇报。

（全班集体交流预习情况）

组 3：为什么有公式了书本还要数方格？

组 7：我们组除了知道平行四边形的面积计算公式，还知道了怎样用公式计算平行四边形的面积，我们组的问题是在剪拼图形时除了沿着高剪开，还可以怎样剪拼？

“平行四边形的面积”预习案　姓名：

“平行四边形的面积”预习提纲

学习目标：1．用数方格和转化的方法探索平行四边形的面积计算公式。2．能运用公式正确地计算平行四边形的面积。

复习：

找出下面平行四边形中对应底和高。

（　　）和（　　）是一组对应的底和高；

（　　）和（　　）是一组对应的底和高。

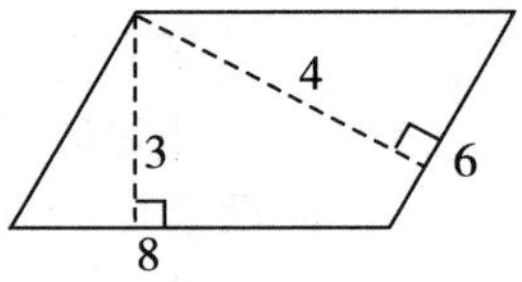

图 3

探究平行四边形的面积的计算方法。

1．阅读课本第 80 页情境图，请你数一数，并填好书上的表。

（1）你是怎样数格的？

（2）仔细观察、比较表格中的数据，你发现了什么？

2．阅读课本第 81 页，然后利用自制的平行四边形按书本的方法尝试完成：

我的方法：先画出平行四边形的________，再沿着________剪开，把两部分拼成一个________。仔细观察：拼出的图形和原来的平行四边形相比，面积变了吗？（　　）

除了面积之外，关于拼成的图形和原来的平行四边形的关系，你还有其他发现吗？

通过预习，你还有什么问题，请记录下来。（一定要写的喔）

……

（学生边汇报，老师就边把问题写在黑板上）

［评析］通过小组交流汇报，老师及时了解学生的真实起点和学习上的困惑，充分利用学生的资源展开教学，真正做到是从学生的所需出发的课堂。

二、导学反馈

（一）导学

1. 巧用资源，探究知识。

（1）做好铺垫，有助学习。

师：预习提纲里的第一题是，什么是对应的底和高？怎样寻找对应的底和高？

组3：就好像是6这条底上的高就是垂直于它的4，这样就是对应了。

（2）数格子，建立联系。

师：刚才有同学提出这样的疑惑——为什么有公式了，书上还要数方格的？这个问题提得非常好。在方格纸上数一数，然后填写下表。（一个方格代表1 m^2，不满一格的都按半格计算）

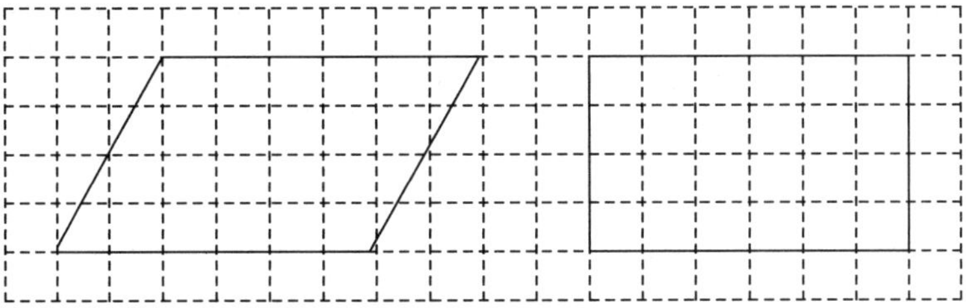

图4

表7

平形四边形	底	高	面积
长方形	长	宽	面积

图5

师：哪个组先来汇报书上数格子的题目？

组5：我们组数出来的数据如表8所示。

表8

长方形	长	宽	面积
	6	4	24
平行四边形	底	高	面积
	6	4	24

组4：我觉得要把数据的单位写上。

师：你觉得呢？

组5：我觉得是。

师：那从这些数据你们又有什么发现呢？

组6：我们发现长方形的长和平行四边形的底相等，长方形的宽和平行四边形的高相等，它们的面积也相等。

组7：我们发现其实这里就可以知道平行四边形面积 = 底 × 高。

师：为什么？

组7：横着看就可以看到，平行四边形的底是6 m，高4 m，$6 \times 4 = 24\ m^2$了。

组2：我们还知道了长方形和平行四边形之间是有联系的。长方形的长和平行四边形的底，长方形的宽和平行四边形的高有联系。

师：这个联系非常的重要，所以通过数方格告诉我们因为这两种图形有联系，所以我们可以把平行四边形转化成长方形来研究。

[评析] 对于学生提出的问题，老师没有随便应付，而是以疑导学，让学生通过数、辩、议，感受平行四边形和长方形之间的联系，为后面的探究提供思路、做好铺垫。

(3) 理解转化，引导提升。

师：哪个组能先来演示一下你们是怎样把平行四边形的面积计算公式推导出来的？

组10：我们组来汇报我们的做法。首先是把一个平行四边形的高画出来，然后沿着高剪开，把剪出来的这个小三角形拼到平行四边形的另一边，就拼成一个长方形了。

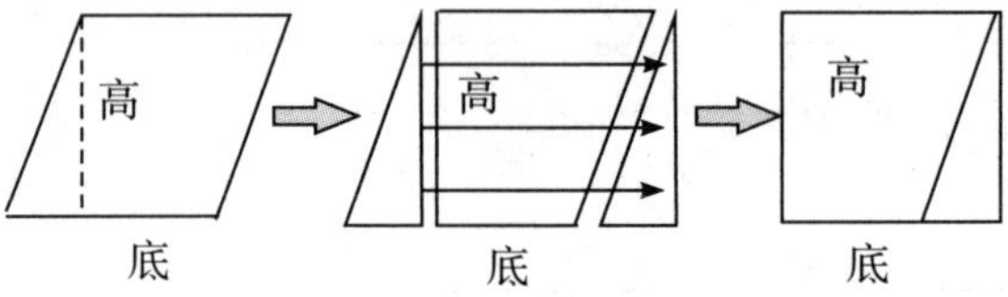

图6

师：还有不同的做法吗？

组1：我们组沿着高剪出来的是两个梯形，把其中一个梯形转过来再拼上去就，拼成一个长方形。

……

师：我们发现只有沿着——（学生：高）剪开才可以把平行四边形转化成长方形。把平行四边形通过剪拼成长方形的时候的顺序是怎样的？画—剪—移—拼（板书）你们知道吗，像这种把图形剪拼的方法叫“分割法”（板书）那你们还有什么研究结果呢？

组4：我们组发现在转化中平行四边形的面积和长方形的面积一样，但是周长变了。

师：那平行四边形的面积公式怎样得来的呢？

组7：我们组得出，因为平行四边形的底相当于长方形的长，高相当于长方形的宽，长方形的面积 = 长 × 宽，所以平行四边形的面积 = 底 × 高。

组10：我们还知道平行四边形的面积计算公式 $S = ah$。

组5：计算面积的时候方便快捷。

师：那么求平行四边形的面积要知道什么条件？

组6：底和高的数据。

师：那么预习的时候，例题你们会解决吗？

生（齐答）：会。

师：有什么要注意的问题呢？

组3：要注意计算时不要算错数。

组2：最好把公式抄上。

［评析］通过预习，大部分学生都知道平行四边形面积的计算公式是什么，但公式是怎样推导出来的呢？可能还有相当一部分学生是模糊的。老师借助小组的交流、展示、争辩及媒体的演示，不断地追问、设疑，让学生一步步地建构起清晰的知识网络。

2. 看书质疑，内化知识。

师：请大家阅读课本，看看还有什么不明白的？

组3：教材的图是什么意思？

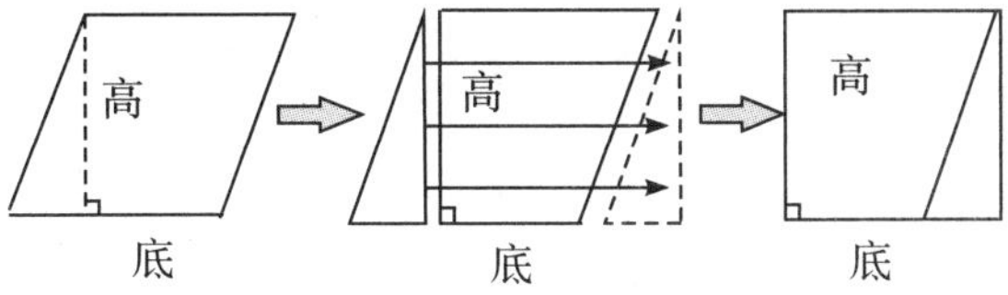

图7

组7：这里是告诉我们沿着平行四边形的高剪开，然后把剪出来的这个小三角形移到另一边，拼成一个长方形。

师：还有吗？你们有没有留意到中间这幅图有三个红色的箭头呢？你知道是什么意思吗？

组6：我觉得这是平移的意思。你看是从左到右的。

组5：我也觉得是这样。你看这移过来就刚好可以拼在一起了。

师：那为什么可以平移呢？

（学生答不上，老师引导）

师：这个小三角形移过来就可以刚好拼成长方形。说明什么是一样的？

组3：高一样。

师：以后我们看书的时候要学会多问自己几个为什么？这样的学习才有效。

（二）反馈

1. 自主完成，小组交流。

［达标测评］（1）把平行四边形沿着高分成两部分，通过平移的方法可以把这两部分拼成一个（　　）形。它和平行四边形相比，形状变了，（　　）没变，它的（　　）相当于平行四边形的底，（　　）相当于平行四边形的高，因此平行四边形的面积=（　　），用字母表示（　　）。

（2）李老师要买一块玻璃，形状如下图，请你帮忙计算玻璃的面积有多少平方米？

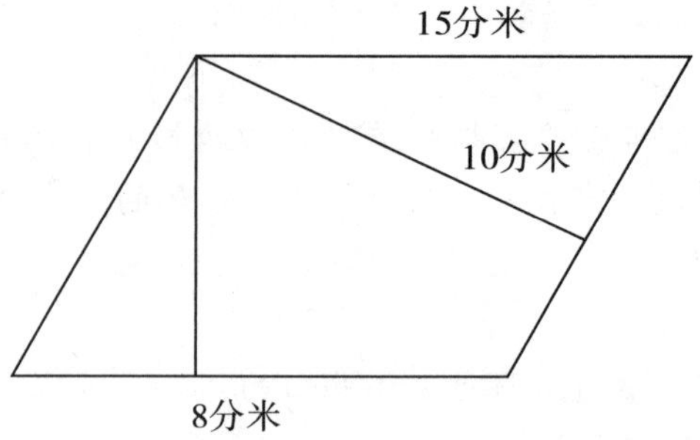

图8

（3）下面图中两个平行四边形的面积相等吗？它们的面积各是多少？

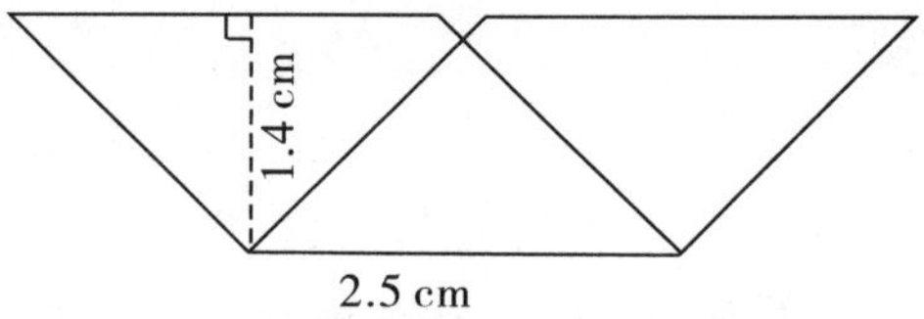

图9

先独立完成，然后再小组内交流、批改。

2. 全班汇报，集体订正。

针对出现最多问题的是第三题，教师组织同学互相交流想法，并借助多媒体演示帮助学生理解这两个平行四边形是等底等高，所以面积相等。

［评析］在测评这个环节，教师设计的题目能让学生进一步理解和掌握平行四边形面积的计算，还能让学生感受到学习数学的价值。特别是最后一题，借助媒体演示加深对“等积变形”的理解。

三、归纳积累

1. 自我归纳，组内交流。

2. 全班交流，共同积累。

组1：今天我们学到计算平行四边形的面积计算方法，可以解决生活中的实际问题。

组2：我们组今天练习全对，从来没有过的，我们组很高兴，我们会再接再厉的！

组3：我们组有些同学预习的时候，把平行四边形剪拼成长方形做得不是很好，下课后我们会继续研究的。

3. 教师引领，内化提升。

师：同学们，我们是怎样学习平行四边形的面积计算的？首先是预习，自己尝试、思考；然后带着问题学习，通过数格法找到平行四边形和长方形的联系，把平行四边形剪拼成长方形，从而推导出它的面积计算公式。这种运用学过的知识解决问题的方法叫转化，在以后的数学学习中会经常用到的。

……

[评析] 归纳积累的环节很重要，是学生通过一系列学习活动后对学习的思索和知识的沉淀。教师给学生充足的时间和空间思考，体现对学生的尊重。教师通过回顾公式的推导过程，令学生再次理解“转化”的实际操作方法，对学生进行数学学习方法的指导，帮助学生积累数学活动经验。

四、布置作业

1. 复习教材例题，想一想在以前的学习中用过哪些“转化”的方法。

2. 教材的第82页的1~4题，不懂的话可以做个记号，向老师和同学请教。

[评析] 整个教学过程教师采用了“非线性”小组合作学习的课堂教学模式，通过采用课前预习，堂上导学反馈，注重了学生的自主探究，让学生经历公式推导的过程。

1. 整节课的课堂架构清晰，注重培养学生的学习能力，充分发挥学生的主体作用。教学中，学生自主学习、讨论交流、合作学习、自我感悟，教师成了学习的组织者、引导者、合作者和共同参与者。教学中教师给学生提供了探究交流的时间和空间，把重点放在解决学生的所思所疑上，既注重结果又注重过程，有利于学生思维的发展。

2. 注重了数学思想方法的渗透。这节课的其中一个重要的数学思想是把平行四边形转化成长方形进行面积计算方法的推导，所以在这节课中，一开始就通过数格子渗透割补的方法，不仅为学生研究平行四边形的面积提供方法，还为学生的研究提供了思路。在推导平行四边形面积公式的时候，学生马上能想到运用割补的方法把平行四边形的面积转化成已经学过的图形的面积。

3. 在解决实际问题的过程中，培养学生数学的发散思维。教师采用“预习导航—导学反馈—归纳积累”的教学模式，以学生在预习中的困惑和疑难作为教学资源，让学生在共同解决疑问的过程中内化提升知识。教师还设计了不同层次的实际问题，强化巩固学生获得的知识，引导学生将获得的知识运用于实际生活，通过实际问题的解决，学生将书本知识转化为能力，解决问题策略多样性，感受生活与数学的联系，培养了应用意识和解决问题的能力。

【教学反思】

在《平行四边形的面积》这节课中，我运用“非线性”小组合作学习课堂的教学模式，在引导学生经历推导平行四边形的面积公式的过程中，轻松有效地让他们体会了“转化”的数学思想。

1. 模式引领，在知识的建构中渗透数学思想。

我采用“非线性”小组合作学习模式设计这节课时，大胆地把探究平行四边形的面积的实验前置，让学生通过预习，带着问题在堂上交流。我及时捕捉学生的资源，采用小组合作，让学生通过“猜想—验证—动手操作”一步步感受、体会、经历“转化”的全过程，构建知识的体系，积累成学习经验，为后续的学习做好铺垫。

2. 落实导学，在实践操作中渗透数学思想。

这节课的其中一个重要的数学思想是把平行四边形转化成长方形进行面积计算方法的推导，所以导学环节中，我抓住学生提出的疑问：为什么课本还用数格法？引导学生思考平行四边形和长方形的联系，为学生的研究提供思路，并通过“猜想验证”让学生学会判断“转化”的可行性，再进行实践操作，感受图形间的内在联系，体会转化的数学思想和方法，发展学生的空间观念，同时让学生积累一定的数学学习经验。

3. 有效反馈，在问题解决中渗透数学思想方法。

在这节课的反馈中，我设计的练习不仅体现了基础性、层次性和选择性，而且具有实践性、应用性、探索性和开放性，使数学练习适应不同学生发展的需要。例如练习三就是体现了“等积变形”和“转化”的数学思想，最后的拓展练习，更是要求学生运用所学的“转化”的数学思想和积累的数学经验去解决，具有开放性和探索性，更激发了学生的探索欲望和创新精神。

通过实践，我们发现“非线性”小组合作学习的课堂模式不但能有效地转变教与学的方式，更重要的是能给学生的学习与思考提供更宽广的机会和舞台，更好地培养学生的自主学习能力。所以只要我们用好这种教学模式，努力挖掘教材中可以进行数学思想方法渗透的各种因素，就能更好地在课堂教学中进行数学思想方法渗透。

课堂实录二

圆的周长

杜雪颜　陈小杏

【教学内容】义务教育课程标准实验教科书《数学》（人教版）六年级上册。

【教学目标】

1. 认识圆的周长和圆周率的意义，理解圆周长的计算公式。

2. 经历圆周长计算公式的推导过程，体会转化的数学思想方法，会用圆周长的计算公式解决简单的实际问题。

3. 在学习中获得体验数学探究的和成功的乐趣。

【教学重点】圆的周长和圆周率的意义。

【教学难点】理解圆周长公式的推导过程。

【教学过程】

一、预习导航

1. 开门见山，揭示课题。

师：圆在我们实际生活中随处可见，因此会常常碰到很多有关圆的实际问题。这节课，我们就一起来研究《圆的周长》。（板书课题）

2. 交流汇报，找准起点。

(1) 独立回顾，组内交流。

师：请拿出预习提纲，自主回顾，然后在小组内交流。3 分钟后请各组代表汇报。

表7　《圆的周长》预习提纲

<table>
<tr><td>复习旧知</td><td>1. □ ____________是长方形的周长，长方形的周长的计算公式是：____________
2. 画一个半径是1厘米的圆，并标出圆心、半径和直径，并用字母表示出半径和直径的关系。</td></tr>
<tr><td>探究活动</td><td>阅读教材第62～63页，思考并完成下面的题目。
1. 说说什么是圆的周长？
2. 试一试：找几个圆形物体，测量出它们的周长和直径，把测量周长的方法说一说。
<table><tr><td>物品名称</td><td>周长</td><td>直径</td><td>$\frac{周长}{直径}$的比值
（保留两位小数）</td></tr><tr><td></td><td></td><td></td><td></td></tr><tr><td></td><td></td><td></td><td></td></tr></table></td></tr>
<tr><td>我的思考</td><td>1. 观察数据，你发现了什么？有什么困惑？
2. 对于圆的周长这个知识，你还知道哪些知识？还有什么疑难问题或者想知道的？</td></tr>
</table>

（2）汇报预习情况。

组1：我们先来汇报复习部分。第1题，长方形4条边的总和就是长方形的周长。计算公式是“长方形的周长＝（长＋宽）×2”，用字母表示是$C=2(a+b)$。第2题，我们先画出一条1厘米长的线段，把它作为圆的半径作圆，并用字母标出O为圆心，r为半径，d为直径，其中$d=2r$；$r=\frac{1}{2}d$。

组2：我们小组来汇报预习部分，第1题，（生指着自己画的圆）我们认为圆的周长就是围成圆一周边线的总长度。

组3：围成圆的曲线的长叫圆的周长。

师：大家说得都有道理。围成圆的封闭曲线叫作圆的周长。（板书）

组2：第2题，我们组找了1元硬币和一卷双面胶来测量。测量1元硬币时，我们采用滚动法。我们在硬币的边沿做了一个记号，把记号对准确尺子的0刻度开始滚动，滚动一周后，发现硬币的记号对着7.8厘米，这就是1元硬币的周长。我们用两个三角板加一个直尺测量圆的直径的方法，量出了1元硬币的直径为2.5厘米，算出1元硬币周长与圆的比值是$7.8 \div 2.5 = 3.12$。测量双面胶时，因为考虑它的周边光滑，我们直接用软尺绕着进行测量。我们也是先做一个记号作为起点，用软尺0刻度对准起点，绕一圈量出双面胶的周长为29.9厘米。用上面同样的方法测出双面胶的直径是9.8厘米，算出双面胶周长与直径的比值是29.9÷9.8≈3.05。

师：还有其他的测量方法吗?

组3：我们组选择绕绳法，测量了一个小月饼盒，就是用一根绳子绕着月饼盒一圈，然 后做上记号，最后测量出起点到记号的长度是31.3厘米，用尺子量出月饼盒的直径是10厘米。算出月饼盒周长与它的直径的比值是31.3÷10=3.13。

组4：我们组自己动手做了一个圆片，直径是12厘米，周长是37.68厘米。算出周长 与它的直径的比值是37.68÷12=3.14。

师：请接着汇报“我的思考”部分。

组2：我们发现，圆的直径越长，它的周长就越长；而且圆的周长总是圆的直径的3倍多一点。

组5：我们也发现了，圆的周长与直径的比值在3~3.2之间。

组6：我们从“你知道吗”知道有关圆周率的课外知识。

组3：我们提出的问题是，圆周率是什么?

组1：我们提出的问题是，怎样求圆的周长？有什么作用?

组2：半圆的周长怎么求?

师：看来大家预习得很认真，我把你们的问题写下来。（板书）大家分组思考、准备汇报。

［评析］以小组为单位进行汇报，把学生的理解、发现、猜想、困惑等与大家分享交流。在“非线性”小组合作学习的课堂，就是以这种“学生异步预习+同步汇报”的方式，来找准学生学习的真实起点，聚焦需要导学的真问题，为导学环节中生生互动、师生思维碰撞埋下伏笔。

二、导学反馈

1. 导学。

(1) 巧抓疑难，适时点拨。

① 圆周率是什么?

组7：我们选“圆周率是什么”因为任意一个圆的周长与它的直径的比值是一个固定的数，我们就把这个固定的数叫作圆周率，用字母π表示，π≈3.14。大家同意吗?

师：对！圆周率就是周长与直径的比值。(板书：$\frac{周长}{直径}$ 圆周率 π≈3.14)

② 怎样求圆的周长?

师：刚才第4组在汇报物体的周长数据中出现了周长是37.68 cm，而我们的尺子上只有标出厘米、毫米，这数据怎得出的？请第4组介绍一下。

组4：圆的周长虽然可以用滚动法、绳绕法量出，但挺麻烦的，用公式计算的方法会更方便、准确。我们通过预习，知道圆的周长=圆周率×直径，圆周率取3.14，又知道直径，就能求出圆形物体的周长。

师：介绍得很清楚，我把圆周长的计算公式写出来。(板书)

（2）深度互动，完善预习。

师：老师听了大家的汇报，也有疑问：为什么圆的周长＝圆周率×直径？如果要算出圆的周长，需已知哪些信息？

组5：因为圆周率$=\frac{周长}{直径}$，所以 周长＝圆周率×直径$=\pi d$，并且根据半径与直径的关系得出$C=2\pi r$；要算出圆的周长，只需要知道直径或半径就行了。（师板书）

组2：老师，计算圆的周长到底有什么用？

组3：可以计算出圆形跑道有多少米？绕着圆形的花坛走一圈有多少米？

组4：还可以算出做一个圆形的铁圈需多长的铁丝？

师：确实，计算圆的周长在生活中有很多用处，圆形的柱子要贴瓷片、圆形的活动室要铺地板、涂颜色都跟圆的周长有关系，以后我们会继续学习的。

（3）捕捉亮点，大胆拓展。

师：我们继续讨论问题3，哪个组来汇报。

组7：半圆的周长＝圆的周长÷2。

组6：半圆的周长＝圆的周长÷2＋直径。

师：两种方法你选哪一种？大家看着图议一议。（PPT 出示半圆图）

组1：我选“半圆的周长＝圆的周长÷2＋直径”这种方法。

师：请说理由。

组1：从图中可以看出，半圆的周长是由圆周长的一半和一条直径组成的。所以，我选“半圆的周长＝圆的周长÷2＋直径”这种方法。

师：“圆的周长÷2”得到的是什么？

组1：半圆的曲线部分。

师：“圆的周长÷2＋直径”又得到什么？

组1：半圆的周长。

师：对于“半圆的周长＝圆的周长÷2”的方法，大家有什么要说的？

组3：因为“圆的周长÷2”只求出了半圆的曲线部分，半圆周长包括曲线部分和直径，所以还要再加上直径的长度。

师：确实，半圆是一个由曲线部分和直线部分围成的封闭图形。计算半圆周长时，应该要注意加上直径。能用字母表示吗？

组1：半圆周长公式应该是，$C_{半圆}=\pi d\div 2+d$ 或者 $C_{半圆}=\pi r+d$。

师：我把大家的方法写下来。（师板书）

［评析］在此环节中，老师遵循“凡是学生能自主学会的老师不教，凡是能通过小组合作学会的老师不教或少教，老师主要是针对学生的困惑、疑难问题介入导学”等这些原则。教师把准切入口，激起探讨话题，围绕重、难点，按照小组讨论→汇报→教师引导→学生小结归纳的程序，使课堂教学简洁。

2. 反馈。

（1）明确任务。

师：大家很会研究问题。接下来我们实际操作。（出示例1）附例题：

1 圆形花坛的直径是 20 m，它的周长是多少米？

图 10

要求：① 自主完成；
② 小组交流；
③ 小组汇报。
（2）自主完成、小组交流。
（3）全班汇报。
（老师展示两个组不同的做法）
组 7：（1）20 × 3.14 = 62.8（米），
（2）50 × 3.14 = 157（厘米）
157 厘米 = 1.57 米
62.8 ÷ 1.57 = 40（周）。
组 5：50 厘米 = 0.5 米，$\frac{20\pi}{0.5\pi}=\frac{20}{0.5}=40$（周）。
（老师引导学生交流）
组 3：我们觉得第一种方法思路很清晰，第二种方法比较简便。
组 4：我喜欢第二种方法，这种方法很巧妙！
……
师：刚刚在做题的时候，有的同学出错了，我们一起来分析一下。
错例 1：
20 × 3.14 = 628（米）
3.14 × 50 = 157（米）
628 ÷ 157 = 4（周）
错例 2：
20 × 3.14 = 125.6（米）
3.14 × 0.5 = 1.57（米）
125.6 ÷ 1.57 = 80（周）

组6：第一种做法中，第一条算式计算出错，应是 $20\times3.14=62.8$（米），第二条式子错在50厘米没有转化成0.5米，单位不统一。

组5：第二种做法，第一条式子计算花坛周长时，他把直径当半径计算，多乘了2。

师：出错的同学你会改正吗？（让同学更正）

师：你有什么要提醒大家的吗？

组4：以后计算要认真一些，避免出错。

组3：我要提醒大家，单位不统一时，要注意单位转换。

……

[评析] 教师围绕教学重难点设计课堂练习，题型、题量适合。在练习过程中，既有独立完成，又有小组探究，更有全班汇报交流，让学生交流各种算法，拓展学生思维。而对于错例，也让学生进行查错、纠错，使反馈落实。教师在让学生经历学会知识的同时，更学会了学习的方法。

三、归纳积累

1. 独立回顾，小组交流。

师：刚才大家的讨论非常热烈。现在让我们再次阅读书本，梳理今天所学知识，在小组内交流。

（组长把同学的归纳以及疑问收集整理、准备汇报）

2. 全班交流、归纳。

组1：这节课，我知道圆的周长与它的直径的比值是一个固定的数，这个数叫圆周率，并知道有很多人都在研究它，我也很感兴趣。

组6：学习了圆周长计算公式后，我觉得用公式计算圆的周长比绳绕法、滚动法方便得多！

组3：我要提醒大家在算圆的周长时要注意长度单位的转换。

……

3. 老师引领，内化提升。

师：这节课我们学习了圆的周长，了解了圆周率及相关的知识，得出了圆周长和半圆周长的计算方法……收获真不少！我们通过预习，提出自己的疑惑和猜想，在小组里交流、汇报、讨论、探究，终于解决问题，得出结论。在以后的学习里，我们也要用这样的方法来学习，你会成为一个会学习并且享受学习的人。

[评析] 在这环节当中，教师组织学生通过自主看书、小组交流、汇报等步骤，引领学生从知识、技能、方法、情感及事项等维度，梳理和归纳出本节课的知识脉络，回顾课堂学习的过程，积累自主学习经验，为后续学习做好铺垫。

四、作业布置

1. 教材第65页的1、2、3题。

2. 下节课《圆的面积》预习导航。

表 8

《圆的面积》预习提纲	
1. 猜一猜 根据以往的经验，应该怎么求圆的面积？为什么？	
2. 探究活动 动手用硬卡纸剪下一个圆，平均分成若干份，把它拼成一个以前学过的平面图形并贴于下方： 方案 1：	方案 2：
3. 探究发现 观察圆与所拼图形，它们有什么联系？ （　　）变了，（　　）不变。	
4. 我的疑问 在预习中你还有什么疑难问题或者发现？请记下来。	

［评析］课后作业是课堂的延伸拓展，作业设计中既有本课的对应作业，也有下一课的预习作业，起到承上启下的作用；完成的方式有自己的独立思考，也有小组内的共同研究，学生解决问题的同时兴趣更浓，充分体现“非线性”小组合作学习的优越性。

［总评］本课是在学生认识了周长的意义、会计算长方形和正方形周长、认识了圆的基础上进行学习的。杜老师采用了“非线性”小组合作学习模式，经历预习导航→导学反馈→归纳积累→布置作业几个环节，当中既有学生自主学习，也有小组的讨论、互助，还有师生思维碰撞，多层次、多角度完善学习，使课堂学习实现效益最大化。本课具有以下三个特点。

1. 体现真正的小组合作，促学生共同发展。

在本课中，我们看到了，小组的合作学习是经过了长时间训练的，学生基本养成了合作学习的习惯。小组成员分工明确，每个岗位都有要求，各司其职，人人有事可做。教师注意学生合作学习技能的培养：听（倾听小组成员、小组间的交流，了解同伴的观点）；说（有条理地表达自己的想法和做法）；议（合理友好地对待小组内、小组间的争议）。做（互相信任、团结互助）。这样的培养，有效地进行小组管理，实现真正的合作学习，促学生共同发展。

2. 以学定教，教得其所。

课前教师精心布置预习作业，让学生对新课内容有充分的时间去思考、去观察，然后带着自己的思考和困惑回到课堂。教师在课堂中，利用学生的资源找到学生的真实起点介入导学。教师的导学主要是针对学生的困惑、疑难问题开展师生互动，适时引导回顾、整理，将学生充实的认知基础系统化。以学生的状态和发展规律去确定教学方法、教学内容，教师会教得更精粹，更贴近学生的需要，课堂会因此出现良好的教育生态、教育质量和效率。

3. 反馈到位，求真务实。

数学课堂注重反馈，当堂问题及时解决。学生的课堂反应、参与学习的意识、学习中的合作情况、知识掌握的情况、出现的情感变化教师都需了如指掌。本课中，小组汇报预习情况，教师引领学生解决重点、疑难问题，而且对算法多样化的讨论、错题的辨析、全课知识的归纳，教师都能一一落实，使各层次的学生都获得不同的进步。

【教学反思】

我在设计圆的周长这节课时，结合“非线性”小组合作学习的课堂教学模式，在教学上以学生自学、课堂解决学生疑难为主。下面我就从以下几点反思本节课的教学。

1. 前置探究，扩大课堂容量。

在设计这节课时，我充分利用预习导航，把探索“圆的周长和直径的关系”这个探究活动前置，学生课前初步完成了相关的探究，课堂上利用小组的交流再讨论、完善，这样处理就能腾出课堂的空间解决学生的疑难，充分发挥学生学习的主体性，激发学生学习数学的兴趣。

2. 巧妙导学，层层深入，突破难点。

在导学反馈这个环节，我摒弃以往的做法，随着学生的困惑和问题展开导学，采用师生、生生互动的方式研究问题，比老师单一呈现教学内容的方式要自然和有效，尤其能根据学生的实际情况，例如围绕“半圆的周长怎样求?”等问题展开探讨，真正体现了以学生为主体的教育理念。这样把时间放在了重点解决学生的疑难问题上，层层深入，学生通过合作探究、讨论交流等方式，突破学习的重点和难点。

3. 小组合作，提高效率。

现代人必备的素质之一是合作精神，因此本节课我多次让学生合作去发现、解决问题，同时及时给予帮助指导。不仅让学生学会合作，而且让学生在合作中提高效率。例如：在反馈环节中，我是让学生小组交流答案，互相订正，出现错误在小组内解决，这样的合作既锻炼学生的能力，又提高课堂效率。

专家点评

新课程改革10多年来，各种新的教学理论、教改实验层出不穷，各领风骚三五年，最后基本上都是“来时轰轰烈烈、去时悄无声息”，“学生学得主动，轻负高质、可以大面积推广”的课堂模式并没有出现。我们不禁要追问：究竟是什么“基因”让传统课堂教学可以经受一轮又一轮教学改革的冲击而没有发生质变？提高课堂教学有效性的路在何方?

近年来，现代系统科学中研究复杂系统问题的“非线性”思想，在教育领域受到了广泛的关注和研究。所谓“非线性”，是与“线性”相对的概念。“非线性”是指事物之间不按比例、不成直线、不是直接因果的关系，存在着多样性、不平衡性、无序性等特征。长期以来的“线性”教学是转变教学方式的最大阻碍，提高课堂教学效率的真正出路，需要对课堂教学进行“非线性”改造，从“线性”教学走向“非线性”教学。广东省“十一五”规划课题“小学数学‘非线性’小组合作学习模式的实践研究”，旨在探索在大班教学条件下，以“非线性”教学策略为指导，从改进课堂组织结构、改进教学内容呈现方式、改进课堂学习方式和改进课堂互动模式入手，克服“教学过程线性推进、教师垄断教学信息源、学生被动接受学习、师生单维交流”等四大弊端，从而实现对当前的“线性”教学进行“非线性”改造。

南师附小承担子课题“小学数学‘非线性’小组合作学习运作机制的实践研究”后，在总课题理论框架的指引下，立足课堂和本校实际，积极实践，勇于创新，付出了艰辛的努力，开展了大量的课例实践，在实践中探索各个教学环节的操作策略，如预习导航怎样设计、如何使用及反馈，教师的导学如何把握，反馈时要遵循哪些原则，归纳整理又要从哪几个方面进行，作业的布置有哪些要求等等，课题研究取得了不少令人欣慰的阶段性成果。总体而言，他们的研究历程和成果凸显了以下几个亮点。

1. 前瞻性。南师附小数学科组在总课题组的指引下，以“非线性”策略为指导，通过加强课前预习和开展常态化的小组合作学习，着力解决课堂上“教师推一推，学生动一动”的现状，其课堂教学初步实现了由“线性”教学向“非线性”教学的华丽转身。

2. 突破性。通过课例研究，在课堂教学模式上探索由“大班教学”到“小组合作学习”常态化的转变，由“齐步走”到“快者快学、慢者慢学”的转变，由“被动接受”到“主动获取”的转变，初步实现了教与学的方式转变。

3. 实效性。在南师附小的数学课堂模式中，“小组合作学习”是常态化的课堂组织形式，是落实“非线性”教学策略的载体。南师附小的“小组合作学习”真实有效，学生表现“五会”：一是会听，倾听小组成员、小组间的交流，了解同伴的观点；二是会说，按顺序、有条理地表达自己的想法和做法，不重复别人说过的；三是会讨论，合理友好地对待小组内、小组间的争议；四是会做，按照安排，自觉动手，互相信任、团结互助；五是会管理，在组长的带领下，各组员能各尽其责，互帮互助，共同进步。这样的“小组合作学习”具有较强的操作性，可学易推广。

希望南师附小数学科组再接再厉，“百尺竿头，更进一步”，继续加大实践研究的力度，不断完善“非线性”小组合作学习的运作机制，力争以理念先进、特色鲜明、高效低负的课堂教学模式，走向全国小学数学课堂教学改革的前沿。

佛山市教育局教研室　钱运涛

基于电子书包小学低年段英语听说教学 PIE 模式的研究

佛山市南海区桂城街道桂江小学

主体报告

一、基于电子书包小学低年段英语听说教学 PIE 模式的研究背景

（一）基于学生的听说能力发展，该研究有意义

《教育信息化十年发展规划（2011—2020 年）》要求："努力为每一位学生和学习者提供个性化学习、终身学习的信息化服务和环境。"小学低年段的英语教学目标处于一级水平，重点是培养学生英语听、说的能力。低年段的学生需要大量的听读输入，感受地道、自然的英语发音和音律，感知语言的整体架构；通过语言情境的体验来习得语言知识和言语能力。电子书包生动、丰富的资源为学生提供了大量的听读输入，帮助学生在形象的情境中习得语言；纯正地道的语音资源让学生充分感知语言；即时、有针对性的评价系统帮助学生更好地完善发音。在此情况下，我校引入了电子书包并研究构建了基于电子书包小学低年段英语听说教学 PIE 模式：分为"Prevision（自主预学新知）"—"iEnglish learning（整合电子书包资源教学）"—"Evaluation（个性化巩固提升）"三个流程。

（二）基于教师的专业发展，该研究有意义

基于电子书包小学低年段英语听说教学 PIE 模式能帮助实验教师更新理念，积极探索有效的教学策略，发挥电子书包的优势。这一行之有效的教学模式，可高效培训新教师，调动教师教学的积极性和主动性，对教师的专业发展有意义。

（三）基于教学模式的创新点，该研究有意义

基于电子书包这一先进产物，该教学模式具有其可挖掘的创新点，能有效提高教与学的效率。例如利用电子书包网上发布预学案可以促进学生自主学习的能力；利用语音评测系统等功能代替教师角色高效地、有针对性地解决每个学生存在的语音薄弱点，这些都是传统教学手段和方法无法高效达成的。

二、基于电子书包小学低年段英语听说教学 PIE 模式的研究理论依据

（一）《义务教育英语课程标准（2011 年版）》对小学低年段学生英语学习的要求与目标

《义务教育英语课程标准（2011 年版）》对一级目标描述为：“对英语有好奇心，喜欢听他人说英语。在学习中乐于模仿，敢于模仿，对英语有一定的感知能力。”主要关注低年段学生的听说能力的培养。基于电子书包小学低年段英语听说教学 PIE 模式符合一级目标的描述，其丰富的板块功能和即时、有针对性的评测系统，能够帮助学生更好地达到新课标的要求。

（二）建构主义教学理论

建构主义教学理论认为，学习者应学习和努力自主建构自己追求的知识，而非被动地接受。课堂应以学习者为中心，学习者借助他人或所需学习资源的帮助，主动探索、发现，最后建构知识。基于电子书包小学低年段英语听说教学 PIE 模式，恰当地运用电子书包，引导学生自主学习，电子书包和教师作为一种资源适时提供帮助。

（三）有效教学理论

有效教学理论认为教学的核心是效益。此理论关注学生的进步和发展，教学的时间与效益。基于电子书包小学低年段英语听说教学 PIE 模式有效运用电子书包丰富的板块功能，如语音评测、人机对话等促进学生英语听说能力的进步与发展，形成高效的小学低年段英语听说课堂。

三、基于电子书包小学低年段英语听说教学 PIE 模式的研究目标

针对小学低年段学生的年龄特点和具体英语学习要求，我校将研究目标定为：探索行之有效的基于电子书包小学低年段英语听说教学模式。基于电子书包小学低年段英语听说模式要做到“行之有效”，在教学设计方面，要提供清晰的教学步骤、具体的教学活动，教师可基本依其流程进行各个教学单元的设计。在教师培训方面，可以利用该教学模式短时间让教师清楚如何结合电子书包进行教学设计，高效培训出新的实验教师。

四、基于电子书包小学低年段英语听说教学 PIE 模式研究成果

经过两年的实验研究，我校构建了基于电子书包小学低年段英语听说教学 PIE 模式，将该模式运用于低年段英语听说课堂，取得良好的效果。

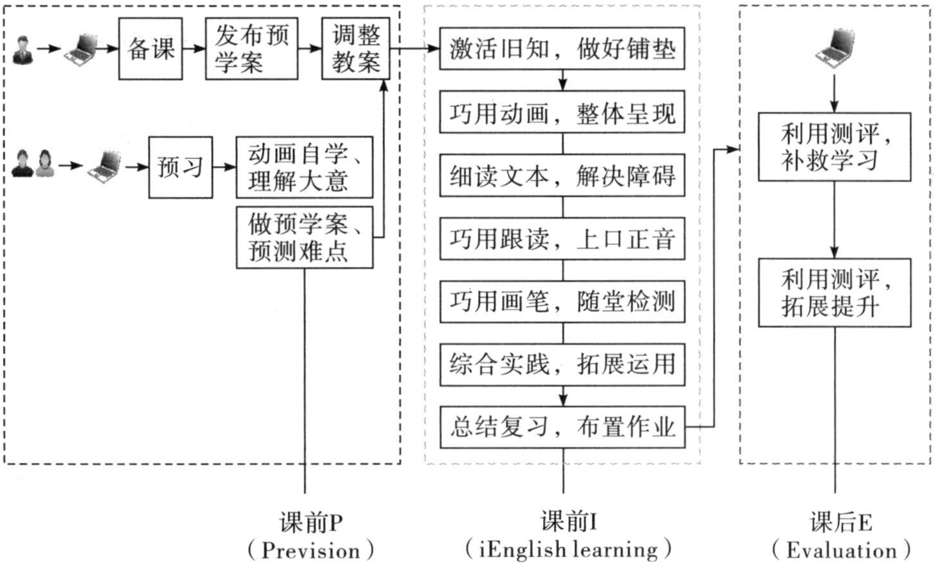

图 1　基于电子书包小学低年段英语听说教学 PIE 模式

（一）Prevision 流程

Step 1：动画自学，理解大意。

Step 2：做预学案，预测难点。

整合电子书包功能："看动画" 功能 、"组卷系统"。

过程：运用"看动画"功能理解故事大意；学生登录账号完成预学案，教师查看完成情况，调整教学设计。

实例说明：

例如《新标准英语》一年级起点第二册 Module 2 Unit 1，教师首先引导学生"看动画，理解大意"。然后，教师登录查看学生预学案完成情况，发现难点为"magic"的意思和方位介词的区分。于是教师调整教案，热身时加入魔术表演，并增加方位介词输入的次数和操练活动。

（二）iEnglish 流程

Step 1：激活旧知，做好铺垫。

整合电子书包功能：视具体教学设计需要而用。值得注意的是，电子书包只是辅助教学的工具，我们只择其合适的功能在恰当的教学环节使用，旨在促进高效的听说教学，并非每个教学环节都要使用。

实例说明：

例如《新标准英语》一年级起点第二册 Module 1 Unit 2，教师展示自己的家庭相册和 DIY 相册，让学生理解什么是"album"，为主情境的呈现做铺垫。在此过程中，教师也一直使用本单元的重点句型介绍自己的家庭相册，激活学生已有的知识。

Step 2：巧用动画，整体呈现。

整合电子书包功能："看动画"功能。

值得注意的是，教材因其篇幅有限，内容含量有限，呈现知识的形式比较简单，呈现情境的完整性和丰富性不够，需要教师予以适当的补充，或者以一条清晰的主线将教材中几个部分的内容有效整合形成一个完整的情境。因此在此步骤，教师并不能简单地播放电子书包的视频，应该根据具体的内容，看是否有进一步完善课文情境的需要，再结合"看动画"的功能，在完整的语境中呈现语言知识，增加语言的可理解性输入。

过程：教师以提问的形式引起学生注意，看动画理解故事。

实例说明：

例如在《新标准英语》一年级起点第四册 Module 8 Unit 2 时，这节课的主要目标是能够用"You can go by…"表达选择交通工具的建议。课文只提供了 Sam 和朋友介绍自己将使用何种交通工具去到某地的情境，该情境的完整性和丰富性是不够的。这节课上，在"巧用动画，完整呈现"环节前，教师进一步完善情境，将语言知识置身于一个完整的情境中：Sam 打算在假期出行海南，他怎么去呢？首先，通过引导学生观察日历，引出"Holiday"的概念，并告知学生 Sam 打算假期出行海南，让学生帮助 Sam 选择合适的出行交通工具，激起学生的兴趣。在课前，教师已经发布了预学案，让学生观察生活中有什么方便快捷的交通工具，为这节课做好准备。学生积极给出建议之后，教师才播放课文动画，检测学生的建议是否被 Sam 最后采取。只是增加了一个小小的日历，就让整个语言的情境更加贴近生活；只是布置了一个"给建议"的任务，就激发了学生语言学习的动机，让他们在真实的情境中积极地、快乐地使用语言。

Step 3：细读文本，解决障碍。

整合电子书包功能：视具体的教学设计而定。

过程：教师以提问的形式，引导学生通过看动画找答案或检验预测结果，使学生关注目标知识点或者预学难点。在此过程中，我们需要对语言知识进行操练。在适当的机械操练之后，我们要将语言知识的操练置身于语境之中，有助于学生理解在何种环境可以使用该语言知识，印象也更为深刻。

实例说明：

例如《新标准英语》一年级起点第三册 Module 6 Unit 1，课文主要讲小猴子通过询问周围的小伙伴星期日的活动安排，寻找一起踢足球的伙伴。教师设置问题：What does … do on Sundays? 引导学生细读故事，找出答案，找出谁能和小猴子踢足球，同时在黑板上呈现句型：What do you do on Sundays? I …紧接着教师呈现自己周日常做的事情，表示自己也可以和小猴一起踢足球，自然询问班上同学周日的安排，是否能一起和小猴去踢足球。学生结合自己的现实安排进行回答，在此过程中不知不觉地练习了本节课的主要句型。

Step 4：巧用跟读，上口正音。

整合电子书包功能："跟读"功能、"对话"功能（人机互动）；"看动画"静音功能（配音）。以上功能皆带有语音评测系统，可即时从"准确度、流利、韵律、速度、重读"对学生的语音进行评价，标红薄弱词。学生根据提示自主正音。

过程：

（1）Listen and follow.

学生利用“跟读”系统跟读，获得评价。

（2）Read again the sentences with a crying face.

重读带“哭脸”的句子，突破标红词，模仿重读拿到全部笑脸。

（3）Dubbing time.

人机对话，选择角色配音，根据语音评测系统提示正音，模仿拿到全笑脸。

实例说明：

例如《新标准英语》一年级起点第二册 Module 2 Unit 1，在解决目标知识和难点后，教师布置学生跟读，“跟读功能”的评测系统对学生的语音做出即时的评价，标出语音薄弱点。学生点击笑脸查看五项评分分数和标红的薄弱词，自主正音，尝试拿到全部笑脸。在学生充分练习以后，教师利用“看动画”静音功能，邀请学生配音。

Step 5：巧用画笔，随堂检测。

整合电子书包功能：“画笔”功能。

实例说明：

例如《新标准英语》一年级起点第二册 Module 2 Unit 1，教师巧用画笔，设置两个检测活动。

（1）炸弹游戏 。

游戏规则：教师指句子学生读，教师用“画笔”在某个句子旁标示炸弹，当教师指到该句，学生不能读出声。此游戏的趣味性可以让学生保持高度的注意力，同时可以检测学生认读句子的能力。

（2）听音圈图。

游戏规则：教师播放某个句子录音，学生利用“画笔功能”圈出该句子对应的课文插图，完成听力检测活动。

Step 6：综合实践，拓展运用。

整合电子书包功能：视教学设计需要而定。

这个步骤是学生语言学习过程的重要步骤，教师设计贴近学生现实生活的任务，让学生在情境中运用语言知识，正确、流利地运用语言，甚至创造性地使用语言。值得注意的是，学生掌握的语言知识是有限的。在此环节，教师要根据学生的语言水平，进行适当的材料补充。例如讲到职业，课本的词汇是有限的，教师可以补充一些职业的词汇，辅助学生去表达。有时我们也会补充一些材料，目的在于为学生营造更加贴近生活的氛围。例如讲到购物主题，教师可以呈现桂城沃尔玛等学生十分熟悉的材料，帮助学生创设更为真实的语言学习环境。

实例说明：

例如《新标准英语》一年级起点第二册 Moduie 1 Unit 2，这节课的主要目标是自制家庭相册并分享。教师先是制作并介绍了自己的家庭相册，并以 Daming 的相册为例，让学生进一步明白如何去介绍相册，教授语言知识。在“综合实践，拓展运用”环节，教师请同学们制作自己的家庭相册。由于学生所知道的职业单词有限，教师通过 Flash 帮助学生补充相应的材料。

T：Boys and girls. Now，can you introduce your family？（现在你能分享相册并介绍你家人和家人的职业了吗？如果不行，是不是爸爸妈妈的职业没学过呢？没关系，你可以打开你的电脑自己学习。如果还是不知道，可以举手提问。）

（三）“Evaluation”流程

整合电子书包功能：“跟读”功能、“对话”功能、“自读”功能。

过程：

（1） Listen and follow.

学生可通过“跟读”功能，补救不懂的单词或句子；较为优异的学生可充分模仿纯正、自然的语音语调，提升语音语调。

（2） Dubbing time.

学生丢掉“跟读”的拐杖，尝试在没有原音的环境下，为其中一个角色配音，电脑终端完成其他角色的配音。学生通过查看语音评测系统的评分，由此来检测发音是否准确。

（3） Read by yourself.

学生完全丢掉原音的环境，自行朗读，在语音评测下自主正音，巩固提升。

实例说明：

例如在《新标准英语》一年级起点第二册 Module 2 Unit 1 一课中，教师以此流程布置作业，学生在第二天的小组 PK 赛中发音有所突破。

五、基于电子书包小学低年段英语听说教学 PIE 模式的评价方式

《义务教育英语课程标准（2011 年版）》中提到，英语课堂教学评价的改革也是保证新课程改革得以实施和取得成效的关键因素，由此可见评价方式的重要性。基于电子书包小学低年段英语 PIE 听说教学模式响应了新课程标准的要求，在实施的过程中，我们十分重视评价方式的设置，采取了以下的方式。

（一）对学生学习的评价方式

1. 日常评价与定期评价相结合。

日常评价主要指教师对学生完成课堂教学活动的评价，评价内容分为课前 Mini show 表演、课堂表现两部分。其中，课前 Mini show 是指教师将班上学生划分为不同的四人小组，每天轮流上台表演，并由学生进行自主评价加分。日常评价制度针对听说能力的发展分为五个维度，分别为认真看、仔细听、大胆说、小组协作、全英原则。具体评价表如下。

表1

	1	2	3	4

English only				

教师每日进行小结，对相应的小组进行印章奖励，促进学生学习的积极性。

定期评价是指每学期末的总结性评价，将结果记录保存，目的在于检测一学期来学生的学习效果。教师通过结果反馈，改进教学方法。日常评价与定期评价相结合，才能更加全面、公正地对学生进行评价。

2. 终端评价与师生评价相结合。

电子书包电脑终端的评测功能，提供了针对性强、全面及时的知识评价，从五个维度对学生的语音语调进行评价，辅助学生练就一口纯正自然的语音语调。

但仅仅依靠电脑终端的评价是不全面的，容易忽略学生英语运用能力的培养。学生拥有纯正的语音语调，却没有办法大胆说英语、用英语，这样的例子很常见。我校电子书包实验班在课前5分钟设置了 Mini show 环节，给学生提供大胆说英语、用英语的机会，并且师生共同对表演小组进行能力方面的评价，引导学生注重将知识转化为能力，使得评价更客观、更全面。

（二）对教师教学的评价方式

1. 通过“一人一课”，评价教师教学效果。

每周三下午为我校研讨课时间，实验班教师利用此机会进行研讨课，教师轮流出课，全体英语老师进行听课、评课、磨课，对教师的教学进行整体的评价并且提出相关建议。

2. 通过期末交叉监考，评价教师教学效果。

一、二年级期末设立口语考试，实验班教师交叉监考，整体分析学生英语知识运用能力水平，侧面评价教师的教学效果，共同讨论总结要注意的问题，查漏补缺。

3. 通过问卷调查，评价教师教学效果。

每学期对学生进行问卷调查，主要调查：列举出模式中常用的活动，让学生打“√”，看教师是否有将模式落实到课堂上；学生是否喜欢教师上课设置的活动和评价方式；觉得自己最大的收获是什么？将结果进行分析总结，改进和完善教学的方式、方法。

六、基于电子书包小学低年段英语听说教学 PIE 模式的影响

我校通过两年的实践与研究，总结出基于电子书包小学低年段英语听说教学 PIE 模式，教师和学生都受益于此套教学模式，其带来的影响具体体现如下。

（一）对学生的影响

1. 提高了学生的口语水平。

基于电子书包小学低年段英语听说教学 PIE 模式，充分发挥了电子书包的优势。学生利用电子书包功能（如“跟读”“对话”“自读”“背诵”）自带的语音评测系统，模仿语音语调，根据其即时的评价反馈纠正语音语调，口语水平在两年内有了很大的提高。

2. 促进学生自主学习能力的发展。

基于电子书包小学低年段英语听说教学 PIE 模式有效地引导学生进行自主学习，例如，课前通过完成教师发布的预学案进行自主的课前预习；课上充分利用语音评测系统有针对性地突破自身的发音问题。

3. 实现了学生的分层学习。

同个班级内学生的学习基础和学习能力存在一定的差异，传统的课堂只能是尽可能去预设学生学习的难点，“一刀切”地解决问题。基于电子书包的低年段英语听说教学，可以有效地解决这一问题。例如，程度一般的学生可利用电子书包功能进行补救学习，进一步巩固自己薄弱的单词、句型；程度优异的学生可利用电子书包功能提升自己的口语水平，进一步提升语音语调。

（二）对教师的影响

1. 促进教师的工作效率。

在教师培训方面，在基于电子书包小学低年段英语听说教学 PIE 模式的引导下，教师能快速明晰教学的流程，掌握恰当的教学方法，避免走弯路，高效培训出合格的实验教师，提高培训效率。

在备课时，教师可以根据学生网上完成预学案的情况，调整教学的重难点，更新教学设计。电子书包“看动画 ”“画笔”等功能帮助教师节省了做教具、课件的时间。

在课堂上，语音评测系统可以代替教师的角色有针对性地给每一位学生提供纠正语音语调的帮助，实现分层教学，大大提高教学效率。

2. 教师的专业素质发展了。

实验教师在实验过程中更新了自己的教学理念，掌握了更为科学的教学方法，专业素质也得到了发展。我校电子书包实验课题组的教师都在实验期间承担了不少公开课，累积了很多珍贵的经验。实验组教师的论文曾获区级奖项和街道级奖项，拍过全国的示范课。

七、基于电子书包小学低年段英语听说教学 PIE 模式的推广情况

（一）校内推广情况

桂江小学共有电子书包实验班 9 个。基于电子书包小学低年段英语听说教学 PIE 模式在桂江小学电子书包实验班中全面推广，通过录制好的示范课视频和师徒结对的方式培训新教师，在实验教师中间进行推广。由于采取相对统一的形式，推广速度快，见效明显。

（二）校际推广情况

2013 年下半年，佛山市南海区有了新一批的智能课堂（电子书包）实验学校，桂江小学作为南海区首批公立小学实验学校，也将基于电子书包小学低年段英语 PIE 听说教学模式进行了校际的推广，与桂城、罗村、丹灶等镇街的许多学校都有过交流。推广的方式主要有：观看课堂实录、实验班教师进行课例分析和经验分享等。新一批实验学校结合自己实践的实际情况、学生整体的水平，吸取其中的一些做法。

（三）市际、省际推广情况

中共中央国务院关于印发《国家中长期教育改革和发展规划纲要（2010—2020 年）》的通知中第十九章中就提出“加快教育信息化改革进程”。21 世纪被称为“信息爆炸”和网络飞速发展的时代，学生们都是信息时代的“原住民”。不少省市都响应了信息化改革的号召，加入了电子书包应用的队伍。南海区率先响应，自然吸引了很多省市前来参观交流。我校教师也多次向江苏、广州、四川、南京、宁波等十几个省市的教师分享我校电子书包的课程实施经验，推广基于电子书包小学低年段英语听说教学 PIE 模式，获得肯定。

（四）推广过程中遇到的问题和解决方法

1．家长的担忧。

低年级的学生活泼好动，注意力集中时间短，自我调控能力比较差，而且学习能力也相较中、高年级稍弱。推广教学模式的过程中，家长的担忧主要有几点：学生是否能跟上教师的思路，顺利使用电子书包？模式在理论上行得通，但能否在低年级的教学课堂中有效运用？会否加重学生负担？

针对家长们的这些担忧，我校召开了实验班的家长会。教师向家长展示我们每学期开始对学生的常规训练时间和具体训练的内容，并通过课堂实录视频展示学生良好的常规。由实验班教师结合课堂实录，详细解说教学模式。通过课堂教学实录视频的模式和孩子们的作业完成情况，向家长展示教学模式的落实情况。

2．教师的角色转变。

人教版的教材和处理方法教师早已经滚瓜烂熟，形成自己的一套模式，颇有心得。而面对一套全新的教材，且要和电子书包有效整合，对于教师来说，是个颇有难度的挑战。部分教师的角色难以转变，一时无法接受这样的教学模式。

针对推广中出现的这种情况，我们对教师进行统一的培训，帮助新加入的教师进行

备课，共享资源，借由集体的力量，帮助新加入的教师迅速熟悉教学模式。

八、实验过程中遇到的问题和解决方法

历经两年的实验时间，基于电子书包小学低年段英语听说教学 PIE 模式研究已经成型，但是这个过程并非一帆风顺的，我校在实验的过程中遇到了许多问题，也就这些问题进行探讨，得出解决方案。

（一）第一轮实验研究（2012 年 12 月—2013 年 5 月）

第一轮实验研究中，教师们满怀热情，投身到基于电子书包小学低年段英语 PIE 听说教学模式的研究中，根据初步的模式设想进行教学设计，听课、磨课。发现的问题如下：孩子们不懂得如何操作电脑，频频发生问题，占用了上课的时间；孩子们自我调控能力差，与电子书包开放的学习环境产生矛盾，影响上课效果。

在区教研员的指导下，针对第一轮实验研究发现的问题，我校把关注点放在培养好低年级学生基于电子书包学习的常规。我们的具体解决方法如下。

针对第一个问题，我校站在学生的角度，仔细考虑所有可能造成困扰的问题，想出以下的解决方案。

（1）培训基本的电脑使用知识。

使用初期，教师通过截图、画图等方式，直观形象地教会学生开关机、联网等基本知识，同时寻求班主任、计算机科任教师帮忙监督，确保学生学会相关操作。

（2）培训简单电脑问题的解决方法。

教师提出平日常出现的例如插座松动导致没电、麦克风插口插错等小问题，并且教会学生如何解决。

（3）简化一切账号密码。

教师与家长沟通，统一将孩子的账号密码变为数字，方便登录；并且将网站设为快捷方式放于桌面，节省时间。

针对第二个问题，我校采取了以下的解决方案。

（1）常规口令的训练。

比如在教师没有说使用电脑的口令之前，半闭电脑；在教师说“Open your computer, please.”时打开电脑；在教师说“Earphones on，please.”时戴上耳机等。在使用不同板块功能时也有相应口令，如在教师说“Let's watch”时打开“看动画”功能，并要求学生整理好自己的鼠标、耳机等电线，下课后将椅子推好才离开，设立相应的小组长进行检查，确保良好的教学环境。

（2）建立评价制度。

小学低年段的学生重视教师的鼓励，因此良好的评价制度可以促进学生良好学习习惯的养成。特别在运用电子书包进行教学的初期，教师要重视评价制度的使用。我校的操作如下：细化评价栏的维度，认真看、仔细听、大胆说、小组协作、全英原则。

在运用了以上的方法之后，我们发现学生形成了良好的听课常规，能够关注教师的讲课，课堂效果有了明显的好转。

（二）第二轮实验研究（2013 年 9 月—2014 年 7 月）

在第一轮的实验研究后，学生形成了良好的学习常规。在第二轮的实验研究中，我校发现的问题是：实验教师在听说课上几乎每个环节都尝试用上电脑，一节课下来平台使用频率高，却没有达到预期效果；实验教师完全按照传统的方法上课，使用平台的时间极少。

针对第二轮发现的问题，我校将研究重点定为：关注电子书包与传统教学有效结合。我们的具体解决方法如下。

（1）邀请专家、教师评课，明确问题所在。

我校按照第二轮实验预设的模式，准备一节常规课，邀请专家和街道二年级的所有教师进行听课、评课，找出问题所在。明确电子书包资源只作为一种辅助工具，教师应该根据自己的教学目标、重难点恰当地使用，而非毫无设计意图地高频率使用。

（2）关注教学设计，恰当使用平台资源。

我校实验教师在进行教学设计的时候，写出自己每个教学环节的设计意图，根据设计意图有针对性地选择电子书包资源辅助教学，一改之前尽可能多地使用电子书包资源的教学设计。

（三）第三轮实验研究（2014 年 8 月—2014 年 9 月）

针对前两轮研究中出现的问题和困惑，课题组成员即时研究、探讨，积极调整课堂教学模式，力求总结出一套行之有效的、有借鉴性的教学模式。经历将近一年时间的磨课、反思和调整，基于电子书包小学低年段英语听说教学 PIE 模式终于成型。

九、总结

电子书包运用于小学英语低年段听说教学，符合低年段学生的听说发展的需要，给学生和教师提供了更好的语言学习环境。该教学模式的创新点，有效促进学生自主学习能力、口语能力的发展，提高了教师的教学效率，在小学低年段的英语课堂中运用取得良好的效果。如何随着学生年龄的增长和语言知识的积累，让学生继续保持学习英语的浓厚兴趣，让他们在听说能力提高之余向读写能力进行更深一个层次的提高，是值得我们思考和下一个阶段进行实验探索的问题。

执笔人：吴丹淳

课堂实录一

Module 2 Unit 1 Where is the bird?

金龙飞

【教材分析】

本单元主要学习表达物品位置的相关词汇，还要感知本单元的新句型，为后面的学习、运用做铺垫。Unit 1 的课文将位置学习放入 Panpan 变魔术这个情境中，通过魔术的形式让学生感受位置的变化

【教学目标】

1．知识技能：（1）全体学生能够准确地听、说、理解“in”“on”“under”三个方位介词所表示的方位。（2）全体学生能听懂、感知句子：“Where is …? It's in / on / under…”

2．能力技能：全体学生能准确运用句型“It's in / on / under…”说明物品位置。

3．情感态度目标：鼓励学生乐于与他人合作。

【学习策略】自主学习、合作学习。

【教学过程】

一、Prevision

1．动画自学，整体呈现。

学生登录账号，利用电子书包“看动画”的功能，理解语篇大意。

2．做预学案，预测难点。

学生完成教师发布的预学案并提交，教师通过在线查看完成情况，预测学生学习难点，调整教案。本单元教师查看预学案总结难点为“where”“hat”，并且大部分学生对“magic”一词不理解。教师调整教案，在热身活动中加入简单的魔术表演，帮助学生解决“magic”一词的理解，增加方位介词输入的次数，增加操练的活动。

二、iEnglish Learning

1．激活旧知，做好铺垫。

（1）Play a magic. 教师通过表演魔术，引入课文的主情境。

（2）Talk about the pictures about a magic show. 教师通过与学生讨论图片，不断输入“on”“in”两个方位。

T：Good morning，boys and girls!

Ss ：Good morning，Yoyo.

T：Look! This is a magic hat. I can play a magic. Let me show you.

Ss：Wow!

T：Look at the picture. Who's that? A doctor ? A teacher?

S：No. 魔术师.

T：Yes. This is a magician, too. He has a white cat. Look! Where is the cat? The cat is in the bag, It's in the bag.（手势）Now, look! Where's the cat? The cat is on the hat. It's on the hat.

Ss：Cool!

［设计意图］教师通过表演魔术，帮助学生理解“magic”一词，引入课文主情境。通过讨论引入部分的魔术表演图片，让学生初步感知“in”“on”两个方位。

2. 巧用动画，整体呈现。

（1）教师通过谜语，引导学生猜魔术师。

（2）教师通过引导学生观察小鸟位置的变化，引导学生找出 Panpan 变了几次魔术。

T：We have a friend. He is a magician, too. He is fat. He is black and white. Who is he?

Ss：Panpan.

T：How many times did Panpan play magic? Let's count.

T&Ss：1, 2, 3. 3 times . The first time. The second time. The third time.

（电子书包“看动画”功能）

［设计意图］通过提问，让学生注意到 Panpan 变了三次魔术，为后面询问第一次、第二次、第三次小鸟的位置做铺垫。

3. 细读文本，解决障碍。

（1）教师通过引导学生看动画，找出 Panpan 第一次魔术把小鸟变到什么位置，引入方位介词“in”的教学。

T：Look! Panpan has a hat and a bird.

T：The first time, where is the bird? Let's watch and listen.

T：Where is the bird?

Ss：In the hat.

T：The bird is in the hat. It's in the hat. Follow me, in,（做手势）in the hat.

S：In, in the hat.（做手势）

（2）教师通过引导学生再次看动画，找出 Panpan 第二次和第三次魔术分别把小鸟变到什么位置，引入方位介词“on”和“under”的教学。

T：The second time, Where is the bird? On the hat? Or in the hat?（实物演示）Let's watch and listen.

Ss：On the hat.

T：The bird is on the hat. It's on the hat. Follow me, on.（手势）On the hat.（以同样的方式教授“under”）

［设计意图］教师通过引导学生两次观看动画，找出小鸟位置的变化，引出方位介词并教授。

4. 巧用跟读，上口正音。

（1）Listen and repeat. 学生利用电子书包“跟读功能”跟读。

T：You did a good job. Now let's listen and repeat. Pay attention to you pronunciation and intonation. Try to get more smiling faces.

（2）Eliminate the crying faces. 学生在初次跟读之后，根据语音评测系统的反馈，有针对性地突破带哭脸的句子，纠正发不准的词和句。

T：Good. You've got many smiling faces. Now let's try to eliminate the crying faces. Read the sentences again. OK?

（3）Dubbing time. 学生通过 E－book 对话功能，丢掉“跟读”的拐杖，选择喜欢的角色配音，将跟读练就的语音语调自然地运用出来。

T：Most of you can get all the smiling faces. That's good. Now it's dubbing time. You can choose to be Daming or Sam. OK?

（电子书包“跟读”功能）

［设计意图］发挥“跟读”功能中语音评测系统的作用。程度一般的学生在系统的笑脸、哭脸以及标红单词的提示下，有针对性地纠正发音。程度优异的学生可利用测评系统提升自己的语音，实现分层学习。最后，学生丢掉“跟读”的拐杖，自如地配音。

5. 巧用画笔，随堂检测。

（1）Play a bomb game.

（2）Listen and circle.

T：Where the bird? It's on the hat.

（学生用画笔圈出）

T：In the hat…

（学生用画笔圈出）

（利用画笔功能玩检测游戏）

（利用画笔功能进行检测）

［设计意图］巧用“画笔功能”，检测学生对方位介词的掌握情况。

6. 综合实践，拓展运用。

（1）Talk about the pictures. 教师通过引导学生自主讨论图片，复习刚学的三个方位介词，为输出语言做好准备。

（2）延续情境：Panpan 和小朋友们玩藏尺子游戏，教师与学生做示范。

T：Where is the ruler?

S：（背对教师）Under the desk? / in the desk?

T：No. / Bingo!

（3）Teach Students to play a magic.

T：Wow! You've done a good job today. And I want to teach you the magic. OK?（讲解魔术原理，渗透情感、人文教育：魔术并不像看起来那么虚幻，都是可以解释的。但是欣赏魔术的过程可以让人非常开心）

［设计意图］围绕主线，最后回归魔术，让孩子们学以致用，并对孩子们进行情感、

人文教育。作业的布置也紧扣主线。

三、Evaluation

巧用评测，巩固提升。

（1）Follow（跟读）once，Dubbing once，read by yourself（自读）once.

（2）Be the little magician，show to your parents.

［设计意图］运用电子书包的跟读、对话、自读功能回家进行自主学习，解决课本的问题。

【教学反思】

iEnglish基础数字教材在课堂中的应用，目前有两个模式，即展示模式和师生一手一机的模式。师生一手一机的教学模式相对前者要难以操作很多，而桂江小学电子书包的授课老师们通常是两种模式相结合，一周至少会有一节课是采用一手一机的模式，吴老师这节课所展示的是一手一机的模式。在这节课中，为了充分利用电子书包的优势辅助本节课的英语教学，吴老师从以下几个方面入手。

1. 情境化教学，巧用动画，做好铺垫。

低年段的孩子以形象思维为主，教师在引入课文时设置问题，让学生边思考边观看动画，从而得到答案，引导学生在轻松的氛围中理解语言，并与画笔功能、放大功能相结合，取得理想的教学效果。本课以教授方位介词“in”“on”“under”为主要内容，课本设置了魔术师把小鸟变到不同位置的场景。教师先用画笔功能遮盖住三幅图中小鸟的位置，引导学生先数魔术师一共变了几次位置。紧接着，教师提出问题：盼盼魔术师第一次把小鸟变到哪里？第二次呢？第三次呢？学生饶有兴趣地观看动画，并且找出答案，在动画中理解了三个方位介词的意思。

2. 利用语音评测系统，突破语音的薄弱点。

数字教材的语音评测系统从五个维度对学生语音进行评价，并把学生发不好的音标红，帮助每一位学生即时找出语音薄弱点，进行正音。例如在本次教学设计中，学生在学习主课文第9页Listen，point and find之后打开电脑进行自主跟读。课堂上我们看到有些孩子正聚精会神地反复跟读着标红的句子，当评分哭脸消失，获得评分笑脸时，可开心了；有的孩子正陶醉在纯正的语音中，津津有味地模仿着纯正的语音语调，频频露出胜利的微笑。

3. 体现了高效课堂的思想及自我评价功能。

利用丰富的板块资源，给予学生充分的人机自学时间，根据自己的学习目标和学习水平，调整自己的学习进度。例如在跟读环节中，中下生可以根据系统的反馈反复跟读标红的单词和句子，突破薄弱点；高层次的学生则可以追求更好的评分笑脸，努力模仿录音者的语音语调。在教师提问的时候，我们看到孩子们回答问题都是十分自信的，学习英语对于他们来说是件快乐的事情。

从本节课例片段中的活动来看：（1）学生的参与率很高，说明他们在情境化教学中理解语言和表达的难度比较适合，没有让他们感觉很吃力，每一个环节的推进很流畅，学生能较好地理解重点内容；（2）学生上课表现自信，学习英语兴趣较高。数字教材的使用更好地满足了不同层次的学生，学生可以根据自己的学习水平调整学习的进度，中下生可以多突破自己的语音薄弱点，高层次的学生可以追求更好的语音语调。学生在自主学习时间做好了准备，展示时更加自信，兴趣和积极性能得到很好的保持。

历经一年的实验时间，智能课堂的上课模式已经初步成型，但是这个过程并非一帆风顺的，桂江小学的英语教师一直在为电子书包的教学不停地探讨，得出解决方案。从本节课来看，一年级的孩子年龄较小，在本节课中，有部分学生遇到学习上的难题不懂得借助哪些板块功能解决，这一现象提醒我们在今后的一对一数字化教学中，在让学生自主学习之前，要注意学法上的指导。

课堂实录二

Module 6 Unit 1 What do you do on Sundays?

洪宛芬

【教材分析】

本单元主要滚动已学过的有关活动的词汇：如 go shopping，play football 等，询问朋友周日的安排以及告诉他人自己周末的安排。Unit 1 课文情境是小猴子周末寻找踢足球的小伙伴。

【教学目标】

1. 知识技能。

(1) 全体学生能够听、说、理解单词 Sunday，at the park.

(2) 全体学生能够听懂、认读句子：What do you do on Sundays? I...

(3) 全体学生能够听懂、感知句子：Where do you play football? I ...

Let's play together.

2. 能力技能。学生能够运用句型："What do you do on Sundays? I..."寻找周末的玩伴。

3. 情感态度目标。鼓励学生乐于与他人合作。

【学习策略】自主学习、合作学习。

【教学过程】

一、Prevision

1. 动画自学，整体呈现。

学生通过使用电子书包"看动画"的功能，理解语篇大意。

2. 做预学案，预测难点。

学生完成教师发布的预学案并提交，教师通过在线查看完成情况，预测学生学习难点，调整教案。本单元教师查看预学案总结难点为"Sunday""park"，并且部分学生对之前学过的关于活动的词汇有遗忘现象。教师调整教案，在热身活动中加入“站立说词”游戏，充分激活学生已有的关于活动的词汇。

二、iEnglish Learning

1. 激活旧知，做好铺垫。

（1）Talk about the calendar. 教师呈现日历，谈论自己最喜欢周日，因为可以做许多有趣的事情，让学生猜猜自己周日喜欢做什么？

（2）Play a game：stand up and say. 教师呈现自己周末喜欢做的活动的照片，让学生快速站立说出来。

［设计意图］通过谈论日历，让学生理解Sunday的意思，为呈现本单元情境做好铺垫。通过“站立说词”的游戏复习已学关于活动的词汇，活跃课堂气氛，吸引学生的注意力。

T：Good morning，boys and girls.

Ss：Good morning，Yoyo.

T：How are you?

Ss：…

T：Look at this calendar. This is Monday，Tuesday，Wednesday，… and Sunday.（使用自然拼读法教授Sunday一词）I like Sundays. Because I can have so much fun on Sundays. What do I like to do? Play football? Play basketball? Guess!

S1 / S2 / S3：…

T：Let me show you some pictures. （呈现教师周末活动的照片）Stand up and say，OK?

S：Go shopping . / Play ping pong…

2. 巧用动画，整体呈现。

Lead in the book. 课件呈现小猴子的照片，教师让学生预测小猴子周末会做些什么，引入课文情境。

T：I have a lot of fun on Sundays. Look at the monkeys. What do they do on Sundays? Guess!

S / S：…

T：Maybe. Let's watch and listen.

T：What do they do on Sundays?

Ss：They play football.

T：Good. Can Elephant play with the monkeys? Let's watch and listen again.

S：No. The elephant can't play with the monkeys.

［设计意图］学生通过观看动画，整体理解故事。在此过程中，教师也不断向学生输入本节课的主要句型：What do you do on Sundays? I…

（电子书包“看动画”功能）

3. 细读文本，解决障碍。

（1）Listen and answer. 学生通过观看动画，找出Daming和Sam周末是否可以和小猴子一起玩足球。

T：The elephant can't play football with the monkeys. What about Daming and Sam? Can they play with the monkeys? Please open your E-book. Let's watch and listen.

Ss：Yes，they can play with the monkeys.

T：Where do they play football? At home? At school? At the park? Please watch and listen again.

Ss：At the park

［设计意图］教师继续向学生输入目标语言，通过层层设问，引导学生充分理解文本。

（2）Ask Students what they do on Sundays. 从 Yoyo 周末做的事情到小猴周末做的事情，自然过渡到学生周末喜欢做的事情。

T：I do many things on Sundays. The monkeys play football on Sundays. What do you do on Sundays?

S/ S/ S：…

T：I play football on Sundays. You play football on Sundays too. Let's play together.

［设计意图］联系生活实际，自然过渡到学生身上，并且教授句型。

4. 巧用跟读，上口正音。

（1）Listen and repeat. 学生利用电子书包“跟读功能”跟读。

T：You did a good job. Now let's listen and repeat. Pay attention to you pronunciation and intonation. Try to get more smiling faces.

（2）Eliminate the crying faces. 学生在初次跟读之后，根据语音评测系统的反馈，有针对性地突破带哭脸的句子，纠正发不准的词和句。

T：Good. You've got many smiling faces. Now let's try to eliminate the crying faces. Read the sentences again. OK?

（3）Dubbing time. 学生通过 E-book 对话功能，丢掉“跟读”的拐杖，选择喜欢的角色配音，将跟读练就的语音语调自然地运用出来。

T：Most of you can get all the smiling faces. That's good. Now it's dubbing time. You can choose to be Daming or Sam. OK?

（电子书包“跟读”功能）

（电子书包“对话”功能）

［设计意图］发挥“跟读”功能中语音评测系统的作用。程度一般的学生在系统的笑脸、哭脸以及标红单词的提示下，有针对性地纠正发音。程度优异的学生可以原音的语音语调，提升自己的语音，实现分层学习。最后，学生丢掉“跟读”的拐杖，自如地配音。

5. 巧用画笔，随堂检测。

Listen and circle.（画笔功能）

T：Take out your pens.（电子笔）Listen and circle，please.

T：What do you do on Sundays?（学生圈出该句子）

［设计意图］教师通过电子书包“画笔功能”，检测学生的掌握情况。

（电子书包“画笔”功能）

6. 综合实践，拓展运用。

（1）The monkeys need more friends to play together. 课件中呈现Monkeys还找不到足够的小伙伴，出现更多课本里的主角Amy，Ms Smart，Lingling和Mr. Smant. 请同学们帮忙询问他们周末的安排。

Ss：Hello，Amy. What do you do on Sundays?

T（扮演Amy）：I draw on Sundays.

Ss：Oh，bye－bye.

Ss：Hello，Lingling. What do you do on Sundays?

T扮演Lingling：I play football on Sundays.

S：Let's play together…

［设计意图］这是输出前的铺垫活动，让学生多开口说要输出的句型，做好心理上的准备。

（2）Let's find our friends：Who can play with you on Sundays? 小猴子顺利找到了周末踢足球的玩伴，十分开心。教师让孩子们也在班上找找周末可以一起玩的同学们。

T：The monkeys can play football with Daming，Sam，Lingling and Mr. Smart. But I have no friend to play with on Sundays. Who can play with me? What do you do on Sundays?

S：I draw on Sundays. What do you do on Sundays?

T：I go shopping on Sundays. Oh，bye－bye.

T：What do you do on Sundays?

S：I go shopping on Sundays.

T：I go shopping on Sundays. Let's go together. Please find some friends to play with you on Sundays.

Students try to find some friends.

［设计意图］学生通过帮小猴子找玩伴习得语言。最后的活动贴近学生生活，学生通过完成这个活动，使用习得的语言帮助自己找玩伴，学以致用。

三、Evaluation

巧用评测，巩固提升。

（1）教材第32～33页跟读—自读—对话。

（2）预习教材第35～37页。

［设计意图］运用电子书包的跟读、对话、自读功能回家进行自主学习，解决课本的问题。教师教学生如何利用平台进行有效的预习，为下节课的学习做铺垫。

【教学反思】

中共中央国务院关于印发《国家中长期教育改革和发展规划纲要（2010—2020年）》的通知中第十九章中就提出“加快教育信息化改革进程”。21世纪被称为“信息爆炸”和网络飞速发展的时代。把“教育”作为强国方针的中国非常看重教育信息化的建设。信息技术应用，教师除了要提高应用信息技术水平，还要恰当运用信息技术手段，实现学生的分层学习，鼓励学生利用信息手段自主学习。

从本节课来看，教师运用基于电子书包小学低年段英语听说教学 PIE 模式，促进了学生的听说发展，具体评价如下。

1. 巧设情境，让学生学以致用。

整堂课依托于主情境：小猴子找周末玩伴。教师通过提问题，设置任务，让学生在看动画中寻找信息，培养了学生获取信息的能力；创设贴近实际生活的情境，让学生学以致用。

2. 巧用资源，培养学生自主学习能力。

从电子书包资源利用方面来看，教师巧用资源，善于引导学生进行自主学习。如引导学生运用“跟读功能”上口语音，运用对话功能进行场景模拟交际。教师在课堂上充分发挥电子书包资源的优势，学生可以根据自己的实际情况，对个别读得不好的语句停留，自我修正，实现自主学习。

3. 巧结合多种媒体，形成高效课堂。

从多媒体的方面来看，教师在课堂上有效结合使用了电子书包、黑板、PPT 演示软件。E-book 的使用促进学生的自主学习，减轻教师负担；黑板是对传统教学的保留与结合，板书重点词句，让学生明晰学重难点；PPT 演示软件则对教材的理解、铺垫、延续起了穿针引线的作用。多种媒体的有效结合使用，形成了高效的课堂。

当然，在教学观察过程中，我们还是有一些地方时需要改进的。比如在跟读方面，即使有先进的语音评测系统，学生还是无法体验到口形的变化。而教师的关注度不够，没有及时给予帮助。电子书包减轻了教师的负担，但有些工作还是需要面对面的交流指导。

专家点评

本论文总结了从 2012 年 12 月到 2014 年 9 月历时近两年在佛山市南海区桂江小学开展的电子书包项目中在小学低年级阶段英语听说教学的实验成果。它的首要特点在于“选题”。小学低年级阶段的英语听说教学一直被认为是中小学英语教学的瓶颈，通过什么样的方法来突破这一瓶颈，本文介绍了使用电子书包的 PIE 模式，虽然它仍然是在研究课前、课中和课后的教学行为，但由于电子书包的启用，彻底改变了传统的教学模式，实现了教师角色的转换，将更多的精力和时间用于课程设计，充分利用数字化资源提高学生的兴趣、自主学习能力和学习效果，并且在这一过程中实现教师的专业发展以及教学模式的创新。

它的第二大特点在于“实用”。本文详细解读了 PIE 模式的三大流程以及每个流程中的环节，并且提供了丰富的案例，初尝电子书包的老师完全可以按照这一模式完成课前的备课和布置预习，课中的讲解、练习和输出，课后的作业、拓展和评价。这一模式看上去很简单明了，但它被梳理出来却是从一片茫然和手忙脚乱甚至质疑开始的，经历了不断探索和完善的历程，最终形成了这一实用的模式。现在我们并不缺乏数字化资源，缺乏的是使用有效的方法让它们真正服务于教学和学生。本论文对 iEnglish 的设计初衷有着深刻的理解，对其各项功能的运用有着熟练的操作经验。

它的第三大特点在于“真实”。我曾到桂江小学观摩了该实验项目的示范课，并随堂听课，主持了项目老师的座谈和访谈。这项实验不是为了专家的来访做一堂“秀”，而是深入到了这个学校英语教学的每一堂课，每一次教研。学校、老师、学生和家长都被调动起来，让电子书包不是物理地摆设在孩子们的书桌上，而是真正用在孩子们的学习过程中，所以，本论文才有了如此立体丰富的内容和翔实的案例，让它的意义大大超越了那些仅从理论、文献检索甚至想象中阐述数字化教学优势的论文。

它的第四大特点在于“全面”。从项目的意义、目的到理论依据，从实施过程的描述、例证到效果分析，从学生、教师到学校，从项目的影响、校内和校际推广情况到遇到的问题和解决方案，对项目进行了多维度的描述，让它的快速复制成为可能。

本论文着重阐述了通过电子书包实验项目探索出来的 PIE 教学模式，但在这一模式对学生的影响（口语水平、自主学习能力、分层学习）以及对教师的影响（效率提升、专业素养提高）等方面没有提供翔实的实证性研究数据，可以把这些作为下一阶段研究的主要目标，通过课堂观察、对比试验、问卷或访谈等方式收集数据，进一步证实 PIE 教学模式所带来的影响。

北京外国语大学教授　曹　文